吴文科·主编

曲艺学

第4辑

文化艺术出版社
Culture and Art Publishing House

图书在版编目（CIP）数据

曲艺学.第4辑/吴文科主编.—北京：文化艺术出版社，
2022.10
ISBN 978-7-5039-7208-9

Ⅰ.①曲… Ⅱ.①吴… Ⅲ.①曲艺—中国—文集
Ⅳ.①J826-53

中国版本图书馆CIP数据核字（2022）第019746号

## 《曲艺学》第4辑

| | |
|---|---|
| 主　　编 | 吴文科 |
| 责任编辑 | 廖小芳 |
| 责任校对 | 董　斌 |
| 封面设计 | 李　响 |
| 出版发行 | 文化藝術出版社 |
| 地　　址 | 北京市东城区东四八条52号　（100700） |
| 网　　址 | www.caaph.com |
| 电子邮箱 | s@caaph.com |
| 电　　话 | （010）84057666（总编室）　84057667（办公室）<br>　　　　84057696—84057699（发行部） |
| 传　　真 | （010）84057660（总编室）　84057670（办公室）<br>　　　　84057690（发行部） |
| 经　　销 | 新华书店 |
| 印　　刷 | 国英印务有限公司 |
| 版　　次 | 2022年10月第1版 |
| 印　　次 | 2022年10月第1次印刷 |
| 开　　本 | 710毫米×1000毫米　1/16 |
| 印　　张 | 20 |
| 字　　数 | 296千字 |
| 书　　号 | ISBN 978-7-5039-7208-9 |
| 定　　价 | 68.00元 |

版权所有，侵权必究。如有印装错误，随时调换。

# 《曲艺学》编委会

顾　　问：罗扬　周良

主　　编：吴文科
编　　委：（按姓氏笔画排序）
　　　　　王　晶　田　莉
　　　　　吴文科　张啸涛
　　　　　陈　爽　陈晓岚
　　　　　赵　倩　郭学东
　　　　　蒋慧明　路　琼

合　　编：中国艺术研究院曲艺研究所
　　　　　中国说唱文艺学会

本书由
"中国艺术研究院基本科研业务费项目"
资助出版
(编号：2021-2-21)

目录

【名家谈艺】

3　　怎样继承和创新苏州弹词
　　　　——苏州弹词艺术家赵开生访谈 / 付　楠　访谈并整理
38　　徐勍教我说评书 / 袁国虎

【曲种研究】

53　　潮州歌及其歌册的价值 / 吴文科
63　　京东大鼓及在 20 世纪 30 年代天津城区的电台传播
　　　　——基于《大公报（天津版）》的资讯考察 / 高万鹏

【学科建设】

87　　20 世纪中国曲唱音乐本体特征研究述论 / 董大汗
98　　冯光钰曲唱音乐研究述论 / 王雪萌

【创演评论】

**113** 论相声演员的自我修养 / 蒋慧明
**122** 略论曲艺创新的一般策略及实现路径 / 赵　倩
**130** 警惕"评弹戏曲化"促进"中篇长篇化"
　　　　——从周良《苏州评弹的传承和创新》谈起 / 张　进

【传承传播】

**139** 我的曲艺广播编辑生涯 / 陈连升
**150** 传播介质演变与曲艺创演发展 / 张啸涛

【人物述林】

**161** 马来法曲艺活动年谱 / 陈睿睿　编　吴文科　订

【调研报告】

**187** 2020年度中国曲艺发展研究报告 / 中国艺术研究院曲艺研究所
**207** 山东曲艺现状与传承发展对策 / 山东曲艺现状调研与传承发展对策研究课题组

【文摘转载】

**249** 什么是宝卷
　　　　——中国宝卷的历史发展和在"非遗"中的定位 / 车锡伦
**261** 宝卷讲唱技艺的起源 / 尚永琪
**266** 敦煌变文与河西宝卷 / 王明博　李贵生

- **270** 西北民间宝卷：仪式与叙事 / 刘永红
- **274** 山西民间宝卷与民间文艺 / 尚丽新
- **278** 新发现的山东地区民间宝卷孤本 / 车锡伦
- **281** "河西宝卷"田野考察的几点思考 / 陶立璠
- **285** 河西宝卷与明清说唱文学关系琐议
  ——以《薛仁贵征东宝卷》为例 / 孙宏亮
- **291** 河西宝卷的分类 / 李贵生
- **296** "永昌宝卷"语境话题的嵌入与功能 / 肖永晖
- **300** 河西宝卷的念卷传统 / 张天佑
- **303** 关于河西宝卷传承和发展的思考 / 张　晓　岳永进
- **306** 新时代河西宝卷传承发展的探索与实践
  ——以《战瘟神宝卷》创作为例 / 任积泉　曹　斌

- **309** 稿　约

名家谈艺

付　楠　访谈并整理

## 怎样继承和创新苏州弹词

### ——苏州弹词艺术家赵开生访谈

【内容提要】苏州弹词是主要流行于江南苏浙沪吴语地区的曲艺"小书"形式。赵开生先生作为20世纪后半叶以来苏州弹词的重要代表性艺术家，不仅编演了《青春之歌》等新节目，谱曲完成了极富苏州弹词音乐特色的著名唱篇《蝶恋花》，而且对有"小书之王"美誉的苏州弹词传统长篇节目《珍珠塔》的当代继承和创新发展贡献殊大。在本次访谈中，赵开生先生围绕自己学艺、从艺的曲折经历，尤其是改编说演新节目《青春之歌》和整理完善传统经典《珍珠塔》的切身体会，重点谈论了他对学习继承和创新发展苏州弹词的观念与认识，极富学术理论价值和实践参考意义。

【关 键 词】苏州弹词 《青春之歌》《珍珠塔》 改编　整理　继承　创新

苏州弹词和苏州评话合称苏州评弹，是明清以来江南地区的两个代表性曲种。长期以来，这两个曲种一直以艺人立足书场表演长篇的演出形式为主，并以此为基础形成了一系列长篇节目和各种表演技巧，深受江南地区民众的喜爱。特别是其中的苏州弹词，由于是"说唱相间"表演，具有音乐性的要素，尤其受到欢迎。晚清上海开埠后，苏州弹词和苏州评话一道，又在上海的娱乐市场中崭露头角，不仅涌现了诸多流派唱腔和名家"响档"，还使上海一跃成为其表演市场的另一个"中心"。新中国成立后，苏州弹词和苏州评话在上海主要从"有钱有闲人"的娱乐变成了"文艺轻骑兵",承担起了宣传党的政策、路线、方针的任务,传统的开篇、长篇需要赋予新的时代内容。而内容上的转变又促使其形式发生改变,谱唱开篇及中篇节目的出现,便是例证。"文化大革命"期间,苏州弹词和其他曲艺形式一样,饱受摧残,传统节目流失严重,艺人和受众群体出现断层,传承面临危机。幸而新时期以来,一直关心苏州弹词和苏州评话等曲艺的党和国家重要领导人陈云提出了"出人、出书、走正路"的中肯意见和建议,有力推动了苏州弹词和苏州评话创作机制的恢复、艺人队伍的重建和传统节目的抢救整理等相关工作,促使苏州弹词在改革开放的时代背景下,逐步获得重生之机,依然发挥着江南地区代表性文化符号的特殊作用。

本文的访谈对象赵开生先生学艺在旧社会,成名在新中国成立初期,是艺人"组织化"后的业务骨干,既是"旧响档",又是"新艺人",他的身上兼具传统弹词雅韵和新中国弹词变革的双重气质。这种特殊的人生经历,使他能够在传统与创新、传承与变革之间游走自如。而最能反映赵开生先生对于继承与创新方面思考成果的,应是他对传统苏州弹词长篇节目《珍珠塔》的表演改编及其曲本整理。而在重新整理改编和完善《珍珠塔》及其曲本的过程中,他不仅深入思考了弹词传承与创新之间的关系,还通过其继承与创新的典范成果,进一步印证了他自己关于苏州弹词等传统艺术"应在传承中创新,应以创新辅助传承"的艺术发展观念。

艺术家的艺术观念确立及其创演实践行动,很大程度上是一定时代与环境的产物。为此,我们的访谈先从赵开生先生的艺术人生谈起。

## 弹词人生

### 一、与苏州弹词结缘:学艺、出道、做"响档"

**付楠**(以下简称"付"):赵老,您好!您是20世纪40年代上海滩著名的苏州评话和苏州弹词"七煞档"之一的周云瑞先生的开山大弟子,首先请您简要谈谈您是怎样拜师学艺的。那个时候你们师生之间的关系具体如何?

**赵开生**(以下简称"赵"):拜师周云瑞先生,是我的幸运。其实在周先生之前,我还跟过一位金先生。可惜他书艺一般,赚的钱养活自家都不够,哪有空养徒弟、教徒弟,所以我什么都没学到,还把旧社会学徒的苦都吃了一遍。当时我才十一二岁,早上起来要打扫屋子,做洗衣、提水等重活,还经常挨饿受骂。其实倒不是金先生和师母故意待我不好,而是他们生活拮据,自己就很艰难,何况还要再养活个孩子(徒弟)?后来我听其他艺人说起自己的跟师经历,都有这种情况,因为老话说"教会徒弟,饿死师父",旧社会的这种错误观念,使得师生之间的关系实际上是很紧张的。所以以前的学徒,怎能不像老师家的奴仆,老师愿意把演出的脚本传给你,就已经是好老师了。至于学生学成什么样,以后能有什么成就,就全靠学生自己闯、自己学。唉!旧社会做艺人就很苦,做艺人的学徒就更苦了。

但是,周云瑞先生是不同的。不是因为周先生更有名、更有钱,而是他对待学生的态度是很现代的。怎么说呢?就是完全不像传统的那种师徒关系。周先生是真心地为学生的艺术前途着想的,可以说,我之后所有的成就,都要归功于先生早年给我打下的基础。我拜师的时候,先生才29岁,但已经是上海滩上的大"响档"了,每天要赶几个场子,晚上还要上电台,忙得连轴转,哪有空教我?但他在艺术上对我要求很严格,觉得必须要打好基础,以后才能有更好的前途。所以周先生就在赶场子的间隙里,让我跟他一起坐在黄包车上,一边赶场子,一边教我背唱篇、背书词。好多艺人知道后可羡慕了,别人跟师父跑场子要靠两条腿,我就可以两个轮子滚。说表可以这么练,但弹唱不行啊,得有乐器才能学。先生晚上下了电台以后,到家就得午夜一点钟了,这时再来教我弹琵琶和唱开篇。为了不发出声音吵到四邻,他就在琵琶弦下面垫毛巾,他唱一句、弹一句,我学一句,我如有一句唱不好,他就一直教,教到会唱为止,常常教学到凌晨三点多钟。

其实,弹词艺人对琵琶功底的要求,没有那么高,只要会弹几段过门的旋律就差不多了。但先生觉得多学一些东西并不是什么坏事,学生年纪小,正当学习和成长的时候,能多教就多教一些。所以,他重视的是基本功,也就是指法上的练习。后来我成为上海音乐家协会琵琶专业委员会的理事,可以说是弹词艺人里的独一份了。

**付:** 如此说来,周云瑞先生确实是一位非常好的老师。我之前读《周云瑞传》①的时候,里面说了很多您小时候的趣事。从中也看得出来,您和周先生情同父子,他在生活上非常照顾你。

**赵:** 没错,先生真格就像我的父亲一样。我还没出生就没了爸爸,妈妈也没有父母亲族的帮助,只好住在祠堂里靠给人洗衣服、绣花养我和哥哥两个孩子,生活是很困难的。要不是干娘(按:赵开生的干娘是苏州弹词艺人陈希安的母亲)对我们一家的照顾,都没有我了。我记得是1948年秋天,先生和希阿哥(按:陈希安)到常熟的花园饭店演出,我那时候是12岁,从金先生那边刚回来,干娘就想,是不是让我拜周先生为师,也好学个技艺傍身,于是带着我去见先生。先生听我唱了四句"方卿见娘",就同意了。干娘说我家付不起拜师金,那就"树上开花"②,先生都说不用。我几十年后开始自己带学生了,才真正明白先生的心情,只要有好苗子,愿意学、肯吃苦,我就愿意倾囊相授,钱是不要考虑的。等我跟着先生以后,你也看过《周云瑞传》了,打璜表、收音机的故事你都知道的,我弄坏先生的东西,他也只是说我两句,从来勿打骂格事体。而且在上海的时候,我不仅不要干重活累活,先生还经常带我去听戏、看电影,哪个学生有我这样的待遇?我小时候贪玩啊,还以为先生是自己喜欢听戏、看电影呢,高兴得不得了,后来才知道先生是想让我多些见识,多些对其他戏曲等艺术的了解,对以后上台说书会有帮助的。我为啥说先生就像我的父亲呢?因为先生的形象、教诲和照顾,就填补了我家庭中"父亲"这个角色的空白,他的言传身教对我产生了很大的影响。

**付:** 那您在周云瑞先生那里学了多久?

**赵:** 差不多一年吧。我是1948年秋天开始跟师的,正式拜师要到1949年的3月1日,那天是先生29岁生日,我是"趁汤下面"行了拜师礼。中间因为

---

① 费三金:《坐看云起时:周云瑞传》,上海人民出版社2014年版。
② 指日后学徒本人出道后演出有了收入,再逐渐向师父补缴学费。

南京解放了，国民党就据守上海，搞得城里人心惶惶的（按：1949 年 4 月下旬解放南京，5 月 12—27 日是上海战役）。先生怕我出事，就让我回家，到 8 月份又把我叫回来接着学。后来新中国成立了，先生觉得世事变幻，怕弹词艺人以后要被取缔、没饭吃，我接着学要耽误前途，就拿了脚本给我，让我回老家去，能说书就说，不能说的话就再学门手艺。

**付**：那学的时间不长啊！第一次登台是在哪里？是怎么个情况？

**赵**：我回到老家常熟后，没多久饶一尘①也回来了。我们两个以前是同学，都认识的，他看我在背脚本，也跟我一起背。后来他家以前的轿夫来看他爸爸的时候，看我们正在练习，就说："两个小孩一直背书背不出头的，我给你们安排场地，上台试试吧。"我们第一次登台是在福山塘一个叫新桥的地方，连个书场都没有，我们就在轿夫家的客堂里开书。那时候也是没有什么娱乐活动，听说我们要去说书，周边几个村子的人都来了，每天都挤得满满当当的，最后还把墙给挤塌了。我们没有书台，是村里一个老太太把她的棺材板拿出来当书台用的。真的是初生牛犊不怕虎，我们就这么闯出了点小名气啊。新桥还没说完，离得不远的毛家桥就请我们过去说。整个福山塘过去一线的小码头都听说了，出了我们这对说《珍珠塔》的"小双档"，我们就是这么开始了说书生涯的。

**付**：刚一"破口"就得到了肯定，这也是不容易的。听说以前的艺人要成名，就要闯好几个关口，常熟、苏州、上海，要一级一级地闯过去，你们是不是就这么过来的？

**赵**：差不多是的。常熟当年号称"第一书码头"，算是"小考"吧。苏州是以前的中心，"苏州先生"名号很响的，算是"大考"。能进常熟站稳了，进苏州、进上海就是时运问题了，因为书艺是没有问题的，就看能不能号准这两个地方听众的脉了。我们的运气算是很好的，毛家桥做出来后，常熟城里的康乐书场就请我们去了，我们也做下来了，常熟就算立住了。1951 年，我们还接

---

① 苏州弹词艺人，1948 年拜魏含英为师，也学习说演《珍珠塔》。

到了"年档"①的场子。那进苏州呢,我记得是在1953年年底的时候,有个苏州评话艺人,叫陈鹤声,他邀我们去石路上的龙园书场说书,一块儿的还有蒋君豪。我们兴冲冲地去了,毕竟机会很难得的,但是去了才发现,我们碰到了"重敌档"②,对面的雅乐书场请来了徐绿霞、杨斌奎、杨振雄和杨振言,他们的经验、资历都比我们强很多。刚开书的时候,雅乐人多匆过,还要到龙园来借凳子,我们都怕给"漂"③了,那可能就要退出苏州了。但一周以后,我们扛住了,龙园客满,要去雅乐借凳子了!这次以后,听众普遍认同我们是"一档书"了,苏州也成功立住了,像静园啊、光裕啊、皇宫这样的好场子,在1955年的时候,我们也接到了演出约请。

**付**:那进上海呢?应该很不容易吧?上海和苏州的整体氛围差距蛮大的,上海听众好像更喜好新奇的东西。

**赵**:所以我说我们运气确实蛮好的,又碰着一个机会。以前艺人要进上海有多难啊,像张鉴庭这样的名家,都有"七进上海"的故事,你就知道有多不容易了。而且上海的场子,派头蛮大的,不会随意请人的,都要考察的,他们也只到苏州、常熟这样的地方去找艺人。我们是怎么着呢?就是1955年年底到1956年年初的时候,我们刚接到了静园和光裕的年档,就碰到上海华园、大都会、维也纳、大陆这四家书场的场方来苏州"相看艺人"。当时他们请的一档艺人因为跟其他艺人发生冲突,提前剪书④了,这样就空了一个月出来,我们就这样被选上,去填这一个月的空。当然了,我们如果说不好了,也得打道回府,幸好我们得到了肯定。当时红得不行啊,我们坐着黄包车去赶场子,听众就"哗啦啦"地跟着车子,跑到下一个场子去听,最多的一天能赚100多元,有时候我们去饭店吃饭,有听众是店里的服务员,还给我们送菜送点心呢。

**付**:上海听众的热情很足啊,反应这么好,算是在上海立住了吗?

---

① 指年节期间的演出档期,即从农历的正月初一到元宵节期间的半个月时间。
② 指特别有竞争力的同行。
③ 指冲垮而立不住脚跟。
④ 指结束说书演出。

**赵**：上海哪里是这么好待的？我们当时年纪小，不懂事，被追捧得飘飘然的，还真以为自己已经是大"响档"了，其实都是市场造成的假象。套用我先生的一句话，就是"小孩子穿大衣裳"，内容只有一点点，根本立不牢。后来场方看我们市场反响挺好，就想跟我们长期合作，但他们很清楚我们实力不够，还要他们来捧我们，就暗示我们主动向他们示好。但我们那时候才20多岁，年轻气盛的，不愿意，场方就让我们挂牌子说《陈圆圆》。《陈圆圆》这部书本来就不成熟，是《李闯王》当中的一段，我们也不熟悉这部书。场方还要我们送严雪亭的客①，严先生是当时的"弹词皇帝"啊，我们怎么送？这次之后，以前跟着黄包车跑的"书迷"也没了，上海也待不住了，只好退出去。到年底的时候，才又找到机会进上海。

其实后来我反思自己，知道自己进入上海后因为突然爆红，变得骄傲自大起来，琵琶也不练了，与搭档也不经常排练了，上台了就演些什锦开篇、花式过门的东西，都不是正经的弹词艺术。而且我们两个人的书迷后来还开始互相指责，比如我的书迷就说饶一尘配不上我，他那边也是一样的，这样下去两个人之间的默契也渐渐变了味。所以1957年的时候，我们还是拆档了。

**付**：但这个时期，新中国的人民政府正在推行艺术上的推陈出新，市场环境或者说弹词界的环境有没有发生什么变化？

**赵**：这个变化很大，从我个人感觉，就是心态变了。从前我觉得自己去学艺、演出，先是为了生存，然后就是为了赚铜钿、得名声、揽场子，说白了就是为了更好的生活，这种观念是很狭隘的、很个人的。我既不了解我所从事的弹词艺术到底有什么历史，也不理解自己对于弹词艺术负有怎样的责任，就光想着怎么去更好的场子，拿更多的包银。但这个时候的弹词界变了，我的心态也变了，大家都在找组织，我也懵懵懂懂地想要加入进去，为了建设新中国，去改造旧弹词。虽然当时我对自己的这种改变没有太清晰的认知，但我突然觉得我作为一个弹词艺人，是有很多工作可以做的，也是应该去做的，我对自己的身份感到很自豪，可以说在评弹团里工作是不赚钱的，可是我每天工作都很

---

① 指排在严雪亭表演的节目后面上台说书。

有动力、都很高兴。我们这一代人，正好处在这个时代变化的节点上，我的心态变化不是个例，而是大家都这么想，也都这么做，是弹词界的变化带动了我们的变化，而我们的变化又进一步带动了弹词界的变化。

### 二、与弹词共进退：改人、改戏（艺）、改制

**付：** 您是什么时候参加弹词专业团体的？您认为新中国的"戏改"① 对您的艺术生涯产生了什么影响？

**赵：** 我是在1959年年初的时候参加的，一开始我在星火队，后来星火队被编进长征队，我也就进了长征队。过了没多久，长征队又改成了长征团，我就是在这期间据毛主席的词作《蝶恋花·答李淑一》谱唱了以苏州弹词音乐为素材的歌曲《蝶恋花》，也编演了表现革命历史题材的新节目《青春之歌》。1960年年底的时候，我被上海市人民评弹团调走，之后就一直在上海团工作，直到退休。我参加专业组织，应该就是新中国"戏改"的一部分吧。

**付：** 是的。新中国成立之初的"戏改"，由"改人、改戏、改制"三部分内容组成。您参加团体，属于改制的部分。

**赵：** 我个人觉得这种改革产生了好几个影响。第一，是我加入团体后，整个心态都发生了变化。就是我前面说的，为了赚钱说书，还是为了艺术传承、为了参与国家建设而说书，这是一种很大的不同，起码在精神层次上就提升了好几个档。第二，是说的书不同了。传统书很多都不说了，或者要经过修改再说，我觉得这对弹词的影响总体是好的，因为以前的书确实有很多不好的地方，需要"消毒"。而且我们多了很多新的题材，这些题材跟传统书是完全不同的，打开了"新天地"，以前说唱才子佳人，现在可以说唱祖国建设、工农兵劳动，大家都很有热情。我进了团体以后，感觉很明显的一点是，大家都在积极地编新书，对老书的整理也很用心，就是不想让那些封建的糟粕对听众产生不良的影响。第三，大概是整体的氛围都不一样了。过去弹词界以及评

---

① 即戏曲改革，主要是对传统节目思想内容的改革。当时的"戏改"也包括对曲艺的改革。

话界，大家拿着自己的脚本是很小心的，说书也很小心，就怕同行来偷书、偷学，打自己的"饭碗"。但在团体里，我有编好的书我就拿出来跟大家讨论，然后一起参与修改，《青春之歌》就是这样编出来的，《蝶恋花》能创作出来，也是这样的。大家都是这样，群策群力，效果很好的，所以那时多了好些好作品。像我在上海团，好多老师都指点过我，对我的帮助很大，我后来也尽力去帮助和教导青年艺人。所以在我看来，"戏改"是件好事，我学到了很多，得到了很多，如果大家还继续维持过去的那种状态，弹词是不会获得现在的地位和影响力的，传承会受影响的。

**付：** "戏改"要求艺人大量创编新书，对传统书的影响很大吧？

**赵：** 编新书是一方面的，会有一定的影响，但对传统书其实也没有全盘放掉。当时《白蛇传》《玉蜻蜓》《描金凤》都在做整理，成效很好，好多好的选回都是这个时候做出来的。传统书受到冲击，这是没办法的，因为传统书有很多"问题"。像《珍珠塔》这种在封建社会受到褒扬的书，主题是批判势利的人，其实还算是比较"正"的书，但它又宣传科举制度，以科举反"势利"，这又是不大好的了，改《珍珠塔》主要就是想改这部分。像传统书里还有好些书，里面有庸俗色情的部分，问题更严重，更需要做整理。所以我们才要给传统书"消毒"。不过后来思想舆论的形势紧张了，传统书就渐渐不说了。

**付：** 您创编新书的代表作《青春之歌》，是怎么编写出来的？编写长篇又有什么讲究呢？

**赵：**《青春之歌》是被逼出来的啊。我刚进长征团的时候，因为搭档石文磊不太会说《珍珠塔》，我就想着要编部新书，想到以前跟潘闻荫说过几次《青春之歌》，就决定把这部小说改编成弹词来说。我刚开始改编的时候，还要完成演出任务，团里的作家也少，只好我自己来编写脚本，用"现吃现吐"的方法，一边写一边演。我先把结构、对白和唱篇写出来，再跟石文磊排练一遍，接着就上台了。就这样，逼出了四回书，拿回团里改，再去巡演。我们去了常熟、无锡、常州，反响特别好，回到上海后，在大华书场表演，也受到了听众的欢迎。这样，我才有信心去编演下部。后来我们带着这部书到北京去表演，是1961年的时候，当时在人民大会堂演完后，听说领导人要到后台来看演员，我心里就很忐忑。果然，老首长陈云同志提出了很多的改进意见。过了几天，还请来文化部部长、宣传部部长等人，专门给我们开了个《青春之歌》提高会，让我们去采访这些领导人，因为当年他们都参加过学生运动。老首长真是"一针见血"，他直接批评我起的卢嘉川脚色"官职不大、架子不小，一出场就要教训人"，这不是搞学运的真实情况。他点出了《青春之歌》的最大问题——缺乏"生活"，因为我们对当时的历史、对学生运动了解太少，所以书说得不生动，人物不丰满，水平就不高。弹词长篇节目的一个特色，就是"说书说世"，就是要贴近生活、贴近民众，细节越丰满，书的艺术水准就越高。回上海以后，我就拿着老首长开给我的介绍信，到徐家汇藏书楼去看书、看报、看档案。没办法，老首长给了任务，每年都要说一遍《青春之歌》。我一边看，一边做笔记，花了五个月的时间，抄了一本半的笔记，对《青春之歌》的理解就深刻了很多。团里也给了不少帮助，回来后团里让姚荫梅老师给我做顾问，又派了一名干部来带队，让我专心修改《青春之歌》，"受辱"那一回就是这样写出来的，演出后评价还蛮好的。

《青春之歌》是我主创编演的第一部新长篇。在此之前，我是没有这方面经验的。虽然整个过程很辛苦，但提升是很明显的。否则《文徵明》《珍珠塔》的改编，是想也不能想的。搞长篇曲本，我不是专门的作家，说不出什么理论来，但做弹词艺人，我做了几十年，我知道我搞的书如果到书场里没人听，那就是失败了。这不仅是在说长篇，而是所有的创新都是一样的。你拿给听众，听众不买账，就是书不行，还要改，还要打磨，就这么简单。长篇当然跟中篇、开篇有很大不同，长篇的结构更散一些，方便艺人说，故事更完整，细节更丰富，也就是故事性及其矛盾的冲突性要挖掘出来，要更贴近生活，这是弹词的优势。但小说改弹词，或者戏曲改弹词，都要注意一点。弹词是弹词，是有自己的艺术特点的，要是一模一样地抄过来，那不是弹词。小说和戏曲里有的，弹词可以没有，它们没有的，弹词可以有，这也是老首长点拨我的。

**付**：您是说，从其他文艺作品中吸收题材和内容进行创新，必须注意符合弹词的艺术特点，要"像弹词"，是吗？

**赵**：那是肯定的啊。我从艺这么多年以来，编过一些作品，也参加过很多老师和同事的新书演出。有些作品一出来，大家就知道很经典，可以传下去；有些作品出来后，就可能只能传一时。我就在想，到底是什么决定了一部作品能不能传下去呢？最后我得出结论，如果这些新书、新作品，它不是弹词，那就没有意义，至少我做的东西它不是弹词的话，就肯定不会成功。就像《蝶恋花》，你可以说它是谱唱开篇或者弹词音乐谱唱诗词，不算完全的弹词作品，但大家还是认同它具有弹词特点。是因为唱的人是余红仙吗？因为它是我创作出来的？是因为用了弹词唱腔来创作吗？我觉得都是，但不仅仅是。你看，说《蝶恋花》不像弹词，是因为我用了很多新曲新腔，而且从其他艺术形式中借用了很多东西，这是对弹词形式的一种突破。但归根结底，《蝶恋花》还是继承了很多弹词的音乐因素，再加上采用了弹词的唱法，所有人一听就知道它依然是弹词，是一部在继承原有艺术基础上再创新的新作品。

所以你看，为什么说以前的那些艺术经验比较丰富的老艺人，他们创作的新书成功的比较多？因为他们已经深谙弹词艺术的精髓，能在此基础上去创新，这种创新符合了弹词艺术发展的规律。那什么是弹词的规律？就是说书、说长篇，就是"理味技趣细""说噱弹唱演"这十个字。假如弹词不是说书，没有这些传统长篇，唱篇怎么存在？弹、唱又是怎么发展出来的？噱头、起脚色及表情动作、身姿意态等的"做功"性的"演"，这些技巧又在调侃什么、表现什么呢？所以，"说"是基础，是最重要的。但"说"又最考验功夫，必须要潜心于书，要去码头上表演才能有所得。那要怎么才算说得好？能不能吸引住听客，能不能打动听客，书理、逻辑顺不顺畅，就是评判的标准。我后来去码头上表演，打磨《珍珠塔》，大改我做不到，但我做了很多细节上的小修小补和细微的改动调整，不能说我就一定改得好、改得对，而是我演出后觉得要这样改才合理，听众也能接受，那也算成功的尝试。坚持去说书、说故事，渐渐地自然在其他方面也能有所成长。而创新也是，不管是要做形式上的创新，或者内容上的创新，还是创编新书，无非就是要把一个故事说好，这就是我所说的要遵循苏州弹词的艺术规律。

**付**：您刚刚提到了《蝶恋花》，不管它是一首极具弹词特色的艺术歌曲，即您为毛主席怀念革命烈士的词《蝶恋花·答李淑一》谱曲的演唱作品，还是苏州弹词唱篇的创新之作，它都是大家公认的艺术杰作和您本人的代表性作品。您是在什么样的环境下决定谱曲这一作品的？又是如何创作出来的呢？它的成功背后有什么奥秘呢？

**赵：**谱曲《蝶恋花》，我记得是在1959年的时候。前一年，毛主席的这首词刊发出来了，大家就都开始学习毛主席的诗词。谱曲版也陆陆续续地出来，光《蝶恋花》就出了李劫夫和瞿希贤两个版本了。团里大家也商量着是不是谱唱一下毛主席诗词，出些作品。那时我们大家也是初生牛犊不怕虎啊，谱唱诗词跟弹词开篇的创作程序是反着来的，我们习惯了用同一套弹词曲调去填词，这下要根据诗词内容来谱曲，以前的唱腔就不够用了。我看《蝶恋花》里有嫦娥、吴刚这种神话人物，觉得比其他的要熟悉一些，就说我来做这个。但开始做了以后，就觉得太难了，现有的弹词曲调都不合适，越唱越不对。因为我对这首词里所写的人物完全不了解，也就不能理解这首词的感情与意涵；加上我当时正在改编《青春之歌》，任务很重，我都想放弃了。但后来团里组织学习毛主席的《在延安文艺座谈会上的讲话》，我受到了很大的触动，就决定一定要把这个作品做出来。

整个创作过程非常艰难，因为以前没有类似的成功作品。但我知道如果谱唱不能表达诗词所要表达的情感，就肯定不能成功。所以我转变了思路，不是拿原有的唱腔去配词，而是根据唱词的意境、内容、情感，去选择适合的唱腔。我就去查资料，请教别人，了解《蝶恋花》背后的故事和情感，了解杨开慧和柳直荀这两个人物和他们的人生经历，慢慢地抓住了感觉。有了感觉之后，我终于找到了方向，但又面临新的问题，那就是弹词唱腔抒情婉转有余，激情豪放不足。因为《蝶恋花》其实满含革命乐观主义精神和浪漫主义色彩，整体的情绪是昂扬向上的。我只好把所有的唱腔、曲调全部打碎，根据自己的理解及需要一点点试、一遍遍唱，把唱腔、曲调"打碎了融合起来"。加上以前我学艺没学过五线谱啊，谱子记不下来，那真的就只能用以前的"土办法"，不停地默唱、试弹。有时走在路上，突然觉得一句腔不错的，但走到团里就忘记了。那时候工作特别多，哪有专门的时间来磨一部作品？所以不管是吃饭、走路，只要有一点点空余的时间，嘴里就不停地念叨《蝶恋花》。

《蝶恋花》的成功，原因是很多的。一是当时的社会热潮啊，大家都听毛主席诗词，所以这个作品一出来就有人关注，算是碰上了一个很好的时候。二是有很多人帮助我，比如周总理、老首长（陈云）等领导人，他们不仅指点了我，还给很多组织团体推荐了《蝶恋花》。还有团里的老师，像我的先生周云瑞及张鉴庭老师、徐丽仙老师等，都给了很好的建议。同事石文磊和余红仙也都提了建议。大家一起帮着我把《蝶恋花》改得更出色、更圆满。至于我个人的努力，也是碰到了机会啊。

**付：**您在这期间有这两项成果，真是非常不容易，也可以看出弹词艺术在这时期的旺盛生命力。

**赵：**苏州弹词的生命力是很顽强的，我一直这么认为。因为弹词的特点就是灵活，可以变化，容易创新，这就是弹词的生命力。后来在"文化大革命"的动乱时期，弹词受到了很大的破坏，被批评为"靡靡之音"。《青春之歌》不让说了，说是"大毒草"。我创作《青春之歌》时做的笔记本也被"造反派"看着烧掉了，他们说革命要自己革。《蝶恋花》也不让唱了。我之前所有做的工作、得到的成绩都被否定了，我很伤心。但周云瑞先生还一直鼓励我。其实先生的日子也不好过，他因为去香港演出的事情一直被批斗，又身患重病，1970年的时候就去世了。那时候我是很消沉的，但先生去世前反复嘱咐我说："开生，《蝶恋花》不是靡靡之音，你不要怀疑自己。但你不能因为现在情况不好就不好好打磨艺术，当年我收你为徒没收你的拜师金，就是看好你的将来，我希望你不要做'红艺人'，而能成为弹词名家。你现在的成就，离我对你的期望还差得很远。我理解是团里给你的工作太多了，但你千万不要懈怠了。"听到这些话，我当时真想大哭一场。但先生的话是没错的，弹词不会就这样没有的。只要有我们在，总能传下去。

果然，打倒"四人帮"以后，弹词"开禁"了，演出很快就兴盛起来了。我记得是在1977年和1978年的时候，上海团去无锡、常州巡演，我说的《青春之歌》，那个反响，不得了啊！尤其在无锡的时候，我们第一天到，想着第二天要上台，就早早睡觉了，谁知道半夜同屋的周介安把我叫起来，说："赵开生，你快起来看啊，窗外好多人啊！"我往窗外一看，那人多的，都是听客，他们半夜就过来排队了。所以你看，《青春之歌》不算是很好的书，但听众还是要听的，就是因为我对《青春之歌》的改编是在弹词的框架内做的，所以听客会买账，弹词就能传下去，这一点是很重要的。

## 整理完善《珍珠塔》

付：赵老，您的"破口书"就是《珍珠塔》，您是怎么认识这部长篇的？后来为什么又要重新整理和改编这部书呢？

赵：我对《珍珠塔》的认识，可分为三个阶段，每个阶段的认识都是不同的。

第一阶段，是从登台到1977年前后，大概有二十年时间，包括与饶一尘拼档的两年多，以及参加弹词组织前后与瞿剑英、张如君、潘闻荫、石文磊等人拼档的时段。其实在这段时间里，我说《珍珠塔》的时间还不到三年，主要是因为搭档不停地在换，还有就是一些社会局势和政策的影响。我印象中在"文化大革命"前，《珍珠塔》就被禁说了两次，到1963年以后，传统书渐渐就不让说了。所以这一时期我对《珍珠塔》没什么想法，我说它的时间也主要集中在刚登台的头两年。那时候我还在刚起步阶段，能在书台上"活下去"最重要，至于《珍珠塔》的历史、流变和故事背后的真实社会，我都不怎么关心。我只知道跟着先生说，先生怎么教，我就怎么学；其次就是听众爱听什么，我就说什么。这是一段完全没有自觉的阶段。

第二阶段，是1977年后恢复表演到1984年陈云老首长提出要我来修改《珍珠塔》这一时期。这段时间我总是自己到码头上去说书，因为稳定的搭档不好找，我就干脆自己放单档。放单档和双档说书是不一样的，我必须找一部我最熟悉、最有把握的书，否则生意容易"漂"掉的，我想了又想，还是说回了《珍珠塔》。我以前是说下手的，这次放单档，让我对《珍珠塔》的人物、情节有了更深的了解。这段时间里，我发现《珍珠塔》是需要改进的，我会根据自己的想法和听众的反应，做一些小修小补。不过总体而言，我没有一个确切的想法，也不清楚《珍珠塔》真正的问题在哪里。

第三阶段，比较关键了，是 1984 年我去见老首长的时候。从老首长让我来改《珍珠塔》到 2016 年我的《珍珠塔》演出本出版这段时间。老首长跟我说，《珍珠塔》到我们这代人却没有变化，说明我们这代人没有尽到责任。但他提出让我来改，我是很忐忑的。虽然我有些小想法，但我是不敢大动的。《珍珠塔》有多经典，看看那些经典唱篇和名家"响档"就知道了。这么多名家都不敢动，我小学都没毕业，别人相信我吗？老首长就给我写了幅字：横眉冷对千夫指，俯首甘为孺子牛。我明白了老首长的意思，我确实不算名家，但也说《珍珠塔》很多年了，如果别人不做，我也不做，那《珍珠塔》会不会就这样渐渐流失掉呢？想到这里，我就决定要接下这个任务。

不过直到最后退休，我其实都没有多少时间来做这件事。其间各种演出任务，还有《文徵明》的创作，后来我还去了苏州团做艺术顾问，比较忙碌，也就不能静下心来思考改《珍珠塔》的问题。等我退休了，我也 72 岁了，想想还是不能辜负老首长的期待，我便重拾这个工作，早上起来弹弹琵琶，然后就开始整理、写一写，最后出来的整理本大概有 50 万字。经过长期的思考，我渐渐有了自己的想法，也明确了《珍珠塔》的整理方向，也就有了自己的风格，也就有了后来的"赵氏珠塔"。这些想法、思考我都放到了整理本中去，希望能为《珍珠塔》的传承做一点工作。

**付**：我读过您整理出版的《珍珠塔》演出本，确实有很多改动和调整的地方，更具趣味性和故事性，也更符合当代人的审美习惯。而且里面对于"羞姑"的情节，似乎做了很大的改动，但又合情合理，您觉得这段情节，原来的版本存在哪些问题呢？

**赵**：首先要明确一点啊，"羞姑"本身是不能变的，大家听了这么久的书，最后要是不能"羞姑"，矛盾冲突就没有了，大家就不要听了，去听别的书好了。"羞姑"集中体现了《珍珠塔》故事的总纲啊，就是要"替天下穷人吐一口气，为人间寒士解一解嘲，方知晓穷不可欺、富不可骄"，所以一定要保留。但保留"羞姑"，不代表就一动不动，实际上这段情节中有很多不合逻辑的地方。

最大的问题，就是方卿的形象前后不统一。我此前专门去魏含英老师那里学了前部《珍珠塔》，这段书已经很少有艺人会说了，大家都是从"二进花园"开始说。我看过前部之后，发现方卿原本是个谦谦君子，做人一向恩怨分明，有几个细节都阐释了方卿的人物性格。一是陈小姐在绿秋亭代母赔罪，向方卿赠送百两纹银，但方卿却说"一声名节终身志，岂能够断送襄阳百两银"，可见方卿的骨气；二是陈廉追至九松亭留他回襄阳，方卿又说"不成名，不完婚，要争一顶五品官诰聘千金"，可见方卿的志气；三是他在毕家攻书，读的"花谢花开两不知"，敢于冒着杀头之罪冒名顶替进考场，可见方卿的勇气。这样的方卿，在高中状元后，返回襄阳的途中还想着如何报答姑父联姻之谊、表姐赠塔之情，为何"二进花园"里的方卿却为了"羞姑"油嘴滑舌、满口谎言？如姑父陈廉问方卿三年身在何方，方卿竟说自己栖身山岛、云游四海、庸庸碌碌、一事无成。陈小姐问方卿功名二字，方卿的回答更出格："我功未成，名未就，你聪明人何必问功名。"方卿对姑父、表姐的这种态度，本身就是忘恩负义，简直像换了一个人。

除了方卿的问题，"羞姑"情节本来就有好多矛盾之处。你想，方卿要去见姑娘①，一定先见到采萍和陈小姐，他想要羞姑，就必须向陈小姐和采萍隐瞒自己已中状元、并未出家的事实，但方卿并没有做到这一点，在采萍的步步逼问之下很快就第一次露了底："我方卿方子文何曾出家？"小夫妻相会快到尾声时，方卿又写了一首诗："方丈瀛洲无百姓，卿云飞上蓬莱顶，毕竟须留千载名，鼎中弹药壶中隐。"其实就是暗示陈小姐方卿就是新科状元毕鼎，这不是又露了底吗？假如陈小姐很快参透了诗中含义，告诉自己母亲，陈夫人还会出来与方卿对峙，让方卿羞姑吗？此外，方卿明知母亲就在陈家，一旦自己到了陈家，陈家肯定会通报方太太儿子来了，他怎还会为了羞姑出一口恶气，便不顾陈、方两家的亲情呢？若是母亲先出来，方卿还怎么去羞姑呢？

**付：**我明白了，"羞姑"情节经过多代艺人的演绎，其实反而制造了许多问题。为了增加"羞姑"的冲突，要刻意铺垫方卿见姑娘之前的情节，不能暴露自己的身份，只好撒谎。但听众就是要听这个，所以艺人就不断加情节、加唱

---

① 姑娘：姑母、姑妈。江南一带沿用的古称。

篇，反而割裂了方卿的形象。

**赵**：对。我特意去查过《珍珠塔》的历史和演变的情况。我发现最早的版本是乾隆四十六年（1781）的周殊士本，而该版本的序言里已经言明《珍珠塔》故事从明末已有流传。乾隆年间有一位说书艺人俞正峰重编了《珍珠塔》，在嘉庆元年（1796）的《新刻东调珍珠塔》中有序跋称："姑苏俞正峰语妙天下，而文笔更活跃。近编《碧玉环》《鸳鸯谱》《鲛绡帕》《珍珠塔》等南词四本，而《珠塔》尤□□珠玉也。"俞本情节较简单，但已经构成了《珍珠塔》故事的整体脉络。嘉庆十九年（1814）到道光二年（1822）的版本中，先是增加了九松亭中表联姻的情节，这就让《珍珠塔》的故事跳出了传统才子佳人故事模式中"私订终身后花园"的窠臼，而后又增加了毕府家童到河南方家报信，冒充方卿招摇撞骗被抓的情节。到同治年间，有苏州麟玉山房本，删去了家童假冒方卿觅妓嫖院一段，增加了劫塔、当塔、认塔、哭塔这一段情节，延续了九松亭联姻的情节。后来又增加了母子相会、打三不孝的情节。同治三年（1864）有重编周殊士本《孝义真迹珍珠塔全传》，该本有别名《绣像九松亭》。光绪二十年（1894）上海书局出版了《绘图马调珍珠塔》，该本题为弹词艺人马如飞著，而后大部分《珍珠塔》刊本均题为马如飞所著。所以你看，《珍珠塔》是经过了很长一段时间的演变而成的，情节是不断丰富增加的，这确实让《珍珠塔》更丰满，但也就是你所说的，它又制造了《珍珠塔》的一些问题。比如《珍珠塔》的唱篇非常多，而且很有特点，所以有"唱不煞的《珍珠塔》"之称，但过多的唱篇，反而拉散了故事结构，破坏了节奏。还有《珍珠塔》的故事其实很简单，大多靠艺人自己描摹细节及人物的心理活动来丰富情节，所以会有"陈小姐十八天下不了楼"的说法，但这种说法肯定不适合当下的人来欣赏，根本拉不住听客。明确了这些问题以后，再做修改就能够有的放矢了。

**付**：那您是怎么改编《珍珠塔》的呢？

**赵**：这个比较复杂。从大的方面来说，一是统一人物形象，方卿是最重要的部分；二是加快故事的节奏，将听众迅速带进故事里。方卿前后形象不一致，以前的方卿故意扮作道士，为了"羞姑"完全不顾姑父、陈小姐和采萍对他的恩德，又是欺骗又是隐瞒，我觉得这样的方卿是不值得陈小姐为了他违拗母亲的意愿的，但以前为了"羞姑"的戏剧性效果，大家都没有注意到这一点。我的改法是在保留"琵琶房""翁婿会""小夫妻相会"的内容时，又让方卿表现出并不想一瞒到底的想法。因此方卿高中返乡以后寻母不得，乡邻告诉方卿母亲方太太被小姑一家护送到襄阳，现正住在陈御史府上。方卿到了樊城后，因官船庞大碰到落潮走不动，他思母心切，自己坐着小船前往襄阳。小船上不好穿官服，恰好就有一身道服，方卿换上道服来到御史府后，突然想试一试姑娘是真势利还是假势利。而后小夫妻相会，方卿刻意提示陈小姐自己的身份，但因陈小姐不信，只得将错就错，而后更是作诗暗示自己就是毕鼎，只是陈小姐看到母亲的丫头过来，一时情急，未及细究，才没发现，最后是方卿偶然与姑娘见面才一番试探。也就是说，必须事前让方卿有戏姑的想法而不能有戏姑的条件，方卿这个人物的性格形象才能算是得到了统一。

然后是加快故事的节奏，这方面的工作我做得比较多。第一是删去部分比较"冷"的、与主线关联不大的回目，比如"跌雪""进京""看灯""写家信""方太太寻子到襄阳""误传凶信""投河落庵"等书回。这几回书都是好人受苦、基调悲伤的内容，而且也不甚精彩，属于"过场书"，所以我的太先生、先生都不说这几回书，一般都是从"婆媳相会"或者"二进花园"开始。前面这些书，我是特意去找了一些脚本，还有魏含英老师交给我的。这些回目得有多"冷"呢？我记得我小时候有一次跟着哥哥去听书，说书先生说的就是"方卿跌雪"这一回，那感觉就是天冷、书冷、场子冷，听得我后来都睡着了。所以我就觉得，这些回目现在的听客肯定是不愿意听的，斟酌再三，我就删掉了。第二呢，就是有些必要说的"软档书"，我就加快节奏说，或者想办法增加趣味性。比如"内堂报喜"这一回，我把情节设计为方卿穿道袍进御史府唱道情，采萍和老管家王本知道方卿思母心切，以言语逼得方卿拿出官印。这时陈廉的门生毕云显来拜见老师，师生相会，方卿中状元的事，陈廉也心知肚明。陈廉遂到后宅跟陈太太报信，不料陈太太不仅不信，还口出恶言，陈廉有意看老妻笑话，便瞒下真相，他故意跟老妻说他决定为女儿另择一婿，乃是兵部尚书毕云显的族弟、新科状元毕鼎，今天毕云显就是来为毕鼎提亲的，如此陈太太自然是欣喜万分，回去告诉女儿陈小姐。陈小姐得到采萍的报信知道毕鼎就是方卿，但她不敢与母亲直言，只能顺着父亲瞒着母亲，顺水推舟同意了。结果丫鬟小厮内堂报喜，说新姑爷便是方卿，方太太就要上门，急得陈太太如热锅上的蚂蚁一般。这样一来就铺垫好了接下来的戏剧性冲突，而且这段书也变得妙趣横生了起来。同时，"内堂报喜"有趣了以后，"四美戏闺""陈廉戏妻""备弄冲突"等几回"软档书"，也可以变得很有趣。第三，就是《珍珠塔》的唱篇，我是有选择地表演的。《珍珠塔》唱篇很多，内容重复的也多，我的标准就是：可唱可不唱的尽量不唱，必须唱的便要唱得听众能听懂，若是名篇，更要唱出特色，唱篇要能交代书情、表现人物，不能为唱而唱。像"婆媳相会"一回里，陈小姐到白云庵还愿，不知道方太太正在庵中做佛婆，而方太太听闻儿子方卿已死，不愿外甥女守寡，又不愿让外甥女知道她的身份，以至于要欠陈家人情，所以她想委婉地提醒外甥女。这一段中，有段经典唱篇叫"盘我一盘盘甚事"，其实写得很好，对仗工整、朗朗上口，但我觉得这段唱词反复描述方太太的疑惑，其实并不符合此前方太太的初衷，最后我认为唱词如果不能为情节服务，甚至还相冲突，那就不可取。另外，在"小夫妻相会"中有一段唱篇"哭诉"，也是经典唱篇，是我先生和太先生的名篇，但我觉得这段里的方卿简直面目可憎，面对陈小姐的指责，方卿还要油嘴滑舌，这段"哭诉"三分真、七分假，完全不符合方卿此前的人物形象。有一次演到这里，我就跟听众说我不喜欢这里的方卿，不愿意唱"哭诉"，补一段"天下寻娘"，请听客体谅，结果听客不仅体谅，还给予了满堂掌声，以后我再也不在长篇演出中唱"哭诉"了。

**付：** 听到这里，已经觉得您做了很大幅度的改编了，但您还只说了大的方面，那小的方面又有哪些呢？

**赵：** 那就比较具体了，都是我在演出时总结出来的。比如第一回"留客绿秋亭"，原先的说法是方卿先出场，说定场词、自我介绍，接下来开始唱，唱的是方卿的身世和经历的苦难。这种开场说法很耗时间，差不多要说十五到二十分钟，而且只是人物介绍，没有矛盾也没有冲突，现在的听客注意力早就散了。我就把这段改成先点出人物，通过人物交代前因后果，也就是书情为先，书理在后。先让采萍出场，通过她表露出对势利主母的不满，交代方卿在前院受辱的经过；而后她打抱不平，与小姐说起，再"绿秋亭相会"，通过陈小姐挽留方卿，使听众觉得有矛盾、有悬念；两人相见后，方卿想姑娘将我赶出陈府，表姐又挽留自己，必然有话说，所以不开口；陈小姐想开口替母亲道歉，但又觉得难以开口，所以一时也没有说话。这样一说，通过两个人物就将矛盾推到听众面前，书情既简洁又热闹，既有逻辑又有戏剧性的冲突。

到"九松亭相会"一回里，以前的先生是怎么说的呢，陈廉追到九松亭，终于见到了方卿，两个人先姑侄见礼，再说说家常，陈廉提出让方卿返回陈府的提议被方卿拒绝，于是陈廉才提出中表联姻。这个说法，现在的听众也肯定要着急了。我就改成先交代矛盾，再以解决矛盾作为推动情节发展的手法。陈廉追至九松亭，见到方卿，立刻对方卿说："贤侄你在此休息一下，过会儿接你一起回城。"陈廉想想十拿九稳，虽然姑娘势利得罪了你，但姑父追出这么远来给你赔罪，先让你消消气，再接你一道进城不就是顺顺当当的？而方卿听见要进城，心想：我肯定不回去，之前我在姑娘面前铁骨铮铮地说，不做官不见姑娘，如今回去不是要被她嘲笑？再说，姑娘的那副面孔，我一刻都不能忍受，但是姑父这一把年纪，还骑马出城追我，我有什么理由能回绝姑父呢？这样一说，观众就有兴趣听下去了，就等着看陈廉与方卿两个人一个怎么挽留对方，一个怎么回绝对方。

付：这些都是属于"说"的部分吧？

赵：对，"说"我下了最多的功夫，也最用心，因为我觉得"说"是最重要的。弹词的本质不就是说故事吗？怎么把故事说好、说透，说得听众爱听，就是我们弹词艺人的本职工作啊。我觉得说故事还有一个方面是很重要的，就是人物塑造，要把人物的性格都表现出来，但必须各有各的特点。我们弹词的特点就是细腻，在表现人物上应该更有优势，是不是？不过弹词演出有时候会陷入"行当化"的困境里，小姐都是一个样，丫鬟也是一个样，老太太也是一个样，那书说得就没有意思了，其实每个人物应该都是不同的。

你看，《珍珠塔》里有三位太太，陈太太、方太太和毕太太，她们的性格都是不同的，我总结了她们各自的特点，就是方太太稳重端方，陈太太虚荣莽撞，毕太太简单直接。我分着来解释一下。

第一位是方太太，她的特点是识大体、顾大局、善良大度，但在具体情境中也有不同的侧重点。在"婆媳相会"中，方太太听说陈家女眷要来白云庵还愿，以为来的是小姑陈太太，当时她以为儿子方卿已经死了，本来准备与陈太太拼命，不料发现来的是准儿媳陈小姐。陈小姐听闻方卿凶信病重不起，是见了王本管家伪造的家信才恢复健康，这次到白云庵还愿，也是为方卿祷祝还愿。方太太在幕后听到陈小姐为儿子祈祷，她觉得陈小姐贤良淑德，不像小姑势利莽撞，儿子已经死了，何苦连累外甥女守寡呢？所以她虽然心底还很生气，但已经开始思考如何在不暴露自己身份的情况下，向陈小姐点明方卿已死的真相，足见方太太大度善良的性格。在"亲家相会"一回中，陈廉代妻子陈太太向方太太赔罪，方太太却态度诚恳地替小姑向陈廉赔礼，她说小姑自幼娇养，性格莽撞，望陈廉看在方相父子分上宽恕小姑，一席话不仅解了陈廉的尴尬，还维护了方相府的体面和陈、方两家的亲戚之情，尽显方太太识大体的一面。而在"方卿见娘"一回中，母子相见感人至深，将方太太为母则刚却又充满母亲柔情的一面展现得淋漓尽致。

第二位呢，是陈太太。陈太太在书里有"猛门人"的称号，我觉得她的性格就是贪慕虚荣、性格莽撞，因为她是相府千金啊，什么样的青年才俊找不到，所以在家中被娇惯得没什么分寸。后来她被父亲许配给穷书生陈廉，心理上是有落差的。尽管陈廉为官之后飞黄腾达，但她不想让女儿跟她一样，而是要找个有功名、有才华，也有财势的人家。谁知道丈夫陈廉却背着她跟方卿订下中表联姻之约，自然让她满腹怒火，对方卿也就更没有好脸色了。但故事有趣的部分，也正在这位姑娘身上。"陈廉戏妻"里，就是陈廉表面上满足老妻的要求，实际上又在逗弄老妻，陈太太不疑有他，马上改口叫"老相公"，表现出陈太太心思粗疏的特点；等到方太太带着方卿前来登门，陈太太才知道陈廉给女儿另许的新科状元毕鼎就是方卿，想到自己曾经口出恶言羞辱方卿，顿时羞愧难当、自觉无面目见寡嫂，一气之下，将错处全部推到心腹秋珠头上，表现出陈太太性格肤浅冲动、遇事推诿逃避的一面。

第三位，就是毕太太。毕太太跟陈太太在性格上有点相似，都是比较粗疏、简单的，但两个人的性格成因、人生经历又完全不同，所以她们的性格是相似而不相同的。毕太太没出嫁的时候是父母的掌上明珠，出嫁后丈夫又疼爱，丧夫后儿女争气又孝顺，所以她一辈子没有经历过什么大风大浪，养成了心思简单、行事风格直接但爱憎分明和端正的性格。比如她见方卿人品端正、才华横溢，便主动提出要将女儿嫁给方卿，无所谓方卿是否有功名、是否家境贫寒，可见她处世喜好由心，看人看事的角度也不拘一格。后来毕太太听方卿说了方家的情况，她首先不是想到招方卿为婿有什么危险，而是为方家被奸臣诬陷败落感到愤怒，为方卿被剥夺考试资格感到遗憾，因此她强令儿子毕云显为方卿安排毕鼎的身份下场考试，可见她爱憎分明、正义感强，但她又显得过于天真，凡事不考虑后果。结果方卿更名考试的事情暴露出来，导致毕、方两家都将面临灭顶之灾。她情急之下，独身闯上金殿向皇帝陈情，想要以自己的身死来解救毕、方两家的危机，可见她性格冲动激烈。但毕太太的冲动直接，带着一种疏朗大气的"天真"，她恩怨分明、为人爽朗、敢作敢当，与陈太太的"猛门"截然不同，因此显得非常率真可爱。

你想想，如果不好好研究人物，我们艺人在台上说书，心里怎么有底呢？只要心里有底，无论是表演怎样的情境，我都能将人物形象"立"起来，人物形象自然也就血肉丰满、层次清晰且不会混淆，让观众如见其人、如闻其声，看得见摸得着。你要是心里没底，上台后肯定是两眼无神、言语无力，这样怎能抓住观众呢？而《珍珠塔》还有很多人物，比如陈小姐稳重、采萍聪敏、秋珠刁钻、王本老成、陈廉方正，每个人物都各有特点，正所谓"千人千面"，所以我们艺人必须将人物演出特点来，才能让人物"活起来"，人物"活了"，故事自然也就"活"了。

**付**：其他如"噱弹唱演"这些方面，您在《珍珠塔》的整理过程中又有什么新的变化呢？

**赵**："噱弹唱演"，没有"说"作为基础，那都是不行的。但其他部分我也有做改动，总体而言，都是要为"说"来服务。比如噱头吧，噱头本来就是艺人在说"软档书"的时候，为了拉住听众、增加趣味性的补充部分，有"肉里噱"[①]

---

[①] 指从人物性格或情节本身引发的笑料。

自然好，没有么，好的"外插花"①也很好。但是噱头不能总是老一套，几年里总要换一换，否则听客要厌烦的。我记得有次我去江阴演出，第一年去，噱头出来听客很买账，第二年再说，听客就在下面起哄了，我只好临时更换新的噱头。说实话，《珍珠塔》本身是很正的书，说教多、娱乐少，后来艺人慢慢发展，才有了一些噱头，但对比其他长篇还是很少的，所以我在演出时就自己写了些噱头补充进去。比如我在"秋珠报信"这一段里补了个"外插花"，说陈夫人正在西院打麻将，牌面清一色正等着和牌，摸了一个五饼便丢出去说"和了"！结果下家却说是个四饼，姑娘以为是下家做了手脚，正待发作，后来发现是之前大家吃西瓜，有个西瓜子粘到四饼上成了个五饼，姑娘拿到牌没看清就拍出去，西瓜子拍掉了，五饼又成了四饼。

还有就是"唱"，《珍珠塔》的唱篇是很有名的，但其实最早的演出艺人也没有在"唱"上面做很多花样。比如《珍珠塔》最早的"响档"马如飞，他的唱腔叫"马调"，这种唱腔就像在吟诵，音乐性是不够强的，所以他一脉传下来的魏钰卿发展出来的"魏调"，也是一个类型，被称为"书调""吟诵调"，唱起来没有起伏、少有变化。后来弹词来到了大上海，面对戏剧啊、电影啊等竞争对手，弹词得有变化啊，于是就吸收戏曲唱的元素，开始有各种各样的流派唱腔了。《珍珠塔》唱篇多，出来的唱腔也多，像我太先生的"沈薛调"，我先生的"周调"，都是很雅正的那种。不过我先生一直告诉我，"唱"必须为"说"服务，为书情、人物服务。以前我觉得上台以后唱得响亮、唱得卖力就是好，却忽略了情节的需要和人物感情的变化，听众反而不买账，到30多岁后，才理解了先生的意思。

比如"方卿见娘"一回里，有四大段唱——方太太思儿、母子重逢、叙事和谢恩情，这四段唱有不同的情绪，我就用了四种不同的方法。第一段思儿，因为方太太对儿子的思念，甚至到了精神恍惚的状态，所以唱法要表现出方太太这种似梦似醒的口吻，以虚音为主，实音为辅。第二段母子重逢，方太太喜出望外、十分激动，开心得几乎要哭起来，所以这段唱要以实音为主，满腔满

---

① 指说书人在表演过程中穿插与书情内容关联不大的笑料，使用范围更广。

调地唱，但里面有一句"为娘是三月离家乡，千里走风霜，六月到襄阳，一个小包囊，路过九松亭，偶尔纳风凉，听得三三两两道短长，恰逢提及我儿郎，说道你遇盗途中性命丧"，我觉得这句有不足，方太太都是在说为娘的如何，却未说母亲担心孩儿如何，于是我在最后加了一句"为娘我望断南阳泪满眶"。为了让唱段里充满感情，我还化用了京剧名家杨宝森先生的经典哭腔，就是为了达到以情动人的效果。第三段是叙事，不需要太多的技巧和感情，是比较平的一段。第四段是谢恩情，一共有五十六句，有的艺人是一口气唱完，但我把"方太太寻子到襄阳"这回书给删了，结果这段唱就没有了背景情节，我就改为说一段、唱一段，把唱段中的情节说清楚、唱清楚，再把唱段中方太太感谢庵主、陈小姐、陈廉、王本和采萍的部分一气呵成地唱完，从而制造一个高潮。

　　唱篇里，为了配合我的"说"，能改的我就试着改改，尽量呈现出更好的演出效果。但有的唱篇不能改的、我改不了的，就必须要唱好，要符合我的"说"来。"唱道情"一回中有一段采萍打五关的唱段，小夫妻相会，方卿写诗气走陈小姐，采萍上楼来见小姐和衣而卧，于是要轻气轻声唱道："牙床睡倒女裙钗，见她双眼蒙眬双泪垂……"就是要制造一个安静的环境，小姐睡着了不要吵醒她，但采萍心焦，所以想着打副五关来为小姐和方卿的命运占副卦。这五关得一关关打，一段段唱，就是要唱得求稳求平、轻声静气。后来夫人派人请小姐去前面听道情，采萍急中生智瞒着小姐去代听，这一段本来要换一个韵唱"一双姐妹出兰房……"可由于过于冗长，听众可能要烦，于是我将开头剪掉，直接接唱"自作其主先回复，哑气低声悄悄行……"部分，而且这段要唱得急且快，以表示采萍焦急的心情。这样一改，使得打五关的唱段有急有缓、有静有闹，能给听众带去更好的体验。

　　因为我的"说"变化比较大，所以我的"唱"也要改得比较复杂。我主要是以太先生他们的沈调、薛调和先生的周调为基础，融入快蒋调，还加上了京韵大鼓、单弦等伴奏音乐的节奏旋律，就比较多变。结果因为我的"唱"太灵活了，让伴奏的人头疼得了不得。虽然我没有发展出我自己的流派唱腔，但是也算是有了我自己的风格了。

还有一个"弹"、一个"演"字。"弹"我觉得没啥好说的,那就是苦练出来的技术,让乐器配合唱腔,起到烘云托月的作用。我只有一个建议,那就是多练。我们弹词艺人,虽然琵琶、三弦不用练得太好,但多个技艺并不是什么坏事嘛。"演"倒是可以好好说说。《珍珠塔》这部书,"唱"是大头,以前的听客一进来,就闭上眼睛开始听,听到好的唱腔、唱段,就像喝到龙井茶一样回味无穷,如果艺人在台上乱动,会被批为"野《珠塔》"。但现在大家每天接触到的刺激太多了,弹词也早就变成了"说噱弹唱演"样样都有的综合性表演艺术了,《珍珠塔》也必须要有些变化才行,再像以前那样只重"说""唱",可能效果不会太好。所以我在"演"上花了一些功夫,把人物的特点通过肢体语言"立"起来,这样,只要一做这个特定动作,听客就知道是谁。而且,我觉得弹词长篇对于角色的分类,就按照京剧行当"生旦净末丑"的划分,其实也不太合适了,我们要"去行当化",破除这种生硬的形象限制,要跟随故事情节及人物的行为逻辑,通过"做功"性的模拟表演"演"好人物才行。

## 继承与创新

**付:** 赵老,听过您对《珍珠塔》的改编过程,和您创作《蝶恋花》《青春之歌》的情况,我发现您既有善于创新的一面,也有注重传统的一面,那您能讲讲您对于继承和创新及其关系处理的理解吗?

**赵:** 这个感觉很复杂的,继承和创新本身应该是对立统一的关系。我认为应该立足继承,大胆创新,是这样一个逻辑。从创新方面来说,我最大的感觉就是创新不是胡乱地去创新,内里其实是有一定规律的。其实,苏州弹词的艺术特质本身,就很重视创新,求新求变的。你想啊,以前的经典长篇也不是现成就有的,是老艺人去找出来,然后表演,再返回来修改,一代一代艺人在听众当中"滚"出来的,这就是获得了听众认可的作品。那这些书"说"出来了以后,艺人能随意地说吗?一定程度上来说,弹词艺人的自由度,要比别的艺术高不少,回目、情节都可以调整,人物的塑造也可以根据自己的理解增加更多的细节,做更个性化的阐释。但你能乱说吗?能自己随便改吗？你得说得、改得有道理、有逻辑、讲得通啊，否则听众是不买账的。

我一直强调弹词就是说书、就是讲故事，这是它的艺术本体。其他的曲艺品种都很少能够做到像弹词艺人这种"说"上的功夫。而且不只说情节、说故事、说人物，我们连开窗、关门、人物走路大脚小脚，都是不同的，都要靠声音来表达，就连哭也要说出来：一阵伤心，"得儿……"两行眼泪，内心独白我们也可以靠"说"表现出来。而其他的唱、噱、弹、演，都是为了说故事服务的。现在有些艺人创新，想搞形式上的突破，但故事都讲不好，上台只会唱开篇，噱头比正书还长，这是不行的啊。

就好比"唱"吧，以前的"马调""魏调"，后来的"沈薛调""蒋调""丽调"，这些唱腔都不是独立存在的，要依附于故事中的情节、人物的情感，才能有打动人心的效果，才能成为公认的唱腔流派，所以"说"是基础，是最重要的。

但"说"又最考验功夫，必须要潜心于书，要去码头上表演才能有所得。那要怎么才算说得好？能不能吸引住听客，能不能打动听客，书理、逻辑顺不顺畅，就是评判的标准。我后来去码头上表演，打磨《珍珠塔》，大改我做不到，但我做了很多细节上的小修小补和细微的改动调整，不能说我就一定改得好、改得对，而是我演出后觉得要这样改才合理，听众也能接受，那也算成功的尝试。坚持去说书、说故事，渐渐地自然在其他方面也能有所成长。创新也是，不管是要做形式上的创新，或者内容上的创新，还是创编新书，无非就是要把一个故事说好，这就是我所说的要遵循弹词的艺术规律。

**付：**您的意思是，创新必须有继承作为基础，如果没有继承，弹词也不是弹词了，再做创新就很容易失去方向变成异变，那创新也就失败了，是吗？

**赵：**当然。继承和创新是有内在联系的。其实我的观点就是，只有很好地继承传统，才能促进曲艺的发展创新；但没有发展创新，就不能很好地继承传统。弹词艺术，或者说所有的文艺形式，都应该是在坚守自己艺术本体的基础上不断变化发展的，本体是需要一直坚守的，那就是老一辈传承下来的东西。但不断地变化、突破才能表现出艺术的活力和生命力，没有变化、突破的艺术，只会越继承越少，直到渐渐消失，因为它已经失去那种活力了。所以创新和继承其实是个两个互相联系、互为呼应的部分。

  需要指出的是，我这里说的创新，不仅仅是指说新书、编新中篇、开发新的表演技巧，或者创造个新唱腔；也可以是给传统的、经典的作品赋予新的内涵、新的变化，难道这些不需要继承来作为基础吗？像徐丽仙老师的《六十年代第一春》堪称"丽调"的经典作品，但"丽调"本身可不是《六十年代第一春》这样的风格，而是《梨花落》这样凄婉的风格，是徐老师为了契合《六十年代第一春》的风格，将苏南民间歌谣的唱腔和工人业余说唱中的快板念诵法融入弹词唱腔，才使得这支开篇呈现出乐观明快的色彩。后来她谱唱新开篇《新木兰辞》，也是在此基础上再加以优化，方才有这种铿锵有力的气势。可是她的"丽调"是怎么来的？难道是坐在家里闭门造车，光靠自己琢磨出来的？不是的呀！也是在书场里长期表演磨出来的。徐老师擅说长篇《杜十娘》和《情探》，"丽调"正是她表演过程中，深刻体会杜十娘和敫桂英的情绪，为了将二人情感烘托、表述出来而探索出来的新腔。而且徐老师在探索创新的过程中，也虚心接受很多人的指导，例如陆澹庵、刘天韵、我先生周云瑞及平襟亚等人，才最终有了这些经典作品。

  **付**：是呀，有的人说蒋月泉的"蒋调"，其实就是在他先生周玉泉的"周调"基础上做了一些改变，因为他嗓子比周玉泉好，所以高音部分可以用真嗓，再加上一些节奏的变化，就发展成了"蒋调"。可是实际上肯定没有这么简单。

  **赵**：那是肯定的。以前的名家哪有随随便便就能成名的？蒋老师的"蒋调"其实有很丰富的变化和创新，绝对没有这么简单就发展出来的。这当中，有运气、唱法、节奏、旋律等方面的探索，都是建立在他对弹词传统有所继承的基础之上的。你再说回创编新书，两次"斩尾巴"[①]的时候，大写"十三年"[②]的时候，都倡导要说新书，那时候出来的新书多得不得了，可是能被听

---

[①] 指剔除传统节目的封建性糟粕。
[②] 指1949年之后即新中国成立初期的十三年。

客接受、能保留下来的书能有多少？唐耿良老师的《一定要把淮河修好》《王孝和》等作品，蒋老师他们重新整理的《玉蜻蜓》和《白蛇传》，以及新编"折子书"《厅堂夺子》和《王佐断臂》，还有前面提到的徐丽仙老师、我先生周云瑞，他们参与创编的新书、中篇，有很多都是能留下来的好作品，不仅是因为上海团和老先生们的名声，更多是因为作品的质量确实上佳。但老先生们为什么能拿出来这么多好作品？就是因为他们已经做好了继承，领会了弹词艺术的规律，才能在创新的时候取得这么多的成绩。反观现在的很多青年艺人，说书出码头不愿吃苦，不愿花心思到节目、表演的打磨上去，把自己生意不好、收入不行的原因全归结在现在市场环境不好、书场太少、听客断层等问题上，这怎么能行呢？

**付**：而且创新要来自平常持之以恒的练习积累，以及不断学习和从其他兄弟艺术中吸取营养，是吗？

**赵**：是啊，老师父都说"拳不离手，曲不离口"。我运气好，碰到了一个好先生，周先生是昆剧世家出身，他爷爷和父亲都是昆剧艺人，所以有家学渊源，他会的乐器非常多，而且他也喜欢弹唱。我从跟着他学艺开始，不管这天他什么时候能结束工作，回到家都必要点香、净手，弹上一曲古琴，我就跟在旁边听。而且先生对表演特别认真，他的嗓子不好开，所以每次上台，都要自己先在后台练习一个多小时。我就是受先生的影响，学艺的时候不用多说，后来出师了，我也习惯了每天都要抱着琵琶练习一两个小时，而且每次上台之前，我都习惯自己把书过一遍。直到2013年我因为做了心脏搭桥手术，医生告诉我说，最好不要再登台，平常也要注意保持心境平和，多休息、少用心用脑，我才终止了每天弹琵琶的习惯。但我也是这样要求学生的，无论从事什么职业、做什么工作，都必须要每天坚持不懈地练习，做艺人更要如此。不弹不唱，技艺怎么进步？

另外，在我学艺的时候，先生还会带我去看戏、看电影，就是让我习惯从其他艺术中吸收营养。这一点其实非常重要，弹词有很多发展都是从其他艺术中学习而来的，比如从京昆剧种吸收过来的手面动作、唱腔流派的唱法发展等，而且弹词有很多长篇的内容都是与其他艺术相互移植，从而有了很多新的阐释与发展，多学多看总能有新认识、新发现，这总是没有错的。但这种学习，更多的是对文化、社会、世事、人情的认识，我觉得先生的教导对我来说非常有用。后来我无论是谱唱《蝶恋花》、创编《青春之歌》、改编《文徵明》，还是后来给苏州团排的中篇《雨过天青》和《大脚皇后》，或多或少地都从其他艺术中去吸收一些东西。比如中篇苏州弹词《大脚皇后》，这个本子的情节内容本来就是从京剧中借鉴过来的，而且京剧的版本非常好，所以我让青年们去看这出京剧，他们得先有个印象，然后再从经典的作品中去吸收好的东西。当然，弹词有弹词的特色，不能照搬。

还有，我得提出一点，弹词没有创新就要衰落，没有继承更要衰落。本身弹词在当代的生存就比较困难，如果还抓不住继承这个根本的方面，就更加危险了。

**付**：是啊，当今有很多唱衰弹词的论调，而且我看到，老书场数量也少了很多，电视里的弹词节目都是弹弹唱唱的开篇，结果让当代的许多年轻人也觉得弹词就是弹唱短段的唱篇，长篇基本不见踪迹。请问您是怎么看的？

**赵**：在现在这个时代，传统曲艺的竞争力肯定是大不如前的。你看，以前我们学艺说书的时候，没有电视、没有网络，听书是不可或缺的娱乐方式，只要码头上有艺人登台，就能吸引周边好几个村镇的人过来，因为娱乐方式真是太少了。但再看现在，有电视、有网络，年轻人的娱乐方式太多了，真是对手林立、竞争激烈。那我们弹词就必须更加努力地加强自身，该学会的，要做进一步研究，看能不能有所发展。不能说面对竞争能获得多大的优势吧，但至少要能顶住电视和网络的冲击，要能保持住弹词的一部分市场和观众。

在我看来，电视和网络就像"速食"，观众喜好新鲜，但偶尔还是可以尝尝有韵味的东西。不过弹词的问题不仅仅在听众断层这一面，艺人群体断层的问题也很严重，所以我们还要关注生源的问题。以前大家生活苦，学说书不失为一门不错的谋生手艺，所以很多孩子来学，学的人多了，自然优秀出众的也多了。后来授徒制变成了学校制，好处是老师们都放开了门户之见，把自己的艺术倾囊相授，可现在的孩子还有多少人愿意主动来学说书？这样的学生，素质如何也很难说。即便是毕业了，进团了，也还有很多东西需要去码头上再学习。但是说书多苦啊,又累又漂泊不定的。有时候生意也不大好,所以好些我看着不错的孩子,就这么转业了,多么可惜!

当然,书场少了,也是跟这个大环境一致的。我记得就是在改革开放初期,当时弹词刚解禁,所以红火得不得了,就是前面提到的去无锡巡演的时候,观众要半夜过来排队买票。但这个热潮很快就退下去了,因为这个时候多了好多娱乐方式,比如电视、电影什么的,对弹词的冲击蛮大的。这之后,书场就慢慢减少了,码头上来听书的人也渐渐不如以前多了,这段时间算是比较"冷"的,但近几年情况是有变化的。苏浙沪依然有不少书场还在营业,另外有很多饭店、茶室、酒吧里也开始用弹词表演来吸引顾客,不管表演是不是正统、是不是跟书场一样,都不要紧,重要的是这是个新市场,艺人只要有市场、在听众中去打滚,最后总能发现突破的门径的。而且我还看到,国家对弹词艺术的支持力度很大,弹词是第一批国家级非物质文化遗产,所以政策扶持、资金投入都不错,苏浙沪一带的书场,很多是有地方支持的,再说了,现在社区书场也为数不少,这些都是机遇啊。

另外,还有这么多曲艺节、文化节,都是艺术和艺人的机会,去参加竞争、去获得奖项,都是好机会啊。不管这些作品是不是就是个"奖项作品",它出现、存在就是基础。弹词不要去抗拒变化,以前的老先生也是从变化、危机中发现机遇,从而让弹词走出新的发展道路。至于前面说的艺人素质和数量问题,国家也给了很多支持啊,弹词学馆、苏州评弹学校、上海市戏曲学校这些专门的教育机构,在财政、师资、教学资源和之后的工作方面,都给予了保障,不说来的孩子怎么样,是不是有很高的天赋,进来了就好好教,让孩子们好好学,总会有肯学、好学,最后能学出来的苗子。

而且总说过去的环境对弹词好,我觉得不是这样的。以前我们,还有老先生们,学艺的时候真是特别苦,不仅要交高昂的拜师金或者"树上开花",还要给先生家做杂务,学艺的时候碰到好老师就罢了,一些老师父还"留一手",脚本给一半留一半的,这对艺术来说是什么好事吗?过去艺人出去走码头,面临的问题比现在要多得多,我先生周云瑞碰到过地痞流氓来人身威胁的,还有姚荫梅先生碰到地痞跟他装神弄鬼的事情,有时候这可不是开玩笑,而是实实在在的人身安全问题。还有那些女艺人,面临的危险就更多了,钱锦章对"钱家班"的女艺人如何,大家都知道。而且女艺人出师了去滚码头,碰到的骚扰比男艺人只多不少,这些是世道不好啊。虽然那个时代涌现了很多名家"响档"、流派唱腔、经典节目,但不能觉得那个环境就好啊。新中国其实让艺人有了尊严、有了地位、有了安全,总不能说因为条件太好了才导致弹词退步吧?所以作为艺人,要想着自主学习、自主进步。现在弹词艺术环境不大好是事实,但这是多方面因素造成的,要是总归结于外部环境因素,那问题就永远无法解决。

我一向认为有压力才有进步的动力。我和饶一尘14岁登台,登台之后就是我们两个负责家中的生计,刚开始接场子的时候,每个码头表演的前三天都不分账,因为家中等米下锅,所以我们两家头商量钱先拿回给哪一家,后来收入多了,日子才好起来。生活的压力是压得我们不得不赶紧进步。我看现在的青年们出码头,还要父母给配一辆汽车,我们当时想都不敢想。

**付**:现在一些大剧院的苏州弹词表演中,还是以传统选回"折子书"和开篇式的节目为主。书场中传统书的说演比较受冷遇,您是怎么认为的?

**赵**:传统书唱衰的声音不是一天两天了,我也听到了很多。很多人觉得传统书跟现在的社会已经脱节了,听客也不爱听了,所以书场都不要挂牌子说传统书。苏州那边曾经有个说法,说书场"一怕男双档,二怕《珍珠塔》"。这我就想不通了,以前《珍珠塔》多么受欢迎,都说"学会《珍珠塔》,肚皮饿不煞",怎么如今倒成了"生意毒药"了?而且传统书是老先生一代一代留下来的经典,弹词的精华都在里面,书理怎么安排、书情怎么发展、人物怎么塑造、情节怎么推进,艺人怎么编、怎么演,"说噱弹唱演""理味技趣细",传统书里有取之不尽的宝藏,怎么能贸然地就说要把传统书给丢掉呢?我觉得这种说法是很错误的。认为传统书就剩几档经典长篇、"折子书"的人,都是没能认识到传统书价值的人,他们在艺术上的成就也将会是有限的。

当然,我也知道传统书的内容比较老旧,艺人不用心揣摩的话,演出效果会比较差。像《珍珠塔》《双珠凤》这类老书,情节听众都很熟,但里面的社会、风俗、历史、典故,不要说听客不熟悉,很多青年艺人自己都不熟悉,说不出多少东西来。20世纪80年代时，团里想让我拿下徐绿霞老师的《杨乃武》，徐老师很高兴，还亲自去开一档书，演给我们看。但是《杨乃武》是个公堂书，重点就是描摹清代官衙公堂刑讯、审案流程等方面，所以以前的人很感兴趣，可你要说现在的人感不感兴趣？那就不一定了。当时我带着的青年艺人就是不愿意学，我年纪也大了，单档学起来太耗费精力，最后只能作罢。所以，说演传统书，要花费相当多的精力，回报也来得慢，青年艺人也要养家糊口，肯定不愿意生意受影响，我能理解他们的想法。但没有继承，新的东西也会没有根基。现在书场里的那些新书都比较粗糙，不要说艺术啊、味道啊，还得打磨好多遍才能成为一档故事圆通的节目呢。所以，青年艺人还是要潜心去揣摩传统书里的精华，让自己得到成长，然后把学到的东西融入自己的表演里去，自然会有很大进步，这才是长久之道啊。

**付：** 中篇就是弹词在新时期的一种节目类型发展，您也参演、创编了许多中篇作品。请问您对中篇这种节目类型怎么看？

**赵：** 中篇这种形式从一开始出来就褒贬不一。有人说中篇规矩太多，要有曲本，还要提前审核，等于是限定死了艺人台上发挥的空间；也有人说中篇总是一人一个角色，戏剧化倾向太明显。这些都是说中篇不好的地方。但能出现《一定要把淮河修好》《海上英雄》《王铁人的故事》这些好作品，还能一直用到现在，也证明它是有其存在价值的。我觉得中篇其实也是一种突破的方向，它能在一档较短的表演中非常集中地展示艺人的说、唱、"演"等各方面的能力，也能在创作的过程中锻炼艺人的编创能力，其实是很有益于弹词发展的一种方式。毕竟现在不比当初，以前学生跟着老师出码头学说书表演，虽然学得深，但时间太长，对老师的时间、精力要求也都太高了，而且有的老师自己的能力就有限，能全面指导学生的老师也是凤毛麟角。

现在的学生，其实基本功在学校就学得差不多了，不说有多好，但该会的也应该都会了。我们以前打基础去码头、去书场，他们就在学校，还学得更多更全面，剩下的不就是自己上书台去说书实践么。中篇节目的排演，就能够在短时间内集中培训艺人各方面的素质。就比如说"演"这个元素，长篇的人物众多，而且很自由，灵活性很高，艺人有非常大的自主权，但这不一定利于艺人去揣摩人物，因为艺人要同时处理的事情太多了，所以中篇给了艺人一些限制，反而可以促使他们去琢磨这个人物是怎么回事，为什么要这么说，情绪要这么发展。同时，排中篇还有个很重要的效果，就是锻炼青年艺人之间的配合。之前我和江文兰去为苏州团做艺术顾问的时候，就发现排中篇的效果很不错，通过排《雨过天青》《大脚皇后》这些中篇，让青年艺人的素质有了很大的提高。

**付**：您参与创编的《大脚皇后》得了文华剧（节）目奖，可以说是非常受肯定的中篇了。在这个过程中，您应该付出了很多精力，您觉得《大脚皇后》能成功，都有些什么原因呢？

**赵**：苏州市评弹团的中篇苏州弹词《大脚皇后》能够成功，自然有多方面的原因，我所做的只是其中的一部分工作。比如金丽生副团长牵头组织、团里领导的鼎力支持、青年艺人的刻苦训练等，最后才有了《大脚皇后》这个作品。说实在话，这部中篇的创编过程非常艰难，前前后后花了三年多时间，全面的大修就有三四次，小修更是不计其数。刚开始我只是负责指导表演的，曲本不是我来写，不过初稿出来后，大家的反映不是太好，金丽生副团长想拿去竞争奖项，这个版本是肯定不行的。后来阴差阳错，修改工作交到了我手上，幸好在指导表演时我有了一些心得，不然还真是要手足无措了。原先的初稿，主要是根据同名京剧剧目来编排的，体现不出弹词特色，书理单薄、人物平板，我接手之后做了一些修改，回目也改成"讽脚""缠脚""审脚"三回。盛小云、袁小良、吴静、张丽华、施斌他们几个主要艺人，都做了好几次封闭集训，里面的一些唱段和情节，也是他们来跟我商量后确定的。

2004年年初的时候，金丽生副团长想拿《大脚皇后》去冲击文华奖，他的胆子很大，之前苏州弹词在这个奖项上成绩不算好，我记得开篇《姑苏水巷》《永远的江南》，还有中篇《孙庞斗智》是拿了2000年的文华新节目奖，还有《搬家乐》拿了新节目创作奖，除此以外也就没什么了。然后他又要我来改，那时候确实压力很大，我大年初二就从上海返回苏州，待在梅竹书苑专门搞《大脚皇后》的修改工作。而且金丽生的要求非常严格，我反复改了好几稿他才满意。成稿后，盛小云他们就去排练，其间又有调整，这些青年艺人都付出了很多的精力。张丽华在第一回起御史王镛这个人物，光一个出场就排了好多遍，就是为了达到满意的演出效果，到后来她都觉得自己是不是不会说书了。还有盛小云，她之前都不会唱"琴调"，就是其中一些唱段比较适合用"琴调"，她就必须去从头学，而且表演中她要跟起朱元璋角色的袁小良配合好，两个人排练了很多遍，才达到了配合无间的满意状态。所以我说，做什么事就怕用心钻研。

**付**：我明白了，其实您想表达一个观点。弹词目前是有困境，但艺人还是要潜心打磨艺术，要在继承中去寻找创新的途径，而且危机中一般就蕴含着机遇。要保持敏锐的触觉去把握机会，而不是一味归咎于环境的变化，对吗？

**赵**：对。你想啊，以前弹词还在成型时期，艺人都在露天说书，后来有了茶馆，艺人发现进茶馆生意更好啊，于是就进了茶馆。再后来因为说书生意好，渐渐地有了专业的书场，而且数量越来越多，这对说书人来说，自然是好事。但后来电台普及了，实体书场却没有受到电台广播节目的冲击，艺人们反而能顺应时势，进了电台，有了"空中书场"。所以，弹词曾经的辉煌、突破、发展，都是因为老先生们没有去抗拒时代的变化，而是去发现机遇、顺应时代的潮流。现在有电视了，艺人们要抓住机遇去开辟新的领域，而且很多电视台是有专门的曲艺频道的。而网络嘛，我对这个很陌生，并不清楚要怎么做，但我希望后面的艺人能发现途径，抓好网络这个更大的平台。

另一个必要条件，就是艺人必须潜心于自己的艺术。从前蒋月泉老师，他一开始就是因为嗓子好，在电台上扬名，可是进书场说书就差了些，当时有个说法：只要能抵住蒋月泉三天唱，就能"漂掉"他。所以蒋老师没有继续在电台里赚快钱，而是跑到各处码头上去"打滚"，直到把说表练出来，才又进上海。这也是要冒很大风险的啊，在红的时候，放弃上海优渥的生活条件和电台薪酬丰厚的生意，跑到条件比较差的码头上去，谁知道他能不能把说表练出来？能不能再有机会进上海？再进上海还能不能红起来？这些都是未知数啊。可是蒋老师就这么做了。放到之后的艺人身上，也很难说有谁能有如此魄力。也正是因为他这么做了，才有了现在的"蒋调"，他的《玉蜻蜓》也成为永远的经典。而且那时候像蒋老师这样成功的艺人，并不在少数。如张鉴庭老师当年有"七进上海"的事迹，前六次没有成功，就回到码头上去打磨长篇、打磨艺术，直到第七次才成功；我先生周云瑞，把苏浙沪一带的码头都"滚"遍了，才能在上海沧州书场一战成名。没有对艺术的执着追求，怎么能取得这些成就？唯有全心全意地投入到艺术中去，才会行啊。

（本文受访者赵开生　上海评弹团一级演员、
国家级非物质文化遗产苏州弹词代表性传承人；
访谈及整理者付楠　上海工程技术大学马克思主义学院讲师、
上海师范大学中国苏州评弹文化研究中心成员）

袁国虎

# 徐勍教我说评书

【内容提要】徐勍先生是20世纪后半期四川评书的重要代表性艺术家。作者在他晚年时，拜在其门下学习四川评书的表演，受到诸多教诲，也收获了许多感悟。从一开始的懂得和把握曲艺说书与戏曲表演的区别，到后来于坚持规范中鼓励创新即因材施教地鼓励学生放手自我发挥，再到全面精进的"会、通、精、化"和广泛吸收、融会贯通，既传达了徐勍课徒的机巧高妙与良苦用心，也透露出作者的灵犀体悟与深情感恩。

【关 键 词】徐勍　四川评书　教学　创演　感悟

恩师徐勍先生逝世至今已经四年了。每当工作中欢欣或困难之际，都会想起和老师的点点滴滴，想起他给我的教导。和老师的师徒情谊，一直是我艺术道路上的一束强光。

回想与老师的相处，可以用一句流行的话来形容："当时只道是寻常。"为什么"只道是寻常"？因为太过于平常、家常。从初见到永别，老师与我的交流，都像是在单纯地摆龙门阵。而我现今在四川评书领域的一些初步成绩，以及成绩背后的实践砥砺与顿悟思考，无不是老师当初和我摆的那些龙门阵及其背后的一些道理引领使然。今年（2021年）适逢老师诞辰85周年，也一直很想写点什么作为纪念，正好《曲艺学》集刊约稿，那就借此机会，谈谈老师生前与我进行"评书理论"的一些龙门阵。谈得不对的地方，还请方家指正。

## 一、"现身说法"与"说法现身"

同门之中，我与老师相识较晚。记得那是 2009 年，饱经风霜而一事无成的我，几番周折之后，再次回到了重庆。一天，在老友牛林牛大伯的引荐下，我来到老师所住的医院看望。不待我开口介绍，老师拔掉氧气管就问："袁国虎，好多年不见，现在做何职业？"我回答："待职青年，无业游民。"老师撑起身对我说道："这次我出院之后，你就来我这里学说书嘛。"我听罢受宠若惊。正想学说四川评书，不料老师先开口，求之不得，荣幸至极。接着，老师出题，让我说一段川剧的讲白，我随即说了一段川剧讲纲戏；老师随即也告诉了我"现身说法"与"说法现身"两个概念，即演戏和说书第一人称与第三人称表现的不同及其关系，就是戏曲与曲艺的区别。这是我与老师第一次正式见面，也是我在师门里学到的第一课。

"现身说法"本是佛教用语，指佛力广大，能显出种种人形，向人说法。随着演出经验增多，加上童年时期耳濡目染的川剧艺术，我越来越懂得"现身说法"这句话的意义所在。如果我是一名川剧演员，那么在我演出川剧角色的时候，我就应该幻化为这个角色，使我成为这个角色本身。

古人有云："现身中之说法，戏所以宜观也；说法中之现身，书所以宜听也。"评书叙述故事，描绘景物，评论是非，模拟表现各类人物神态，全凭演员一张嘴，正所谓"集生旦净丑于一身，冶万事万物于一炉"。

讨论两者之间的区别，目的在于突出评书表演的特色，同时又综合戏剧表演的优势。

评书表演的最大特点，就是男女老少一人演，千头万绪独自说。"一人多'角'，跳进跳出；无须化装，不换衣服；叙述情境，模拟人物。"演员既是讲述者（第三人称），又是模拟者（第一人称），还是评论者（可以是说书人，也可站在旁观的立场）。在表演过程中的"跳进、跳出"，跳进去即进入对故事中人物的模拟状态，跳出来又是演员即说书人，不时地还要三言两语从旁观的角度评论一番。戏剧表演时，演员与观众之间有一堵无形的"墙"；曲艺表演时，演员与观众之间也有一堵无形的"墙"，但上面却多了一扇开启的"窗户"：演员与观众可以像朋友谈心一样，随时进行情绪交流。用艺术的语言描绘和惟妙惟肖的模拟演示，把观众导引到故事的情境中去，用形象思维的联想还原，在观众心目中塑造出活生生的人物形象，使观众如临其境、如闻其声、如见其人；利用观众自身的想象力，去丰富那浩渺的艺术空间。通过这扇开启的"窗户"，将演员和观众的距离拉得很近很近，用熟练悦耳的语言和逼真神似的动作相互配合，去打动观众、感染观众，引起他们的共鸣，来完成一次成功的演出。

曲艺包括四川评书的表演，是以不同的"说唱"方式，即或说、或唱、或连说带唱、或似说似唱，来进行语言性表达为主的"叙述"。因而，在相应的说功、唱功和奏功（伴奏）之外，辅助"说唱"的做功表演即狭义的"演"，整体而言虽处从属地位，是一种辅助性的手段，却也十分重要，必不可少。没有"演"就不完整，人物形象就不丰满。但是"演"得太多又显得烦琐，手忙脚乱，喧宾夺主，造成本末倒置，成为吃力不讨好的累赘。这种少而精的"演"，就绝对不能是自然主义的照搬或单纯表象的模拟，必须是根据生活的真实加艺术的概括与提炼。即在经过艺术的加工之后，再展现给观众。这种艺术加工，就是曲艺演员对自己形体动作、身姿意态，所谓"手、眼、身、步、法"五个方面的形体动作训练。

当然，曲艺包括四川评书的表演，"说"是最为核心的部分。作为辅助"说功"的"做功"式的"演"，看似是要"再现"，实则仍属"表现"，不同于一般戏剧意义上第一人称代言"扮演"的角色化"舞台活动"，属于"脱形凝神"的"虚拟演示"，无论男女老少，还是文武儒野，只要运用高妙，都会惟妙惟肖。

老师教我的这第一课，实则是初学者领会曲艺的艺术特征时最为本质的一课，它使我将曲艺表演与戏剧影视表演的根本区别，在相互对比中牢牢把握，并随着舞台实践的不断增多，理解越加深刻，为我说好四川评书"系牢了第一粒扣子"。

## 二、课徒教学中的"构建模型"与"放任自流"

艺术教育是教育领域的重要分支。其任务包括教授专业知识、创演技艺和鉴赏能力。过去的艺术教育,大多流于形式化和表面化,强调死记硬背,缺乏相关的理论储备养成。传统的艺术教学方式,也就是口传心授。所谓口传心授,是指师徒间艺术技艺的口头传授。

也许是老师很善于春风化雨和因材施教,他从未手把手教我任何一个段子、一部书,没有给我"喂饭"。曾经,我也一度有所疑惑,不知道如何学到老师身上的一身技艺。从一开始,他就让我自己拿起筷子吃饭,和我摆龙门阵闲聊,让我自己搜集生活中及新闻中的时事,观察生活中的细节,组织提炼作品的主题、框架。甚至,老师会突如其来出一些题目,让我作答。

有一次,陪老师去鹅岭公园喝茶,他突然把我肩膀一拍说:"国虎,你能不能用评书的形式,把鹅岭公园所见到的景象,立马编成评书的语言告诉我。"我初听一惊,随后立马作答:先对场景进行描述,而后为所见人物开相。老师问得很突然,我的回答也很匆忙。但那个时节,老师却对我竖起了大拇指。

久而久之,我才明白老师对我独特的教育方式——构建模型与放任自流。

构建模型,就是建立框范,通俗地讲,就是熟悉套路;学理地讲,就是掌握规律。就是为了理解事物而对事物做出的一种抽象,是对事物的一种无歧义的理性把握。

老师是什么时候对我进行评书艺术形式的建模的呢?第一节课。就是从前面所说的关于曲艺的"说法现身"和演戏的"现身说法"之不同的比较开始。通过对"说法现身"的讲解,我理解了评书艺术的基本形式和曲艺的基本要求。可是接下来就是放任自流。

他更注重培养和激发我的曲本创作能力,更重视让我去了解生活与艺术的关系,而不是简单地去死记硬背一些现成的评书段子。这样的教育方式,让我在现在的工作中受益匪浅。我习惯本能地用评书这门艺术形式的立场去看一些事情,将评书艺术内化于我的人格之中,甚至在工作不顺心不顺气的时候,也不忘老师突然的考题:"国虎,你能不能用评书的形式,把此时的状态,立马变成评书的语言告诉我?"

老师用放任自流的方式,让我懂得评书的语言和基本形式,但他还是不忘给我"过条"。

四川评书节目,传统书多为长篇,"条"多而"墨"少。"墨"指有文字的书册,为演出的底本,人人可据而有之。但通江(通行江湖)的"条",即富于个性的纲目,才是各家的绝活。

"条"有条纲、条路、条理之意。有了纲要,有了路子,又条理清晰,就是一部书了。譬如准备说演一部有文字书本的小说,不论是《大隋唐》或是《小五义》,首先得反复看这些书。艺人把看书这个过程,叫作"搬墨"。因为不可能把几十万字、上百万字的小说全部都背下来,只有记下全书的纲要。因而"搬墨"搬过来的,已经不是原来的文字,它已经变成"条"了。情节是墨本上的,语言是艺人的,但艺人仍称说的是墨本书;情节有所变动,有些是变动得很大的,有些是把两部书合在一起的,有的完全是艺人编纂的书,都叫作"条书"。条书也有用文字记下纲要用以传徒的,所以"条"又分粗条和细条。粗条是一部书的纲要,起梁子、立四柱、大小气口、条路间的勾挂、段落间的环扣,以及扣子、门槛的设置等都应有所注明。细条是分段的纲要,记录得相对更为详细。艺人有了细条,经过酝酿,就可以开书了。

艺人授徒叫"过条",记诵故事情节叫"默条",编故事叫"串条"。老艺人授徒,除传授具体的书目和程式套子外,还要传授"串条"方法。在艺人中流传的"四诀""六笔""八法"等,就是"串条"的方法。方法是死的,全靠艺人根据具体情况灵活运用。艺人的水平有高有低,水平高的人,把书条串得天衣无缝、恰到好处。水平低的人就串得不怎么好,也有人串条漏洞百出,只好称之为"烂条"了。

在艺人看来,"条"就是书,就是故事,不过这故事不像墨本小说那样已经用文字固定了。条书具有可变性,可以因人(听众)、因地、因时间(长短)的不同而有所增删,也可以因听众反映某情节在当地讲不太适当而随时改变。所以,"条"是四川评书的一大特点。

这就是我所体会的模型建构与放任自流的关系。通过给我"过条",建立评书的基本模式,再让我用"条"的思维、思路自行发挥,从生活中、新闻中、文学作品中寻找评书的素材,进行评书艺术思维的加工创作。这样的方法,我现在教自己的学生时,也常常使用。

**三、评书艺术的四重境界：会、通、精、化**

老师是一个生在旧社会、长在新中国的艺人,是新中国成立之后培养的第一代艺术家。在徐老师的艺术人生中,他更多的精力,放在歌颂共产党和新生活的新编节目及在大剧场的实践演出。曾经一度,他对茶馆里的评书说演,是持否定态度的。而我跟他说书的时候,正是剧场演出最不景气的时候。有一次,我得到了一个在成都宽窄巷子茶馆里说书的机会,便一口答应了。答应之后,才想起老师对茶馆评书的一贯否定态度,便怀着忐忑不安的心情,将此事告诉了老师,哪知道老师只说了一个字："去。"

一个"去"字,给我万分的鼓励和支持。老师明明不支持茶馆评书,却又出于对学生的生计考虑,毅然更改了自己的原则,还给了我五百块钱的路资盘缠,第二天我就上了成都。

来到成都,新的问题摆在面前：由于茶馆说书的模式,我需要每天说一个半小时,这是我当时难以胜任的。老师得知此事,又积极找朋友帮忙：请同行戴德沄老师给我讲天府之国的民俗,托老友罗竞先老师帮我搜集评书资料。后来听说我要弄长篇书,还特意嘱咐年近七旬身居绵竹的大师兄何成正给我"过条",教我"清条""撕条""岔条""串条",如何勾纲剪盖、怎样起承转合。这样,我才逐渐在成都得以立足。

在成都那段时间,是我创作演出的高峰,每天的生活有条不紊地进行。有一天,照旧,起床洗漱默书,来至茶馆,开书至半,正欲扎板,突然观众席中一声咳嗽,抬头则见到老师戴了一顶白色塑料的博士帽,坐在第五排的中间,顿时头脑空白而不知所云,只得急忙离位,请老师登台。事后才知,老师原本在南京度假,听说我在开长书,专程乘飞机悄悄前来,看我如何说书。得知这些，我感动得泪水难以抑制。当晚回到家中，话罢别后事，叙过寒与温，而后的话题，无一不是评书。将近一周，白天他陪我去说书，我在台上说，他在台下听，听完之后指毛病、提意见，茶馆、饭馆、车上、路上都在说。晚上回家，又给我"过条"。《得胜图》《金鞭记》《梨园谱》……每每接近天亮，才能洗漱上床。那几天"趁热打铁"式的"淬火"性恶补，才让我真正探寻到评书的奥秘，深深明白说书的不易。

几个月之后，我又在成都西门的天藏阁茶楼开辟了新的书场。老师又为此前来成都。相比头次的悄无声息，这回却显得有些大张旗鼓——邀集了成都不少的曲艺界名流和社会贤达，来为我助威剪彩。有一天，我说完《徐明广测字》，他拍了拍我的后脑勺说："这段书说得不错，成了！"师门里众所周知，老师对弟子的要求何止是严格，简直就是苛刻。这样的表扬认可，使我受宠若惊。当晚我们师徒睡在一张床上，我因兴奋而迟迟未能入眠，好容易才睡着，不到两小时就被他叫醒："起来，我给你说，昨天那段书，还是有些问题。比如开头，我总觉得差点什么，想了一晚上，我觉得应该这样……"

我开灯看钟，天哪，这已是下半夜凌晨，四点都过了。看我脸上表情诧异，他的脸上已然呈现不悦之色："你以为白天我说你成了，你就忘乎其形满足了？告诉你，还尚早。会、通、精、化，你仅仅也就是会了、通了，逐渐在往精的方向走了，还没有精益求精，更莫说化了。你还有卖弄的嫌疑，过于表现自我。"醍醐灌顶，给我一阵狠批，接着一一举例示范。

"会、通、精、化"，这是我第一次听到这四个字。凭借我对语言文字的一般掌握，也能猜到这四个字的正确写法。但却是随着老师的随时点拨和自身艺术实践的逐步加深，才慢慢理解到这四个字所蕴含的评书艺术表演的四重境界的。

第一层境界：会。就是知道是什么，知道怎么做，但做得很机械。看样子似乎都是对的，但细抠又发现整体不够融洽。这个阶段，一般出现在初学者身上，是学艺的最初阶段，也是初级阶段。学习评书，初次接触评书的爱好者，可以从"会"这个字上下功夫。但一般来说，这个阶段的学习，只是学会了那么几段书，也懂得一些吸引听众的窍门。

第二层境界：通。"学会"一段评书之后，还需要"通"。所谓通，就是将所学到的条目、技巧融合在一起，形成熟悉的表现样式，初步跨进专业队伍，并且对许多书目都涉猎，懂得创作即"串条"。

第三层境界：精。就是对自己所擅长的节目，能够达到毫无瑕疵的程度，能够说出这些节目的所有细节，还能创造性地做出必要的调整与改编，并能发展出属于自己的独有风格，成为这个领域的行家和专家。

第四层境界：化。这是最高的境界，是将评书内化于艺术家的人格之中，说书时有人，做人时有书。

对比我之前的各种状态，显然只是"会"和"通"，现如今对于"精"也仅仅是略涉皮毛，更遑论一个"化"字。

"会、通、精、化"，使我联想到国画领域的一些说法。古人云，画分四品：逸品、神品、妙品、能品。逸品为绘画的"格调"，历来是中国画画品的特殊要求，逸品崇尚意境，神品注重学养，妙品追求灵气，能品讲究趣味。

能品谓之：形象生动，对客观事物的形象把握准确，此品可供临摹学习。

妙品谓之：笔墨精妙，技法娴熟、是得心应手的有法之法，此品亦可临摹学习。

神品谓之：刻画事物的精神本质达到了至高境界，此品也还可作为范本临摹学习。

逸品谓之：笔墨技法达到极致而产生的无法之法。即"画到生时是熟时"的一种境界，是"奇思异想"加上"妙手偶得"的结果，逸品是无法使人临摹的。

观摩老师的演出视频，越来越觉得老师举手投足之间已经是拈花成剑，神态自若，毫无表演痕迹，也不刻意做作。

理解了老师所提评书艺术的几重境界，也就会在表演上有克制"噱头"的念头。噱就是笑料，北方叫"包袱"，四川还有一个说法，叫"嘻壳"。噱头也是嘴讲出来的，重要的是，弄清楚噱到底应该放在怎样一个合适的位置上，那就是，噱首先要服从于内容，服从于说。

直至晚年，老师依然时常为了让我尽快成长，随时随地都在教我向着

"会、通、精、化"迈进,并不时提示我从各种艺术样式中汲取营养。比如有一次我们一同追剧,回看电视连续剧《亮剑》,他就在自己认为精彩的地方,按下暂停键问我:"这段情节,用评书该怎么说?"用心用情课徒如斯,我无法不竭尽全力。

### 四、汲取现代元素,探究旧书新说

由于长年累月和观众交流,感受到现代观众的审美乐趣,感受到他们对现代题材不够喜爱,反而喜欢传统节目、传统段子。但是传统节目里又存在许多瑕疵和问题。于是我有了一个目标:借古人之规矩,开自我之方圆。汲取现代元素,探究旧书新说。

老师一开始并不支持,也不建议我改传统书,包括他的书。他说,与其花精力去弄这些书,不如把更多的时间和精力用来创作现代书。

而我认为,能做衣服的都是学徒,能改衣服的才是师傅。

以前我认为原创很难,现在想来,改编比原创更加繁难。尤其是对传统节目的整理与改编。传统作品是由无数艺人整理加工而成,凝结了那么多优秀艺人的智慧与心血,尤其是在处理表演与观众之间的关系上,可以说是深刻和准确的。这样的技巧完全可以为今人所用。问题在于,传统作品中有一些与现代审美、现代价值不符合的地方,需要我们用平和的心态、犀利的眼光去认真细致地对待。

比如《拳打镇关西》,这是老师的拿手节目,我告诉老师想学《拳打镇关西》。

"你会不会呢?"

"不会。"

"不会怎么学,会了再说。"

不会怎么学?这是什么逻辑?好嘛,那我先把它学会。根据老师的音响资料,我花了一个通宵将作品背诵下来。来到老师面前,满以为老师会赞赏我的记性,谁知道他又问:"你会不会呢?"

"会了。"

"你会了还学什么？"

我很不理解。

直到后来，在一次会演上，他临时把《李白拗考》改成《拳打镇关西》，让我进行改正。我顿时理解了老师当时的良苦用心。艺术的真谛也许就在"会"与"不会"之间。

再后来，我在成都有一次说《拳打镇关西》，说完之后，我在台下昏睡了两个小时。此事经过媒体渲染被报纸刊登出来。老师得知之后，打电话告诉我："我说这个书，是四两拨千斤，你是满头大汗。你把劲儿使反了，你肯定是千金拨四两了。"

经过老师的点拨，我在技术上通关了，但仍然在思考，在当今说这部书，还有什么意义？直到打黑除恶的政策下来，我突然灵感一通，对了，这部书就是一部打黑除恶的好书！我们很多的传统节目，都可以用现代眼光来重新审视。老师知道后，给予了我很多鼓励。

而当我开始整理《糊涂知县》《打进匪窟》《江姐上船》《许云峰赴宴》时，特别留意了《江姐上船》这个本子。了解老师的同行都知道，老师驰名全国的拿手节目，是他的《红岩》。其中的《江姐上船》，我就偷偷学了，还改了。不改不要紧，这一改，就引起了业内一些人的议论，并给老师打电话反映，说袁国虎改了老师的作品。老师打电话来询问我，是否改了作品，怎么改的。我便将我改编的思路汇报给他。

"我所改的是结构，用的是烘云托月的手法。我没见过江姐，我也不是你们那个时代的人。我刻画不好所谓正面形象的江姐，所以我打算干脆就刻画次要人物，用围绕在江姐身边的、在船上、在岸边的一系列小人物的反应，来反衬江姐。这也运用了戏曲的进场与出场。先是拉开场面，用报童的眼睛对环境和人物进行刻画……"

汇报之后，我便等着老师的批评教育。一来是批评我乱改作品，二来是批评我改得不好。哪知道老师欣喜若狂——"改得好。有文本吗？把文本拿给我，下次我要说，我就说你这个版本。"试问，作为学生、作为徒弟，听到老师这番言语，怎能不特别欣慰和激动万分?!

老师对待艺术的这一份心态，使我现在对待学生的时候也会自省：面对作品，用作品说话，看作品说话。

这也使我更加坚定了：现代与传统的关系，其实就好比是父与子。每一个父亲都希望儿子能超越他，传统文化，我们的老先生，不一定就是固执或僵化的。

**五、离我最近，隔我最远**

那几年，有一个疑惑始终在我脑海中浮现：我的评书说演，到底像不像老师。

这是源于一次演出活动，听见两位观众一直在议论："这个袁国虎，像不像徐勍？"有的说像，有的说不像。说像的，认为我语言、表情、表演姿势与老师有神似之处；说不像的，认为我与老师的风格、风姿、风采都相去甚远。

直到演出结束，他们围住老师问："袁国虎与你像不像？"

老师当时只说出了八个字，却是我铭记在心终生难忘的八个字："离我最近，隔我最远。"

对于这八个字，我曾悉心品味，反复琢磨。老师后来解释说："离我最近，因为你是我徒弟，你的评书生涯是从跟我学习开始的，当然多少都会像我，一点不像，就不是我的学生；隔我最远，因为你只有走出自己的路，成为你自己，才不会活在我的身影下，成为我的翻版。而你又勤于思考、善于创新，有能力开辟新的路径，只有发挥你自身的优长，不囿于我的窠臼，才会行稳致远。"

再后来，我阅读了一些艺术理论的书籍，更加懂得了这八个字的精髓，也更加佩服老师的语言归纳能力。

其实早在晚清时期，著名大画家吴昌硕就说过："学我，不能全像我。化我者生，破我者进，似我者死。"而后，大画家齐白石也说过这样的话："学我者生，似我者亡。"他这句话是对他的一位学生说的，这位叫作许麟庐的学生，据说模仿齐白石的画几能乱真。

"学习前辈成功的先进经验",这话虽然说起来简单,但做起来却很难。因为能模仿和学习的,总是表面现象——也只有表面现象容易被观察,你可以先瞅瞅别人怎么做,然后自己再拿来抄抄改改,照猫画虎即可。

但问题是,如果学习真的有这么简单,那世界上还有不成功的案例吗?

真正的难处在于内在。成功的经验固然是表现出来的那些范例,但范例背后的考量,包括对环境的适应、约束条件的不同、操持者的能力差异等,却都是要具体问题具体分析的。

如果不了解这些沉在表面现象之下的细节,而仅仅是单纯地对照外表、粗暴照搬,用最简单无脑的方式来学习,如何奢望复制成功?

"学我者生,似我者死。"只有理解了艺术缘由,才能真正学到本领,然后再联系眼前的现状,走自己的路。这才是对师门最大的发扬和尊重。

"离我最近,隔我最远"这句话,恰好道出了艺术的传承与发展的辩证关系。光有学习不行,光有学习,就只能是东施效颦、照虎画猫,最后成为机械的匠人;光有创新不行,光有创新,则变成无源之水。

继承是发展的前提,发展是继承的必然要求。前辈身上优秀的技艺凝聚了他们一生的创造和智慧,是一个行业的精神力量。评书行业的发展和复兴,离不开对优秀前辈的继承;离开对前辈的继承,发展就是无源之水、无本之木。继承是为了发展,不能原封不动地承袭传统,必须要把握时代的脉搏,与时俱进,有所淘汰,有所发扬,从而使艺术得到发展。

在继承的基础上发展,在发展的过程中继承。要把握好继承与发展的关系,继承前辈技艺,积极从新时代、新文化实践中汲取养分,在创造中继承,在推陈中出新,创造出既具有时代精神,又具有中国特色的社会主义新评书。

这些年,我在业内获得了许多奖项,获得了领导、专家的褒奖。但我最在意的、最感动的,是老师对我的这句评价,这句话既是老师对我的褒扬,也意味着老师对我这个弟子传承他技艺的肯定。

"离我最近,隔我最远。"每当想到这句话,心中都会念一声:老师。

老师晚年之时,我在评书艺术领域也取得了一些微小的成绩。随之胆子大起来,在没有征求老师的同意之下,便想起了搞双人评书。原担心老师不认可，未料当我搞出了双档节目《拳打镇关西》并向老师汇报之后，老师的评价是："评书固然是个人的艺术、个人的魅力，我们行业历来不够团结，也没有同台合演一个节目的情形。你做到了一加一大于二，很难得。我相信，这种实验会给后人提供一些思路。"

就在我百尺竿头更进一步之时，老师已然百病缠身，垂垂老矣。后来不断接到老师住院的消息，而且几乎每次住院就下病危通知书。好在每回都是有惊无险，直到最后一次。进入耄耋之年本算高寿，可是我至今仍然觉得，老师一直活在我身边，时刻在我事业的关键时刻，为我发出强音。

走笔至此，真想大声说："恩师！我多想再聆听一次教诲！"可这已是奢望。老师的风范和恩德，于我如青云松柏，难以报答。每当我走上书台，高举醒木的那一瞬间，老师那严厉的面孔、殷殷期盼的目光，总是浮现在我的面前，激起我对四川评书的无限热爱，唤起我的创作热情，启迪我在艺术的道路上不断探索和进取。

拉拉杂杂写了这么多，文章标题虽是《徐勍教我说评书》，但从头重看，老师在世之时，教会我的何止是评书，还有做人，还有对待生活、对待艺术的态度。老师对于四川评书的艺术掌握，虽然没有形成系统的理论形态，但他所有关于评书艺术的思考和理解，都凝聚在寻常聊天"摆龙门阵"式耳提面命的课徒教学之中，对此我是感同身受、获益最深。其中最为主要的精髓，便是他所说的"会、通、精、化"的境界追求！而我何其有幸，在他晚年的时候，能拜他为师、随他学艺、听他教诲、学他做人！我想，只有将老师生前这些点点滴滴传给我的艺术真言及所蕴含的艺术真谛，真正弄懂悟透，并切切实实地付诸实践，才会不负老师的苦心！也才配做徐勍的学生！

（袁国虎　重庆市曲艺团艺术创作中心主任、四川评书演员）

曲种研究

吴文科

# 潮州歌及其歌册的价值

【内容提要】潮州歌是广泛流行于广东潮汕地区的一种以徒口吟诵的方式叙述故事的古老曲艺形式，历史上在港澳地区及东南亚等潮汕籍华侨的聚居区也有广泛流行。其艺术文化功能不局限于娱乐和审美，同时也是人们交流情感、表达心志、寄寓乡愁的重要凭借。其借以演唱的曲本即歌册，也不仅仅是传承节目内容的实用载体，还是爱好者标示身份、宣示伦理、孝亲嫁女的特殊财富。这使歌册的刊刻和保存数量巨大，具有非常珍贵的文献价值。

【关 键 词】潮州歌　歌册　形态特征　功能价值

## 一、潮州歌的艺术形态

潮州歌是广泛流行于广东潮汕地区、福建西南部的东山和香港、澳门等地，以及东南亚等海外潮汕籍华侨之中的地方曲艺形式。又被称作"唱歌册""歌册歌"[①]"潮州俗曲"或"弹词"[②]。在人们口头上及一些文章中，也常常将之与据以表演的唱本即潮州歌册或"歌文""话文"等混同指称。事实上，前者

---

[①] 参见1968年印制的《泰国潮州会馆三十年》纪念册中张非所撰《由歌册歌谈起》一文。文中说，马、泰、新、港播音的"丽的呼声"华语电台，十几年前曾经每天播送潮语说唱的"歌册歌"。

[②] 如《隋唐演义全歌》内页卷名均题"新造隋唐演义右调弹词卷之××"。

为曲种的称谓，后者属曲本的称谓，不能混为一谈。流布在福建西南部东山一带的潮州歌册，因为使用当地方音说唱，且具有了某些地方特色，当地人称作"东山歌"。

关于潮州歌的形成，相传由元明以来的北方"词话"和江南"弹词"流传到潮汕地区演变而来，时间约在明代。[①]也有人认为其形成并非作为曲艺表演形式的"词话"与"弹词"直接影响的结果，而可能是如"弹词"和"木鱼歌"等的曲本流入潮汕地区后，被当地人依歌谣吟诵的方式，采用当地方音照本宣科自娱说唱的结果。[②]且形成的时间由目前掌握的材料来看，当不会早于清代。[③]可从有些记载来看，由潮州歌册影响形成的福建"东山歌"，其历史可能推至明代末期。如清末所修《东山县志》记载，明末武英殿大学士、福建漳浦（今东山）籍人黄道周（1585—1646）考中进士后，皇帝问他："你学识如此渊博，想必家乡的文化一定十分发达？"岂料他回答说："吾乡海滨邹鲁，劳夫荡桨，渔妇织网，皆能咏唱歌诗。"这里的"歌诗"，有人以为就是指的潮州歌及其"歌册"。

潮州歌的表演形式为说唱结合，以唱为主，间有说白。表演使用潮汕方音。但其"唱"的方式，与通常所说的"唱歌"大有不同，属于没有乐器伴

---

[①] 参见《中国大百科全书·戏曲曲艺》卷陈觅、郭华所撰"潮州歌"条，中国大百科全书出版社1983年版，第32页；谭正璧、谭寻父女在其于1982年由北京的书目文献出版社出版的《木鱼歌、潮州歌叙录》中，通过对所叙潮州歌册中有关地名及其行政隶属关系的考订，也推断认为，个别歌册可能属于明代人的创作。

[②] 台湾学者王顺隆发表在《古今论衡》2002年第7期上的文章《潮汕方言俗曲唱本"潮州歌册"考》，在集中梳理考辨了关于潮州歌起源的诸家观点后认为："较合理的假设是：潮汕说唱（按即'潮州歌'）不是先从外地的曲艺民歌导入后，再发展出唱本；而是某种已经发展得非常成熟的外地唱本被传入了潮汕地区（唱本导入），当地人据以改写成潮州方言后（唱本本地化），潮汕人才加以朗唱（曲艺形成），而且整个过程发生的时间还不是很早。"

[③] 如马来西亚的潮州籍学者萧遥天在1957年由南国出版社出版的《民间戏剧丛考》之《唱歌册》一文中说："弹词入潮州，唱为潮音，称歌册，清代乾嘉年间已很盛行。"该文又载于1985年由槟城天风出版社出版的《潮州戏剧音乐志》；而王顺隆在《潮汕方言俗曲唱本"潮州歌册"考》中，也对谭正璧、谭寻父女依据有些歌册中所称地名的行政隶属关系，推断有些歌册为明代人所作的观点，提出了质疑："所以地名不符实际的情形，有可能是作者信手写下，或是改编者因袭了所据底本的写法；即便是作者有心考证地名，但是后朝的人也有可能沿用前朝的旧地名撰文。"为此，他认为："我们需要有力的证据，否则目前依所能见到的唱本来看，只能说潮州歌册最早出现于清代。"

奏的徒口"吟唱"。并且，这种"吟唱"，严格地说来，属于"韵诵"式"说唱"表演中的"吟诵"一类。"吟诵"所依的曲调，没有程式化的构成，基本上属于依照唱词的语句内容及情节发展的情绪变化，拖腔拉韵地自然展开，除了句尾的拖腔，其他的字句都是"念诵"出来的。而流行于福建的"东山歌册"，之所以自成一体，则因其发展成了采用当地的民俗说唱"观姑歌"的基本曲调，又吸收了漳州地区其他音乐曲调及其唱法，所形成的【观姑调】来进行说唱。历史上的职业艺人，也有采用竹板击节伴奏的情形。20世纪五六十年代，潮州歌的演出形式出现了一些变化，比如汕头市曲艺团等曾以弦乐伴奏的方式，据传统长篇中的相关情节，在高台演出新编的短篇潮州歌《英台行嫁》；一些业余表演团体相继效仿，甚至出现了多人轮替说唱或一唱众和且站立表演而辅之以动作的"表演唱"。

虽然一般认为潮州歌属徒口吟诵式的说唱表演，没有程式化的专有曲调，但个别曲本即"歌册"却透露出一些我们不好理解的信息。比如封面标为《古板隋唐演义全歌》的长篇"歌册"，在内页的卷（回）名中，却标为"新造隋唐演义右调弹词卷之××"。这里的"右调"，谭正璧、谭寻父女在其于1982年由北京的书目文献出版社（即今之国家图书馆出版社）出版的《木鱼歌、潮州歌叙录》一书"隋唐演义"条的叙录文字中，写作"古调"，即可理解成其认为是"古调"的抄刻之误。但即便是"古调"之误，则这个"古调"是否有着与之对应的"今调"？如果这里"古调"一语的逻辑重音在于强调曲本之"古"，则"调"字又作何解？为何不署"古本"？抑或如"右调"所示，还有着与其对应或相区别的"左调"之类的东西？这里的"调"是"曲调"之"调"呢，还是其他的意思？都很让人费解。

同时，潮州歌虽名之为"歌"，但若按照曲艺的类型划分，事实上它是属于"说书"一类而非属于"唱曲"一类。好比北京琴书，实属"唱曲"类中的"鼓曲"而非"说书"类中的"小书"，不宜作"望文生义"的理解。其由"歌册"的曲本体制到艺术创造的审美功能，主要的是属于长篇的"叙事"。曲本的形态，大体上与1967年上海市郊嘉定县出土的由北京永顺堂刻印的十三种《明成化说唱词话》的话本体制相仿。因此，这里的"歌"当作"叙事长歌"

而不作"歌曲"解。潮州歌也者，即为一种采用潮汕方音吟诵表演叙事长歌的曲艺"说唱"形式。

在所流行的地域和人群中，潮州歌拥有十分广泛的群众基础。无论是田间场院，还是家庭祠堂，人们在生产劳动和家居休闲之余，几乎都喜欢照本说唱。其中尤以妇女为甚。甚至流行在福建东山一带的潮州歌分支"东山歌"，因此而被有的人称作"女书"。历史上的潮州歌说唱多为业余活动，属于群众自娱自乐和自我教育的手段。表演时，说唱者将"歌册"置于眼前，照本宣科，形式简便而易于掌握。家庭妇女们的自娱说唱则更加随意而且自由，边做手工边听赏，如果"吟诵"者说唱得疲累了，另外的人就会接替下去。

不唯中国大陆，在中国台湾乃至海外的潮汕籍人士中，潮州歌的影响同样巨大。在东南亚，不仅20世纪50年代前后的华语电台里，每天都有专门的潮州歌节目播放[①]，而且在泰国，佛经录音带中心发行的由潮籍华侨吴佩英灌录的潮州歌录音带，数量十分巨大，共发行《蜘蛛记》《双贵子》《双鹦鹉》等潮州歌录音带达49套、计有648卷之多。[②] 许多台胞及海外华侨，给故乡的亲人写信，甚至都采用潮州歌册的唱词体式，家人收到如此远隔重洋而又乡音浓重的"艺术家信"，或单独默念或全家唱诵，其感人场面，举世无双。据传清代旅居海外的侨胞陈载坤在异国给妻子写信，即是采用的"歌册"形式。妻子展读，备感亲切，一时传为佳话。潮州歌在海外游子的心中，因而不只是思乡的凭借和乡情的慰藉，庶几也是一种文化的"脐带"、精神的依托。

潮州歌的魅力和影响是如此之大，以至于在非常繁荣的鼎盛时期，如清末民初，不仅说唱表演的爱好者非常普遍，就连说唱表演的脚本也被广泛刊行。从而不仅形成了"曲种"繁荣与"曲本"刊行的良性互动，而且也借以保存了许多弥足珍贵堪称文献的艺术文化遗产。从某种意义上讲，作为潮州歌说唱底本的潮州歌册之价值与影响，在更阔大的范围与更深广的意义上，甚至超过了潮州歌本身。

---

① 参见1968年印制的《泰国潮州会馆三十年》纪念册中张非所撰《由歌册歌谈起》一文。
② 参见王顺隆《潮汕方言俗曲唱本"潮州歌册"考》注释【22】。

## 二、潮州歌册的体裁特征与留存状况

作为潮州歌的说唱底本,潮州歌册的文学样式属于典型的散韵相间体的话本体裁,由潮汕方音写成。其中说白较少,韵文居多,通常约占全部曲本的九成以上。唱词的句式多为七字上下句,间或也有"三、三、四"词格的"攒十字句"。一些曲本,还有个别的三、四、五、六字的句式,和"三、三、五""三、三、七"等十一或十三字的句式,集中地穿插和点缀其间。唱词的韵辙十分灵活,大体上每四句一换韵。

潮州歌册的基本结构为长篇,仅有极少数知识性的歌篇为短段,在说唱正式的"全歌"之前作为"拢神"和"静场"之用,如《百鸟名》《百花名》,等等。通常情况下,每部被刻印的"歌册",均冠以"××××全歌"之名,由几卷(回)到几十卷不等,少者三卷到五卷,多则六七十卷。如《隋唐演义全歌》就多达七十四卷。每卷唱词由几百行到千余行不等。比较规整的曲本样式为:每卷(回)开头大都有四句左右的起兴性"诗云"开篇,通篇除了七言为主的齐言韵文,中间依照情节和表述的必要,灵活地插入相应的说白,以及一些用以感叹或评论的由"正是"引出的四句七言体诗。而许多七言或十言之外的插入性三、四、五字句式的"唱词",通过与整篇唱词风格的比较来看,大抵是属于"念诵"或者"数说"式表演的部分。

潮州歌册曾经在民间广为传播。清代至民国时期,"李万利""李春记""瑞文堂""瑞经堂""财利堂""进文堂""友文堂"和"友芝堂"等书坊,是刊行潮州歌册的主要民间刻坊。以至于潮州歌册不仅成为当时社会进行娱乐审美和伦理教化的工具与手段,而且是衡量人们精神生活的特殊标尺。在潮州歌的流行地,过去许多人家甚至将收藏"歌册"的多少,作为显示自己身份的象征。一些人家的女儿出嫁,也以陪嫁"歌册"的多少,作为有否文化修养的标榜。比如福建东山一带的婚嫁风俗中,"嫁女先添新唱本,让与新娘唱厅堂",曾经一度成为当地一道耀眼夺目的人文和民俗景观。

民国以来,潮州歌的发展一直呈式微之势。但其价值与魅力,在散落民间的潮州歌册刊本里得以部分的保存。然而，经历了20世纪上半叶外侮内战的兵燹与动乱，又经过了20世纪下半叶"文化大革命"的冲击与浩劫，那些原本流传民间为数众多的潮州歌册，已然散失殆尽。今天的人们要想搜求和研读这些曲艺曲本，变得十分困难。

最早将潮州歌册作为学术研究的资料，加以搜集的机构，是广东中山大学的语言历史学研究所。从1928年该所发表于《民俗》周刊第27、28期合刊上的《本所风俗物品陈列室所藏书籍器物目录》看，共有238部。但据日本田仲一成20世纪末的调查，现在只剩47部藏于该大学图书馆内。① 另据刊载于1997年东方文化馆发行的《搏者风采》中施蛰存与薛汕二人1988年的通信称：1955年薛在北京市图书馆（现首都图书馆）工作期间，曾南下广东访书，并敦促藏有旧书版的书坊老板印行了一批潮州歌册，分别由北京图书馆（现中国国家图书馆）、北京市图书馆（现首都图书馆）和他本人等各藏一套；施则称自己1955年在上海购得的140种潮州歌册，1956年转给了华东师范大学图书馆。此外，中国艺术研究院图书馆（原藏该院音乐研究所资料室）、北京师范大学图书馆、西北师范大学图书馆②、天津图书馆、广东省中山图书馆、潮州市图书馆、潮州市博物馆都藏有一百余部潮州歌册；③ 汕头、澄海、潮安三地的图书馆和文化馆，也共藏有215部潮州歌册。④ 1991年2月26日的泰国《中华日报》有一则新闻称：1990年汕头市曾派专人赴京，访问潮籍人士薛汕，薛将所藏潮州歌册让来人拿到汕头分类整理，并选取了138部（按为140部）进行誊印。总计共装订377册，1554卷，按原木刻版样抄誊油印了数十套。⑤ 个人收藏方

---

① 参见［日］上田望、大塚秀高编《潮州歌册研究目录（稿）》，载《金泽大学中国语学中国文学教室纪要》1999年第3辑。
② 据吴奎信在其《潮州歌册的社会价值与审美功能》中称：北京师范大学图书馆和西北师范大学图书馆各藏有一百多部潮州歌册。参见郑良树主编《潮州学国际研讨会论文集》（上册），暨南大学出版社1994年版。
③ 参见广东省中山图书馆、汕头图书馆学会编《潮汕文献书目》，广东人民出版社1994年版。
④ 参见马风《旧潮州歌册调查杂记》，载叶春生《岭南俗文学简史》，广东高等教育出版社1996年版。
⑤ 参见1991年《东方文化馆馆刊》第1期《谁需要潮州歌册？》，以及1994年6月4日《汕头日报》文《为了潮州歌册这朵花》。

面，已知尚有新加坡籍的陈传忠藏有为数颇多的潮州歌册，台湾的王顺隆也藏有 1990 年汕头方面誊印的全部油印版，以及在汕头书摊和新加坡潮州书店先后购得的 25 册（第一次 10 册，第二次 15 册）旧版歌册，并已经建立了《潮汕方言俗曲唱本潮州歌册书目》（又作《家藏潮州歌册书目》）的电脑数据库，在网络上公开发布，供同行研究者使用。

同时，新"歌册"的创作和出版，也有所开展：如民国时期，汕头市"马合利"等商号开始用铅字印刷一些反映民主革命的新歌册，如《新中华》《许友若》等；一些过去印行歌册的老字号，甚至以铅字印刷的所谓"机器版"相标榜；抗日战争时期，则有新作的《保卫大潮汕》《南澳光复记》等进步歌册印行；20 世纪五六十年代，一些新文化人如陈觅、李昌松、李作辉、萧菲等创作了许多反映新的斗争和生活的潮州歌册。广东人民出版社也出版了《白毛女》《李双双》《红灯记》《红珊瑚》《南海长城》等多部。个别曲艺选集也收入潮州歌册的部分卷册。

即便如此，对于一个有着五千年历史、五十六个民族和九百六十万平方公里国土的文明古国来说，文化建设的重任不容我们眼看着有鲜明地方特色和文献资料价值的文化典籍如此萎缩、濒于消失。为了新歌册的创作，也为了更好地抢救和保存这些文化遗产，需要有关部门和人士奋起努力。

在这种情势下，依托中国国家图书馆的北京图书馆出版社（现名"国家图书馆出版社"），于 2002 年 6 月将散见于海内外的各种潮州歌册集纳比较后，择善本和全本汇集为《稀见旧版曲艺曲本丛刊·潮州歌册卷》出版，便显得格外必要而且重要。对于张扬潮州歌册的文献价值，延传潮州歌的艺术血脉，贡献社会稀见的艺术档案，丰富中华学术的资料武库，无疑是一个重大的历史性贡献。

### 三、潮州歌册的文献价值与特点

潮州歌册是旧版曲艺曲本中，价值比较独特且特色较为鲜明的一种。
我们知道，曲艺及其曲本在历史上主要是口头创作且口耳相传的。对每一个曲种来说，比较可靠和完整的文字资料，特别是曲本的文献资料，向来十分匮乏。这就给其艺术的延传和研究，造成极大的困难，形成先天的不足。《稀见旧版曲艺曲本丛刊·潮州歌册卷》的集纳出版，对于潮州歌这个曲种的意义，是非常显见的，也是无须细述的。

《稀见旧版曲艺曲本丛刊·潮州歌册卷》，是北京图书馆出版社经多方搜求比照，编辑出版的《稀见旧版曲艺曲本丛刊》的第一辑，全书煌煌70大册，凡1468卷，约2000万字，共收入清代以来刊行潮州歌册最为著名的"李万利""李春记""瑞文堂"和"友芝堂"等书坊印行的稀见旧版潮州歌册130种。其中篇幅最长的多达70余卷，约30万言；最短的也有2卷，万余言，堪称传统文化发掘抢救的优秀成果，学术文化基本建设的传世巨作。

《稀见旧版曲艺曲本丛刊·潮州歌册卷》中的曲本，题材相当广泛，内容十分宏富。举凡历史演义、袍带公案、胭粉灵怪、民间传说，琳琅满目；朝代更替、忠孝节义、劝善惩恶、悲欢离合，不一而足。虽然，其间难免有着封建性的思想糟粕和民间艺术的粗粝性局限，但通过它，可以看到潮汕民众的历史意识与审美眼光；通过它，可以窥见一方热土的社会心理与价值取向。绵绵五千年的中华历史，悠悠无定则的现实人生，在这些曲本文献里，有着至为独特的审美诠释和别具一格的艺术折射。其曲本文学的艺术风格饶有特色：述说历史大事，如道家常；抒写儿女情长，似造天籁。秉持着通俗朴实的形式意味，呈现出清醇隽永的美学品格，堪称"人民心底的通俗史"，"世道人心的万花筒"。至于蕴含其间丰富异常的艺术养料，不仅对潮州歌的复兴有着直接的历史推动，其由韵文叙事到人物塑造，包括口语修辞等的独到技巧，对于现实的文艺创作和审美创造，无疑也有着较高的借鉴价值和不尽的启示意义。

"位卑未敢忘忧国。"曲艺人在历史上被人视为"下九流"，但通过这批潮州歌册里的一些创作，我们可以看到，其历史的眼光与现实的情怀，着实令人敬佩！比如一部题为《新中华》即内页所谓《最新改良新中华革军缘起全歌》的九卷歌册，创作于中国人民推翻封建帝制的风起云涌的革命年代。书中大力颂扬了"共和之父"孙中山先生的革命业绩，描述了人民推翻帝制的高昂热情，勾画了当年改朝换代的历史长卷，映射了时人特别是作者本人的进步意愿。歌册虽然只由孙中山出世叙至武昌起义止，即到黎元洪进兵南京突然中止，可能属于未竟稿，但却是一部不可多得的研究当时曲艺创作的历史文献资料。

曲本作家在历史上是极少留下名字的。这批潮州歌册的一个重要特点，是像清代文人创作"子弟书"一样，个别歌册的字里行间，透出了一些有关歌册作者的信息。据谭正璧、谭寻父女在其《木鱼歌、潮州歌叙录》中《释"潮州歌"》一文所作的初步研究和介绍：其所叙录，162 种歌册，仅有 7 种知道作者，而且还有 2 种只知其姓不知其名。比如知道了《刘成美忠节全歌》《柳世清双骝鱼全歌》《三国刘皇叔招亲下全歌》《八宝金钟下全歌》4 种的作者为号"凤城逸士"的清代末年人柯昞庭（又作"柯丐庭"）；《纸容记》的作者大抵为清代末年人周文元；《锦香亭绫帕记》和《李旦仔》的作者姓陈。只是，"凤城逸士"的署名让人费解，如《刘成美忠节全歌》卷末署"潮城第四街逸士柯昞庭书校著"，"书校著"是何含义比较模糊。"周文元"的署名方式，也费思量，如"光绪八年新造来"的《纸容记》，就署"游春风流书士造，书名排号周文元"。即便这样，在不知作者姓名的情况下，这些信息也是十分难得的，称得上是重要的发现。

即便是从出版史研究的角度来看，这些潮州歌册的封面及内文中反复出现的"新造""古板（版）""全歌"等招徕和标榜性字眼，及其一部歌册往往笔迹不一，即多人分抄赶刻，合而印刷出版的做法，包括"藏版"的堂名被挖空等可能是出于"盗版"的现象，尽管可能在过去的坊间出版中不乏其例，但具体到潮汕地区，特别是具体到清末民初时期当地的出版状况，仍然有着自身独特的历史研究价值。

另外，由于"口耳相传"的特点，潮州歌册也和许多民间文化一样，由于传承的讹误，而带来一些十分奇特的变异现象。比如人名的变异，就在同题材作品的借鉴改编中有着集中的表现。我们知道，忘恩负义的"陈世美"及其弃妇"秦香莲"的形象，在许多曲艺曲种的曲本作品里都有表现，但同题材潮州歌册的主人公，与鼓词《铡美案》中的"陈士美"和"金香莲"又有不同，而是被写作"秦世美"和"陈碧英"。如果说，这种以讹传讹的现象，由于方言方音的差异和笔录手写的舛误,在所难免而可以理解的话,则像《三国演义》之"尊刘贬曹"的主题倾向,及其对普通听众所产生的深远影响,庶几到了可以"改写历史"的程度。作为曲艺曲本之一种的潮州歌册,及其蕴含其间的思想文化价值和独特的文史研究意义,因而也非常值得我们去大力发掘和潜心研究。北京图书馆出版社为了发掘整理和出版保存这份价值独特的文献资料,所秉持的良好初衷,因此将会结出丰硕的成果,种下美好的因缘。

(吴文科　中国艺术研究院曲艺研究所研究员)

高万鹏

# 京东大鼓及在20世纪30年代天津城区的电台传播*
## ——基于《大公报（天津版）》的资讯考察

【内容摘要】京东大鼓是主要流行于华北地区的曲艺形式。本文通过梳理民国报纸《大公报（天津版）》关于曲艺及京东大鼓的相关记录，在检视20世纪二三十年代天津曲艺市场的基础上，考证了京东大鼓的命名者和命名时间，勾勒出京东大鼓这一时期的传播轨迹。而20世纪30年代中后期，是天津私营电台迅速发展的时期。这一时期的曲艺市场也呈现出传播载体由杂耍场向私营电台转移的特征。京东大鼓的命名与出名，便借助了这场东风。在此过程中，以刘文斌为代表的艺人群体，在四大私营电台的密集演出，促成了京东大鼓发展历程上第一个辉煌时期，也标志着京东大鼓传播市场由杂耍场向私营电台的成功转变。

【关 键 词】京东大鼓 《大公报（天津版）》 私营电台 传播市场

京东大鼓是形成并在早期主要流行于北京通州及以东三河、武清、宝坻、蓟州、香河、宁河等地的曲艺形式。2006年5月20日，天津宝坻将京东大鼓申报列入第一批国家级非物质文化遗产名录，引起了更多关注。但学术界对京

---

\* 本文为国家社科基金晚清至民国京津沪报刊曲艺资料整理研究（项目号：21BB029）阶段性成果。

东大鼓的研究还不是很充分，对京东大鼓的成形、发展与传播市场的研究，总体上囿于艺人的口述，缺乏对口述内容的系统整理与深入考证。庆幸的是，民国时期的相关报刊记载了一些京东大鼓的相关信息，对我们了解其在当时的传播状况及其演出市场大有裨益。本文选取民国时期极具影响力的报纸《大公报（天津版）》作为资料来源，对京东大鼓 20 世纪 30 年代在天津城区的传播等状况进行一些梳理。

## 一、民国时期天津曲艺传播市场的变迁

《大公报》由英敛之于 1902 年 6 月 17 日在天津法租界创刊，1936 年因华北战事南移，但天津版依然在天津发行，1949 年后迁往北京。《大公报》从创刊于天津租界到 1949 年新中国成立，见证了 20 世纪上半叶中国社会的风起云涌，见证了戊戌变法、宣统逊位、七七事变等重大历史事件。与此同时，《大公报（天津版）》副刊的文艺专栏及广告版面，也折射出天津市民阶层的精神生活侧影，记录了津门百姓日常的休闲娱乐时光。

鼓书和鼓曲[①]作为当时市民喜爱的主要曲艺类型，当年频繁出现在《大公报（天津版）》（后文《大公报》专指《大公报（天津版）》，特此说明）中，反映出天津作为曲艺之乡的独特文化氛围。本文虽主要观照京东大鼓在当时的传播市场状况，但无法就京东大鼓论京东大鼓。因为，京东大鼓作为华北地区的重要曲种之一，其在天津的发展，与其他相类曲种及其节目样式之间，有着这样或那样的联系。为使我们的梳理考察避免"只见树木而不见森林"，有必要对当时天津曲艺演出市场的整体环境也来做些描绘。

---

① "鼓书"指击鼓说书即说唱相间表演的曲艺"说书"类型，如山东大鼓、西河大鼓、湖南渔鼓、四川竹琴等；"鼓曲"为演员以鼓板击节并有其他专司三弦、琵琶和四胡等伴奏演唱的曲艺"唱曲"类型，如京韵大鼓、梅花大鼓和北京琴书（单琴大鼓）等。一些说唱相间表演的"鼓书"形式如京东大鼓、西河大鼓、山东大鼓和河南坠子等，在进入京津等大城市后，也出现了只唱短段节目即只唱不说的"鼓曲"式演出方式。

### （一）电台作为曲艺传播市场的新兴

《大公报》中的曲艺资料主要分为两类：一类是演出信息，一类是有关曲种或表演名家的文章。其中的演出信息，主要集中在电台的广告栏目，即《大公报》第7版或第13版的"津台放送节目"或者"广播无线电今日津台放送节目"。这里的津台，指的是成立于1927年5月3日的天津第一家官营电台——天津广播电台。

> 兹拟在京津两电话局内、暂设东北广播无线电办事处各一所，利用天津原有电台，作传播音乐歌曲商情新闻等节目之需。（《无线电办事处正式成立》，《大公报》1927年5月3日第7版）①

即天津广播电台是在北洋政府的支持及东北三省的资助下建立起来的，其用途为"传播音乐歌曲商情新闻等节目之需"。但很快，市民娱乐性质的节目开始占据了津台的主流：

> 午十一点半至下午六点半，仍至夜间十二点半为止，在此六点至八点半之时间内，发放弹词、说书、大鼓、昆曲、滩簧、相声、国乐及其他一切南北杂耍，尽收津埠著名者，逐日更换。故以后京津收音各听户，凡自上午十一点半起，至夜间十二点半为止，即可永远收听，不致间断，此项计划、正在筹备、不日即可见诸实行云。（《广播无线电台消息》，《大公报》1927年9月14日第6版）

1928年，津台娱乐化的倾向更为突出，《大公报》专门设置"广播无线电今日津台放送节目"版块，每天刊登大鼓、相声播放信息，但这些信息是非常

---

① 本文所引用《大公报》资料均来自中国国家图书馆授权，中国教育图书进出口有限公司、得泓资讯有限公司联合出版的"《大公报》（1902—1949）全文检索数据库"。

简短的，只罗列艺人姓名和播放时段而已，如 6 月 16 日刊登的广告：

> 王凤岐、王子玉、刘钧衡、魏金凤、花兰芬、高玉宝各种大鼓单弦
> 刘万奎、张茂林对口相声
> 大鼓相声二点三十分（《广播无线电台消息》，《大公报》1928 年 6 月 16 日第 6 版）

由此可见，这一时期，曲艺在电台的呈现方式是比较笼统的，并未对曲种及节目进行细化宣传，这反映出电台作为曲艺最新的传播市场，还处在一种稚嫩的初期阶段，尚不成熟。

到 20 世纪 30 年代初期，电台的曲艺节目广告开始出现了新的变化，曲种的细化是这一时期传播市场的显著特征，这也从侧面表明，电台播放曲艺正逐步走向多样化的道路，曲种与艺人紧密结合，成为一种全新的广告方式，例如：

> 大鼓时调（下午三点三十分）
> 花美玉、高玉宝、筱银芳京韵大鼓
> 花艳秋铁片大鼓
> 王子玉梅花大鼓
> 刘瑞云时调（《广播无线电》，《大公报》本市附刊 1932 年 10 月 15 日第 11 版）

1935 年以后，这种"粗陈梗概"式的曲艺演播预告，彻底转变为详细且丰富的节目单，字数也由之前的几十字增加至几百字，这种巨变得益于营利性私营电台的崛起。"1934 年初，天津的私营仁昌广播电台正式开始播音；夏，中华广播电台成立；11 月，青年会广播电台问世；1935 年春，东方广播电台也开

始播音。"①1935 年，天津四大私营商业电台即中华广播电台、青年会广播电台、仁昌广播电台以及东方广播电台开始进入鼎盛时期。这四家广播电台以播放曲艺及广告为主，尤其是仁昌、中华两台，最多时每天的曲艺节目时间达十小时以上。出于商业宣传目的，这四家商业电台加大在《大公报》第 10 版或第 13 版"广播无线电台今日节目"中刊登电台节目预告的力度，大量的曲艺预告也呈现出十分多样的状态。

当时《大公报》的电台广告发展可以分为三个阶段：第一阶段是 20 世纪 20 年代后期。这一时期，曲艺在电台演播的平台较为单一，播放时间也不固定，广告的内容主要是艺人，对曲种未有细分。第二阶段是 20 世纪 30 年代初期，广告开始以艺人加曲种的模式出现，播放平台仍以津台为主。第三阶段为 30 年代中期，曲艺的电台传播主要由公营电台转为私营商业电台。这一时期的曲艺演出广告，较前阶段更为准确与详细，形成了艺人、曲种、节目三位一体的模式。电台广告的变化，反映出曲艺传播市场的变迁。杂耍场、游艺场、茶馆等传统的曲艺传播市场，渐渐难以与电台抗衡。电台凭借其独特的媒介优势，造就了诸多家喻户晓的名家，也造就了许多曲种的辉煌。遗憾的是，1937 年 7 月，日本帝国主义侵略者加快侵略华北的步伐，青年会、仁昌、中华、东方四大私营电台相继关闭。曲艺在电台的辉煌时代暂时告一段落。

（二）杂耍场作为曲艺传统舞台的没落

在《大公报》的报道中，曲艺的演出场所称为杂耍场。据 1934 年出版的《天津市概要》说："十样杂耍者，盖以吹、打、拉、弹、说、学、逗、唱、变、练为十样。坐其间者，费有限之金钱，能使目不暇接，耳不暇辨，五花八门，靡有底止。"②而将曲艺归入杂耍，并非《大公报》之专属，如 1934 年香港《工商日报》在介绍北平杂耍时称："北方之十样杂耍，包括八角鼓、快书、相声、双簧、戏法及各种大鼓书等，近年在南北各埠，均极盛行，凡游艺场均特

---

① 周启万：《解放前天津的广播电台》，《现代传播——中国传媒大学学报》1985 年第 1 期。
② 刘泽华主编：《天津文化概况》，天津社会科学院出版社 1990 年版，第 146 页。

设此专门场子，名之曰杂耍场。"可见，游艺场涵盖了杂耍场。无论是"杂耍场"还是"游艺场"，更突出的是曲艺的商业性与娱乐性。民国时期，天津最有名的杂耍场，非泰康商场的歌舞楼莫属：

> 泰康商场之歌舞楼为津市最完美之杂耍场，其中唯一之台柱子，即大鼓大王刘宝全。近日座客常满，后至者几无立足之地，盖大多数皆为刘而去者。(《歌鼓王一夕谭》，《大公报》1933 年 2 月 22 日第 15 版)
> 
> 刘宝全任后台老板时，角色整齐，营业鼎盛，为津市杂耍场之冠。(《歌舞楼改组更名小梨园》，《大公报》1934 年 8 月 2 日第 15 版)
> 
> 津市杂耍场自歌舞楼辍演后，当推北马路之天晴。其中以林红玉之京韵鼓为大梁，颇能哄动一时。(《游艺零讯》，《大公报》1934 年 9 月 2 日第 19 版)

泰康商场建于 1927 年 7 月，为招徕顾客，两年后在商场内创设歌舞楼，"初建伊始，刘宝全早晚露演，嗜曲者趋之若鹜"①。与泰康商场齐名的，是 1928 年 1 月 1 日正式开业的中原公司，其一、二、三楼为百货商场，四、五楼开设游艺场、大戏院；六楼为酒楼；七楼为露天花园，这里也是曲艺的舞台：

> 每日由下午八时起，游艺表：
> 卢湘卿单弦；小艳云京韵大鼓；何质臣八角鼓；小老头、小不点滑稽；王殿玉单弦拉戏。(《中原六七楼露天花园夏历五月初一日开幕》，《大公报》1929 年 6 月 4 日第 15 版)

曲艺既可成为商场招徕顾客的法宝，也是底层艺人谋生的手段。1933 年 3 月 11 日《大公报》刊登一篇记录下层社会娱乐场所的文章——《痛苦中的娱乐》，记录了天津"托的杂耍场"的情景。所谓"托的"，"便是不售票、每歌

---

① 周利成、周雅男编著：《天津老戏园》，天津人民出版社 2005 年版，第 120 页。

一曲一敛钱之谓，听者是流动的，出资以曲计，不以时计。譬如喜听甲角，听甲角纳资一枚，乙角唱时，若不喜听，可起身到外边去，勿庸给钱。这真个是无拘束的行乐"。

不同于中原公司的露天花园，下层百姓只能到这样的场所欣赏曲艺：

> 一间很大而颓唐的房子、至少要容二百人、承尘上的蛛网很多、夹杂着千丝万缕的灰、一条条的下垂着、不时落在观众头上。用垃圾垫成凹凸不平的尘垃圾地面，有瓜子花生皮无意识的作着地衣，正面用木板搭起个小台，台上放着一张小桌、几张凳子，唱的人便立在桌旁，随手便坐在桌后，其余休息的歌者，便坐在凳子上、有如陈列一般。台下空地上、放了大板凳，那便是听者的座位，里边的布置、可以算得极天下之欠考究，闻到里边的空气，则又极世界之不卫生。听的人们如入芝兰之室、久而不闻其臭了。(《痛苦中的娱乐》，《大公报》1933年3月11日第13版)

而这样的场所，聚集的不光是三教九流和贩夫走卒，也汇聚了各种各样的民间艺术：

> 它所备的艺术种类，较一切坤书馆杂耍馆为多，有时调、鼓书、皮黄、蹦蹦、莲花落、相声、双簧等，而时调中的老鸳鸯调、新鸳鸯调、悲调、怯调、小调等无一不备，鼓书除京音大鼓之外，所有梅花大鼓、梨花大鼓、乐亭大鼓、西河大鼓、奉天大鼓等又应有尽有、皮黄虽则是清唱，然是坤角自拉胡琴自己唱，梨园名角恐怕弄不上来罢。(《痛苦中的娱乐》，《大公报》1933年3月11日第13版)

在1935年之前，天津的曲艺传播市场基本上还沿袭传统模式。随着1935年私营电台播放曲艺时间的骤增，伴随而来的是曲艺传播市场的巨大变化，电台播放曲艺虽没有传统场所的现场感，但居家听匣子（收音机）也少了份嘈杂。最主要的是电台只需要播放曲艺唱片和录音，这就极大压缩了艺人们演出的机会。无论是曲艺演出的高档场所，还是"托的杂耍场"；无论是一代鼓王等，还是瞽叟歌女，他们的生计都受到了一定程度的冲击。1936 年的《大公报》，便记载了一代鼓王刘宝全在天津消歇而转向他处的情形：

> 鼓王刘宝全，在前年秋，便有赴沪消息，因病不果，客岁仍因疾未能成行。今年因津埠无线电有鼙天歌吹匝地管弦之盛，致经营多年之歌舞楼（今名小梨园）乃受不景气之支配，遂决意作沪上之行。上海北平茶馆主人，闻此消息，乃于日前来津，与刘氏成立合同，所邀角色，除刘氏外，并由刘转约郭荣山、韩永先之彩唱八角鼓，乔清秀之河南坠子，刘凤兰之京韵大鼓三场。此行人中，除刘氏曾经赴沪露演外，其余三场，在沪上听众眼中系属初见，刘氏等约于本月内启行，沪人期待鼓王久矣，此次饱受欢迎，固意计中事也。（《歌场珍闻 刘宝全赴沪郭荣山乔清秀均将随从同行》，《大公报》1936 年 3 月 24 日第 13 版）

1936 年正是私营电台播放曲艺的黄金时代，但津城杂耍场之冠的泰康商场歌舞楼都变得不景气，鼓王都需要南下谋生计，更何况底层以卖艺为生的艺人们。当私营电台成为人们欣赏曲艺的主要渠道时，当听众无须再耗费钱资时，普通艺人们的演出机会被大幅度压缩，甚至引发了盲人雨中请愿的社会事件：

> 【本市消息】津市各区盲人，以无线电台放送说书等娱乐，既与设立电台之宗旨不合，且侵夺全市盲人生计，曾于萧市长任内，两度联合请愿，要求取缔各台说书，虽经照准，迄未实现。全市盲人代表百余人，于昨下午三时，复冒雨赴社会局请愿，要求各台放送十七种节目中，取缔四种，计为（铁板大鼓，木板大鼓，时调，牙牌曲），请即日实行。否则全市盲人，均将参加请愿云。（《盲人冒雨请愿 请取缔电台四种节目》，《大公报》1936 年 8 月 1 日第 8 版）

几天之后，天津社会局刊报回应：

> 【本市消息】津市各区盲人，以无线电台，放送鼓曲等娱乐，侵夺本身生计，曾联合盲人百余，屡赴社会局请愿，要求将电台所放铁片大鼓，木板大鼓，时调，牙牌等，一律取消。局长李在中，以事关全市残废盲人生活，至为重要，乃于昨日下午三时，召集中华等四电台主任，讨论变通办法，经决定，嗣后各电台放送此项娱乐节目，应力求减少云。（《电台播送鼓曲节目应力求减少》，《大公报》1936年8月5日第8版）

此次事件，佐证了电台播放曲艺对底层艺人的巨大影响。但这个事件并未扭转杂耍场曲艺演出衰落的趋势。电台甚至利用其巨大的资源和社会影响力，与知名艺人签订合约，阻止其在杂耍场演出。其中最具典型性的，是京东大鼓名家刘文斌。

> 刘文斌素以平东大鼓名震一时，但因与电台有合同，只在电台演唱，向不在游艺场露演。兹经新新影院主人重金邀聘，请其自今日起在该院献技。此种平东大鼓，为特别大腔，实为罕有节目。（《刘文斌平东大鼓今日在新新献技》，《大公报》1936年12月27日第13版）

这里的"平东大鼓"就是京东大鼓。电台与知名艺人签订合同，基本垄断了曲艺传播市场。而曲艺市场的盈利方式，也随之发生了巨大改变。之前的20世纪20年代，名家堂会一日六七十元。即使是不出名的艺人，也可以得二三百铜元：

> 山东大鼓之最有名者为杜大桂。其貌仅中人以上。而唱则娓娓动听，颇有叫座之能力。堂会一日亦须六七十元。即每日在茶馆收入，亦在三十元之谱。每演一段，索钱一次。杜大桂之唱一段，索铜元一千枚，或八百枚。他角则不过二三百三四百而已。（《眠琴馆剧谈·春柳旧主之犁铧大鼓蹦蹦戏评》，《大公报》1923年4月21日第7版）

而电台是不需要听众付费的,艺人与电台通过广告来获取钱资,例如:

> 仁昌绸缎庄及五华鑫鞋店借座本台特请程世明西河大鼓说唱施公案,特请刘文彬奉天大鼓说唱刘公案。(《广播无线电台今日节目》,《大公报》1935年6月22日第13版)

综上所述,20世纪二三十年代,天津曲艺传播市场发生了翻天覆地的变化。这种变化最主要的特征是,电台成为曲艺艺术新的传播渠道。无线电台的发展深刻影响了曲艺市场,首先,它大幅度压缩了普通曲艺艺人的生存空间,极大发挥了曲艺名家的"名人效应",并以签订合同的方式基本垄断了曲艺市场。其次,曲艺市场的利益关系出现了巨大转变,听众无须支付费用,曲艺艺人的收入主要来源于商业广告。最后,欣赏曲艺的环境也发生了变化,由嘈杂的现场到安静的居室,听众不用担心悲调低婉之声为杂耍场声浪所掩,也无须受杂耍场营业时间所限,极大地拓宽了曲艺的受众面,也拓宽了曲艺市场。这种情况如同21世纪初期一样,当网络和手机开始普及,特别是当手机有了播放、储存音乐的功能后,磁带与唱片便黯然退出历史舞台。科技的进步,带来时代的变迁。在曲艺市场环境的巨变中,有的曲艺趁势兴起,并大放异彩;有的艺人,则抓住机会唱火津门,其中就包括京东大鼓以及被誉为京东大鼓"三杆大旗"的刘文斌、魏西庚和齐文洲。

## 二、京东大鼓在天津的发展及演出传播状况

清末民初,随着曲艺在天津的蓬勃发展,艺人们也构建起了自己的行业发展历史。

1935年4月21日、4月22日、4月23日的《大公报》,连续三天刊登了署名为唐心佛的文章《大鼓源流的探讨 韩小窗创编子弟书刘宝全只唱廿二段(上、中、下)》。唐氏将大鼓书的起源,追溯到了东周周庄王"击鼓化民"的传说,并认为徐嘉瑞的《近古文学概论》将大鼓的起源追溯到北宋"未免有些

太近了"。他还特意提到杂耍园子,如小梨园、天晴茶园、天会轩,以大鼓为正宗,园子的后台都供着周庄王。

作为大鼓书的一支,如今京东大鼓的艺人们也将其历史追溯到周庄王时期,如宝坻京东大鼓艺术馆便有周庄王的塑像。其相传的渊源故事云:远在东周时期,周庄王姬佗即位,叛军围城,周庄王手下有"梅、青、胡、赵"四位宰相各守一门,稳坐城楼,手持一鼓,谈古论今,说退敌军。周庄王大喜,遂命四位宰相各领一面鼓,从东西南北四门,以大鼓书的形式教化臣民,因此形成了大鼓书"梅(梅子青)、青(青云峰)、胡(胡鹏飞)、赵(赵恒利)"四门,之后由这四门演化成各种鼓书种类,青门传小口京东大鼓,梅门传大口京东大鼓,因此,京东大鼓的艺人们奉周庄王为祖师爷,以梅子青、青云峰为远祖。

此事于史无征,显然是小说家笔法,夸耀自身的出身。正因为社会地位的低贱,所以从业者便要选择一位尊贵的祖师爷提升自身及行业地位,同时也发挥凝聚业内成员的功能。京东大鼓起源东周的传说,应是清代大鼓书艺人在传统行业祖师爷文化的影响下杜撰而来的。

许多曲种包括京东大鼓最为通行的名称确定,也经历了一个曲折而又漫长的过程。曲种名称的约定俗成或者说定于一尊的过程,往往就是其真正趋于成熟的过程。本文对于京东大鼓在天津的电台传播及其演出市场的考察,实际上也蕴含了京东大鼓通过命名走向成熟的内容。

### (一)京东大鼓的定名

京东大鼓自从河北中部形成及在周边传播以来,名称比较杂多,被正式称为"京东大鼓",主要有两种说法:其一,被称为鼓书泰斗于七爷的传人于景元在天津仁昌电台演出时,挂牌"京东怯大鼓",电台播放时,将京东怯大鼓的"怯"字去掉,始称京东大鼓;其二,号称鼓书界"三杆大旗"的魏西庚、刘文斌和齐文洲去口外撂地演出谋生,三人因为都是北京以东的人,遂对所演大鼓称为京东大鼓。①

先看第一种说法。1935年8月2日，于景元第一次出现在《大公报》第10版《广播无线电台今日节目》中：

> 仁昌电台，上午八点到夜二点，马宝山说唱丝绒记，刘文斌说唱破孟州，李少卿单口相声，于景元说京北大鼓。

节目中明确提到于景元说"京北大鼓"，而非京东大鼓。这似乎表明：于景元并非京东大鼓的命名者。

而"京东大鼓"第一次出现在《大公报》中，是1935年6月22日，比于景元第一次出现在《大公报》要早：

> 中华广播电台七点半至十二点早操西乐、音乐，商业介绍，荫华绸缎庄金九霞鞋庄鸿记硝皮厂合请张浩然说三侠剑，特请刘文彬京东大鼓说唱呼家传。
>
> 青年会电台请刘文彬京东大鼓说唱呼家传。
>
> 仁昌广播电台上午八时至七时仁昌绸缎庄及五华鑫鞋店借座本台特请程世明西河大鼓说唱施公案，特请刘文彬奉天大鼓说唱刘公案。（《广播无线电台今日节目》，《大公报》1935年6月22日第13版）

这三则预告均出现了刘文彬（刘文彬即刘文斌，1935年7月2日，刘文彬的名字在《大公报》中固定为"刘文斌"，在此之前《大公报》或写作"刘文彬"或写作"刘文斌"）。刘文斌在中华和青年会电台表演的是京东大鼓《呼家传》，在仁昌电台表演的是奉天大鼓《刘公案》，同一艺人，表演基于两种方音的鼓书节目，似不可能。但同一篇目在相连的日期却前后标注两种不同鼓书名称的现象，值得我们注意：

---

① 参见李寿祥《京东大鼓演唱基础知识》，宝坻区文化馆2018年，第19页。

> 仁昌广播电台上午八时至晚七时半仁昌绸缎庄及五华鑫鞋店借座本台特请马宝山奉天大鼓《丝绒记》，特请刘文彬奉天大鼓说唱刘公案（《广播无线电台今日节目》，《大公报》1935年6月26日第13版）
>
> 仁昌广播电台上午八时至晚七时仁昌绸缎庄及五华鑫鞋店借座本台特请马宝山奉天大鼓《丝绒记》，特请刘文彬京东大鼓说唱《刘公案》（《广播无线电台今日节目》，《大公报》1935年6月29日第13版）

以29日为界，在此之前，刘文斌在仁昌广播电台说唱的《刘公案》是奉天大鼓，29日之后，在相同的时间、相同的电台、相同的篇目标明的是"京东大鼓"。自此之后，在《大公报》的电台预告中，刘文斌所说唱的节目均为京东大鼓，奉天大鼓的名称再未与其发生关联。

刘文斌早期在电台演出时，将自己说唱的大鼓归入奉天大鼓名下，可能为当时奉天大鼓比较流行的大环境所致。奉天大鼓带有东北乡音，1931年九一八事变后，大量东北人留居天津，奉天大鼓遂流行津门。

> 泰康商场之歌舞楼，为津市最完美之杂耍场，其中唯一之台柱子，即大鼓大王刘宝全。近日座客常满，后至者几无立足之地，盖大多数皆为刘而去者。日前晚场演其拿手杰作《长坂坡》，记者特往聆之，仅于后排觅得一座。华灯明丽，歌韵悠扬，台上正演奉天大鼓。唱者为一妙龄女郎，名朱玺珍，字眼纯系奉天口音，腔调亦较朴实，然颇动听，其弦索之过门处，尤觉美妙，此种大鼓向来均在关外演唱。今东北既陷，此辈遂挟技来津。有心人对此奉天大鼓感国土之沦亡，聆珠喉之婉转，殆将悲从中来，不能自已也。座中不少东北人、乡音到耳，田舍无归，其为感怆，又当何如，自可想象得之。（《奉天鼓词使东北人士怆年桑梓》，《大公报》1933年2月22日第15版）

刘文斌（1890—1967）很早就登上了电台，他的名字第一次出现在《大公报》是1928年5月5日：

广播无线电津台放送节目：大鼓弦歌二点三十分（刘荣元、刘文斌、周蛤蟆、魏金凤、小万人迷时调大鼓）。

当时标注刘文斌所说唱的是"大鼓弦歌"。在同年5月13日，刘文斌被标注在各样时调大鼓的演唱名单中。由此可以推断，京东大鼓最早在1928年前后即已登上了天津电台，但在当时，京东大鼓被笼统地称为"时调大鼓"。直到1935年6月22日，京东大鼓的名称才开始在电台预告中正式出现。

以此推断，上文所提到的京东大鼓命名的两种说法，都不准确。首先，于景元并非京东大鼓的命名者。如今也未有京北大鼓的存在及说法，很可能当时所谓的京北大鼓其实就是京东大鼓。即于景元将其命名为京北大鼓，但是并未流传开来。其次，京东大鼓的命名者是刘文斌，而非"三杆大旗"商量的结果。值得注意的是，1928年京东大鼓便开始在津台传播，在经历了"大鼓弦歌""时调大鼓"等笼统称谓后，刘文斌曾将这种形式一度标示为奉天大鼓。但随着马宝山奉天大鼓《丝绒记》与之同台播放，为了与之区别，刘文斌遂将自己所说唱之鼓书，命名为京东大鼓。而这正发生在私营电台蓬勃发展之际，因此，私营电台这种新的传播市场，对京东大鼓的命名也起到了很大的催化作用。

当然，还可以从另一个角度去看这个问题。从1935年4月17日开始到4月24日，署名墨农的作者先后分别在《大公报》第15版、16版和第18版，发表了12篇系列文章《听鼓杂记——什样杂耍人才述评》，共计七千余字，系统介绍了天津曲界今昔变迁与人才兴替，涉及八角鼓、京韵大鼓、梅花大鼓（清口大鼓）、铁片大鼓（乐亭大鼓）、梨花大鼓、河南坠子、滑稽大鼓（京韵大鼓）、西河大鼓、辽宁大鼓、暗春相声、明春相声、单口相声、太平歌词等曲种及演出形式，介绍了各曲种的代表艺人及师承关系包括表演特色等，勾勒出了当时天津曲坛的一些样貌。这样一篇较为系统和全面的"听鼓杂记"，却未提到京东大鼓及相关艺人。由此推测，至少在1935年5月前，京东大鼓和刘文斌并未引起曲坛足够的注意。而四大私营电台，正是从1935年6月开始播放大量鼓书及鼓曲节目的。《大公报》中的电台预告，也是在这一时期开始更加细化。在这种背景下,一个新的曲种更能吸引听众的关注,京东大鼓的定名,也就水到渠成了。由此笔者推测,京东大鼓应当定名于1935年6月,最开始是在中华和青年会电台,而非仁昌电台。

(二)京东大鼓的出名

1935年4月墨农陆续发表《听鼓杂记——什样杂耍人才述评》时,天津四大私营电台还未大量播放鼓书及鼓曲节目,他笔下记录的艺人,是活跃于知名杂耍场上的知名艺人,他提到的杂耍场有小广寒、天会轩、歌舞楼(后改名为小梨园)、天晴茶楼、中原游艺场、花莲阁、玉壶春、东升茶社、闻宾茶楼、玉茗春等。但到了1936年年底,京东大鼓便通过电台火遍津城:

> 此次之游艺节目极为繁多,本市杂耍人材,均行登台献技,实为数年来未有之盛况。各电台节目,均系网罗本市之杂技家……
> 兹记重要节目于下:
> ㈠陈士和代表全体艺员致词㈡王福恩之乐亭大鼓㈢刘君衡八角鼓㈣王树田与小可怜之对口相声㈤魏西庚京东大鼓㈥金树笙之梅花大鼓㈦赵世英之八角鼓㈧周蛤蟆徐羡忱之奉天大鼓㈨马宝山奉天大鼓㈩常凤兰西河大鼓㈩一桑鸿林京韵大鼓㈩二于景元京东大鼓㈩三曾振庭八角鼓㈩四郭德智邓起如对口相声㈩五花玉宝梅花大鼓㈩六张士诚乐亭大鼓㈩七王佩臣铁片大鼓㈩八石慧儒八角鼓㈩九张岐山单琴大鼓㈡十程疯子滑稽大鼓㈡十一郭荣山韩永先拆唱八角鼓㈡十二刘文斌京东大鼓㈡十三梁赤侠反串相声㈡十四王凤久八角鼓㈡十五小彩舞京韵大鼓㈡十六常连安小蘑菇之对口相声㈡十七常连安之太平歌词等。(《东方新新影院联合游艺会》,《大公报》1936年12月23日第13版)

在二十六个节目中,京东大鼓占了三个,从侧面反映出京东大鼓受欢迎的程度。京东大鼓从1935年的默默无闻,到1936年的声名鹊起,它的发展是与天津私营电台的发展相重合的。天津四大私营电台实际上只存在了两年多。在这短短的两年里，京东大鼓却完成了曲种的定名和出名。刘文斌与魏西庚、齐文洲这"三杆大旗"也是在这一时期，带领京东大鼓进入第一个辉煌时代。"三杆大旗"在电台的演出情况，较为完整地保存在《大公报》中，我们可以通过对电台广告的统计（见表1、表2、表3、表4），领略京东大鼓早期在电台的播放盛况。

表1 仁昌广播电台京东大鼓播放情况

| 时间 | 表演者 | 节目名称 |
| --- | --- | --- |
| 1935.06.29—07.19 | 刘文斌 | 《刘公案》 |
| 1935.08.06—08.20 | 刘文斌 | 《破孟州》 |
| 1935.12.01<br>1935.12.02<br>1935.12.19 | 刘文斌 | 《女侠响马传》<br>《小八义》 |
| 1936.08.09 | 梁德铭 | 只标注京东大鼓，未标注篇名 |

表2 中华广播电台京东大鼓播放情况

| 时间 | 表演者 | 节目名称 |
| --- | --- | --- |
| 1935.06.22—07.21 | 刘文斌 | 《呼家传》 |
| 1935.07.01—07.21 | 刘文斌 | 《少西唐》 |
| 1935.07.07 | 刘文斌 | 《密涧游宫》 |
| 1935.08.06—08.22 | 刘文斌 | 《呼家传》《少西唐》 |
| 1935.12.01—12.19 | 齐文洲 | 《司马潜龙走国》 |
| 1935.12.05—12.19 | 刘文斌 | 《呼家传》《反唐》 |
| 1936.02.27<br>1936.03.17 | 刘文斌 | 《小八义》 |
| 1936.02.27<br>1936.03.17<br>1936.03.31<br>1936.04.28<br>1936.05.02—05.05<br>1936.07.06<br>1936.07.10 | 齐文洲 | 《精忠传》<br>《司马潜龙走国》 |
| 1936.07.10 | 魏西庚 | 京东大鼓（未标篇名） |
| 1936.08.07—09.05 | 魏西庚 | 《绿牡丹》《破孟州》 |

续表

| 时间 | 表演者 | 节目名称 |
| --- | --- | --- |
| 1936.10.22<br>1936.10.28—10.31<br>1936.11.02<br>1936.11.04<br>1936.11.06—11.07<br>1936.11.10<br>1936.11.14 | 魏西庚<br><br>刘文斌 | 《绿牡丹》<br>《千里驹》<br>《紫金镯》 |
| 1937.01.01 | 魏西庚<br>魏西庚<br>刘文斌 | 《七子八婿上寿》<br>《武家坡》<br>《下扬州》 |

表3　东方广播电台京东大鼓播放情况

| 时间 | 表演者 | 节目名称 |
| --- | --- | --- |
| 1936.02.27 | 齐文洲<br>刘文斌 | 《司马潜龙走国》<br>《呼家传》 |
| 1936.03.31<br>1936.05.04<br>1936.05.05<br>1936.07.06<br>1936.07.10 | 刘文斌 | 《小八义》<br>《呼家传》 |
| 1936.08.07—08.11<br>1936.08.13—08.25<br>1936.08.27—09.01<br>1936.10.29—10.31<br>1936.11.02<br>1936.11.04<br>1936.11.06—11.07<br>1936.11.15 | 刘文斌 | 《三省庄》<br>《刘公案》 |
| 1936.08.12 | 刘文斌 | 《孟姜女寻夫》<br>《李翠莲盘道》 |
| 1936.08.26 | 刘文斌 | 刘文斌说唱小曲（未标篇名） |
| 1936.09.02 | 刘文斌 | 刘文斌说唱小曲（未标篇名） |
| 1936.09.03<br>1936.09.05<br>1936.10.22<br>1936.10.28 | 刘文斌 | 《刘公案》 |

表4　青年广播会电台京东大鼓播放情况

| 时间 | 表演者 | 节目名称 |
| --- | --- | --- |
| 1935.06.22 | 刘文斌 | 《呼家传》 |
| 1936.02.27<br>1936.03.17<br>1936.03.31 | 齐文洲 | 《三国演义》 |
| 1936.10.22<br>1936.10.28—10.31<br>1936.11.02<br>1936.11.04—11.07<br>1936.09—11.10<br>1936.11.14—11.15 | 尤甫齐 | 《粉妆楼》 |

从1935年五六月份开始至1937年年初，是天津私营电台最好的时代，也是京东大鼓在电台上大放异彩的时代。刘文斌的名字在1935年6月之前只在《大公报》电台广告中出现过两次。从1935年6月之后至1937年1月，刘文斌活跃于四大私营电台，几乎天天出现在《大公报》电台广告中，这从一个侧面反映出刘文斌名气之盛及受欢迎的程度。笔者曾经采访过魏西庚之徒孙、王永山之徒、1944年出生的李寿祥先生，李先生说刘文斌当年在津城有"净街刘"（电台一播放刘文斌的京东大鼓，街面上的人就都回家听广播，街道干净无人，用来形容刘文斌受欢迎程度）的称呼，应该就是这一时期。

从表演顺序来看，刘文斌最开始的节目为说唱相间表演的长篇鼓书《刘公案》（1935年5月15日开始在仁昌电台说唱《刘公案》，标明为奉天大鼓，6月29日才改标注为京东大鼓，表1统计的是标注京东大鼓的情况，故未将此列入，特此说明），之后依次是《呼家传》《少西唐》《密涧游宫》《破孟州》《女侠响马传》《小八义》《三省庄》《孟姜女寻夫》《李翠莲盘道》《紫金镯》和《下扬州》。李寿祥先生说，当时天津有这样的一句俗语"听《隋唐》听马连登，要听《刘公案》听刘文斌"，刘文斌凭借《刘公案》一炮而红，《刘公案》也是他在电台重复播放最多的作品。

20世纪七八十年代的京东大鼓名家董湘昆曾在《董湘昆京东大鼓文集》中提到，他喜欢上京东大鼓，就是从听掌柜家的话匣子（收音机）播放京东大鼓开始的。刘文斌之徒李承秀也曾有过一段关于电台播放刘文斌说唱京东大鼓的描述。这段文字生动形象地再现了刘文斌受欢迎之程度及其说唱京东大鼓的特点和魅力:

> 当年天津的平民百姓家里有电匣子(收音机)的人很少,那是大商号的玩意儿,到了钟点儿大买卖家为了招揽生意,在店铺门口放上一个大喇叭,播放长篇鼓书。此刻人们都到店铺门前听刘文斌老师演唱。有的手里干着半截子活儿也把活儿停下来听书;也有的正在生着火炉子的,净顾了听唱了连炉子灭了还不知道呢。在附近住的人家儿都拿个小板凳儿坐在店铺门前静声听书……这时期刘文斌老师已经唱红了,京东大鼓的名声在天津也越来越大了。因为他的演唱有独特的风格,词曲又通俗易懂,适合广大贫苦市民听众接受,尤其是那些反映家庭生活的唱段,深受城乡妇女们的喜爱。因为他演唱的曲目中,在描写爱情以及平民生活中的悲、喜情节方面特别吸引人,这也是刘先生的擅长。这些曲目能像聊天叙家常话儿一样,自然质朴,并且有些警世人生富有哲理的曲词耐人回味。①

"三杆大旗"在电台上播放的节目,均取自古典小说题材,其中以历史演义和英雄传奇为主。齐文洲的节目是《精忠传》《司马潜龙走国》《三国演义》,他主要活跃于中华电台,活跃的时间段为1935年12月至1936年7月。接替他的是魏西庚,魏西庚的代表作是《绿牡丹》和《破孟州》。电台的播放情况在一定程度上反映了艺人的受欢迎程度,刘文斌在天津走红之后,齐文洲紧随其后,之后魏西庚后来居上。1937年1月1日,中华广播电台的元旦特别节目,播放了三个京东大鼓短篇唱段,其中魏西庚独占两个,即《七子八婿上寿》和《武家坡》,第三个就是刘文斌的《下扬州》。

"三杆大旗"当时在电台以演播长篇鼓书节目而非短篇鼓曲节目为主,俗

---

① 董湘昆:《董湘昆京东大鼓文集》,中国文史出版社2007年版,第15页。

称"蔓子活"。那个年代的北平,演出"大鼓"的,被人分为三类:"一是老古派'古玩'不变;二是刘宝全派,适应潮流,以情取胜;三是老倭瓜派,滑稽有趣,颇受欢迎。"[①] 唱大鼓的说唱的长篇,俗称"蔓子活",属于击鼓说书的"鼓书"类型,节目故事较长,但曲调相对简单,主要靠故事吸引观众。因此,在《大公报》的电台广告中,有时会出现"说唱"或"说唱京东大鼓"的字眼。那时的京东大鼓,应该是"说唱相间"即七分说三分唱的表演样式,这与后来京东大鼓代表人物董湘昆主要演唱短篇唱段的"鼓曲"化节目,具有明显的区别。如今京东大鼓的表演者,承袭的是董湘昆一路的"鼓曲"式京东大鼓,而非当年以刘文斌为代表的"三杆大旗"的"鼓书"式"蔓子活"。换言之,原本说唱相间表演的"小书"类"鼓书"形式的京东大鼓,如李寿祥先生所言,现处于失传的状态。

除了京东大鼓"三杆大旗"外,此时活跃于电台的艺人,还有于景元、田相奎、梁德明三位。

梁德明于1936年6月17日至19日,连续三天登上青年会电台,在《大公报》电台预告中标注为"平东大鼓";同年8月9日,他以"梁德铭"之名出现在电台预告中,标注为京东大鼓,这四次节目预告均未提及所演节目。

真正能与"三杆大旗"比肩的,是于景元和田相奎。

据《大公报》"广播无线电"所载,1935年8月2日至11月6日,于景元在仁昌电台说唱《包公案》和《水牢双合印》(又称《双合印》);同年11月19日至1936年3月17日,于景元在仁昌电台说唱《红凤配》(疑为《红鸾配》);1936年6月1日,于景元开始在东方电台说唱《双合印》,直至同年11月19日。1936年6月24日至8月31日,田相奎在青年会电台说唱《刘公案》。于景元在电台广告中标注过"京北大鼓",后来在《东方新新影院联合游艺会》的节目预告中采用了京东大鼓,田相奎在电台宣传时均使用"平东大鼓"。1936年12月27日,《大公报》一篇题为《刘文斌平东大鼓今日在新新献技》的消息中,也将刘文斌称为"平东大鼓"名家。由此可见,

---

① 董湘昆:《董湘昆京东大鼓文集》,中国文史出版社2007年版,第21页。

在京东大鼓的传播发展过程中，京东大鼓在当时的天津，曾被称为"平东大鼓"。

### 三、小结

京东大鼓最初只流传于京东地区的几个县域，是刘文斌等人在20世纪20年代将其带到了天津城区。当然，出生于天津宝坻的刘文斌并非有意识地将其带往城市。宝坻有独特的"剃头匠"文化，晚清学者林传甲曾在《大中华京兆地理志》中记载："县东人民多整容业，在京者俗名剃头棚，今称为理发馆，东三省各县，无不有宝坻人操理发业者，虽为毫末小技，却是顶上工夫。"①甚至在京津冀地区及东北等地出现了"剃头挑子出宝坻"的流行语。刘文斌当初进入津城，也是以"剃头匠"的身份前去谋生的——白天剃头，晚上在街头说书，后来逐渐有了名气，开始在茶园、杂耍场专门说唱大鼓书。

私营电台的发展是刘文斌成名的契机。20世纪30年代后期是私营电台发展的黄金期，私营电台的发展，带来了天津鼓书及鼓曲传播市场的巨大变化。杂耍场、游艺场开始变得不景气，底层艺人的生计渠道被压缩。但与此同时，鼓书及鼓曲借助电台巨大的传播效果，拓展了听众范围，从另一方面也拓宽了演出市场，有利于提高艺人的知名度。刘文斌与他的同行，正是在这种情况下抓住了机会，成为最早在电台表演的艺人之一。紧接着他又在30年代中后期活跃于天津四大私营电台，并将其所表演的曲种定名为京东大鼓。这也使京东大鼓发展成一种具有独特风格的曲艺品种。而这些都是在私营电台这个传播载体上完成的。

从业余街头卖艺，到杂耍场行艺，再到与电台签订合同进行演播，刘文斌们的人生轨迹，是京东大鼓传播市场变迁的缩影。《大公报》当年的广告及报道，无疑是对这段历史的别样保存。当1937年四大私营电台因时局动荡相继关闭后，京东大鼓也就渐渐衰落下来。直到20世纪六七十年代，随着董湘

---

① 林传甲：《大中华京兆地理志》，中国青年出版社2012年版，第210页。

昆演唱的"鼓曲"式京东大鼓再次借助电台传播,"京东大鼓"出现了极具影响力的复苏。但原本说唱相间表演的"鼓书"式京东大鼓及其中长篇,再未能够得以恢复和传扬。其间的因由,值得进一步深思。

(高万鹏　天津师范大学文学院中国古代文学专业2019级在读博士研究生)

# 学科建设

董大汗

# 20世纪中国曲唱音乐本体特征研究述论*

【内容提要】综观20世纪的曲唱音乐研究，关于其本体特征研究的成果还是较为丰硕的。但因曲艺学界历来缺乏集中展示研究成果的专业平台，所以这些成果多半散见于其他各类报纸杂志。当下学界既缺乏对这些成果的集中搜集，更缺乏对该类研究成果的再行研究，这就从一定程度上影响了整个曲艺理论建设和今后的发展。有鉴于此，本文搜集了20世纪曲唱音乐本体特征研究的一些主要成果，在对其研究状况进行客观描述的基础上，试图对其中的成败得失给予笔者个人的一点解读与评论，以期为当下乃至今后的曲唱音乐研究，提供一个"学术史"的参照坐标及"成果论"的观照参考。

【关 键 词】20世纪　中国唱艺音乐　本体特征研究

虽然曲艺音乐在其形成和发展过程中与戏曲音乐、民间歌舞音乐等姊妹艺术息息相关，但当我们将曲艺音乐作为一种独立的音乐形态或者大多数曲种的重要构成因素，纳入学术范畴进行学理层面的专门研究时，除了考虑到

---

\* 本文据作者硕士学位论文的部分章节摘编。题目中的"曲唱音乐"原作"曲艺音乐"。因曲艺中各种相声及评书评话类曲种没有本体性的音乐构成，使用"曲艺音乐"的概念，逻辑上难以周延。为使表达更加学理化，本次发表时，将此概念在标题及"内容提要"中规范为"曲唱音乐"（即曲艺中有音乐性本体构成的曲种所拥有的"说唱音乐"。之所以也不采用"说唱音乐"的概念，也因其所蕴含的音乐类型，不只在曲艺的相关曲种中存在，亦即"说唱音乐"的范畴比"曲唱音乐"要大且包含了"曲唱音乐"），正文部分考虑到文献引述等的方便，仍以"曲艺音乐"行文。

曲艺音乐与其他艺术形式之间的密切关联外，更需要关注曲艺音乐作为一种相对独立的形态类型，与其他相关艺术形式相比，存在哪些本质方面的区别，亦即具有什么独立存在和研究的理由。这一点，正是曲艺音乐本质特征研究的要旨所在。

根据 20 世纪曲艺音乐本体特征研究成果的具体内容，本文将其大致概括为两大类：曲艺音乐本质特征研究和曲艺音乐一般特征研究。在此二类研究中，既包括从整个曲艺音乐的宏观角度展开的特征研究，也包括从曲艺音乐具体曲种的微观角度展开的特征研究；前者为客观、准确辨析曲艺音乐与其他艺术形式之间的联系与区别提供了依据，后者为相关曲种的归属问题的解决提供了依据。

### 一、20 世纪中国曲艺音乐本质特征的研究与辨析

曲艺音乐之所以区别于戏剧、音乐、舞蹈、杂技……而成为一个独立的艺术门类，就在于曲艺音乐具备其自身的本质特征。研究曲艺音乐的本质特征，其目的就在于弄清楚为什么曲艺音乐就是曲艺音乐，而不是戏曲音乐、歌舞音乐；进一步说，就是要弄清楚曲艺音乐与戏曲音乐、歌舞音乐等音乐类型之间的本质区别。

从实际搜索结果来看，20 世纪有关曲艺音乐本体特征的讨论，直到 1949 年之后才有所涉猎，其中，以 1960 年作家出版社出版的《曲艺音乐研究》为标志。总结来看，该著将曲艺音乐特征大致概括为以下 3 个方面：一是音乐与语言紧密结合。二是演员乐器不离手，这也可以说是说唱形式本身的特点。三是能够配合曲艺艺术这种叙事和代言相结合的表现手法，由一两个演员模拟多种人物角色，用音乐和语言表现一部完整的、情节曲折的富有戏剧性的故事。[①]

---

[①] 参见白凤岩、良小楼、王万芳、马增芬、章辉集体讨论，章辉执笔《曲艺音乐研究》，作家出版社 1960 年版，第 5—10 页。

该著关于曲艺音乐特征的论述，对于整个 20 世纪曲艺音乐基本特征研究或其后的相关研究来说，可以称得上是一种开创式的研究。首先，该著是 20 世纪最早从学理意义上关注曲艺音乐基本特征的。其次，该著所阐述的曲艺音乐基本特征成为此后相关研究的重要借鉴与参考，也就是说，此后的有关曲艺音乐本质特征的研究，都是在《曲艺音乐研究》的基础上或补充或延伸的。

如果将《曲艺音乐研究》视作曲艺界最早从学术意义上论及曲艺音乐本体特征的研究成果的话，那么 1964 年版的《民族音乐概论》则可以视为音乐学界最早从学理意义上关注曲艺音乐本体特征的一项重要研究成果。该著指出：

> 说唱音乐，作为一种叙事性的音乐体裁，它的特点之一就是说与唱的结合。这种说与唱相结合，文学与音乐相结合的艺术形式，是我国人民的一项卓越的创造，这里面有着极其丰富的艺术经验。①

在此基础之上，《民族音乐概论》还从曲艺音乐的结构原则、曲艺音乐的创腔规律、曲艺音乐的表演及演唱、曲艺音乐的伴奏等方面对曲艺音乐的相关特点给予了较为详细的论述。分析来看，《民族艺术概论》中所提出的，曲艺音乐具有说与唱相结合的特点，其实就是音乐与语言紧密结合的另一种表达，其观点与《曲艺音乐研究》基本一致。

进入 20 世纪 80 年代以后，越来越多的来自曲艺界、音乐界以及其他相关学界的专家、学者相继加入研究行列，围绕曲艺音乐的基本特征、本质特征、艺术特点、艺术特色等问题，纷纷著书立说，取得了较为丰硕的成果。

1983 年版的《中国大百科全书·戏曲曲艺》将曲艺音乐的艺术特征大致概括为三点：曲艺音乐是以叙述性为主，而又能使叙述性与抒情性互相转换，和谐统一，丰富多彩的音乐类型；曲艺演员的表演是一种模拟的性质，而不

---

① 中国中央音乐学院音乐研究所编：《民族音乐概论》，人民音乐出版社 1964 年版，第 136 页。

是全然进入角色的表演；少数做唱类曲艺形式，虽有角色划分，但只以声音（说唱）来表现人物的独白、对白，而且常有一人兼唱两三个角色的情况，所以仍然与说唱音乐相近，而不同于戏曲唱腔音乐。

王保安在《曲艺音乐改革小议》中提出：曲艺音乐作为一种叙事性的音乐体裁，其特点之一是说与唱相结合，文学与音乐相结合，是我国劳动人民的一项卓越创造。[①] 宋阳在《说唱音乐的形成及发展》中指出："说唱音乐，作为一种叙事性的音乐体裁，其典型特点就是在艺术表现的过程中说与唱、文学与音乐的结合。"[②] 连波在《中国民族音乐大系·曲艺音乐卷》中，将曲艺音乐的艺术特点概括为："曲艺音乐既是音乐，也是语言的艺术。"[③] 对这一特点的具体表现，作者分别从说唱结合、节奏变化、声音造型、伴奏功用等4个方面给予了详细论述。刘振南在《中国曲艺音乐的特征》中表示，说唱性原则，自始至终贯穿于曲艺音乐唱腔发展的整个过程。这一原则使得曲艺音乐的语言音调与旋律音调有机融合起来。一方面，使得语言音调同音乐逻辑相组合而音乐化；另一方面使得旋律音调同词义相结合而语言化，从而产生了单凭语言音调或旋律音调都不可能具有的表现功能。作者认为："没有说唱性，便没有曲艺音乐。"[④]

于林青在《曲艺音乐概论》中结合前人相关研究成果，从11个方面概括了曲艺音乐的艺术特征：民间性与通俗性、说唱性、抒情性与叙事性的结合、继承性与变异性、可塑性与适应性、程式性与灵活性、即兴性、地区性、造型性、技艺性及简便性。

客观而言，上述11项内容如果作为曲艺音乐的一般性的艺术特征来说，是无可厚非的，但要把这11项内容都视作曲艺音乐基本特征或本体特征，就有失偏颇了。因为在此11项内容中，有些特征并不是曲艺音乐独有的，比如

---

① 参见王保安：《曲艺音乐改革小议》，《乐府新声（沈阳音乐学院学报）》1984年第1期。
② 宋阳：《说唱音乐的形成及发展》，《辽宁教育学院学报》1999年第6期。
③ 东方音乐学会编，连波执笔：《中国民族音乐大系·曲艺音乐卷》，上海音乐出版社1989年版，第13页。
④ 刘振南：《中国曲艺音乐的特征》，《中国音乐》1990年第2期。

说民间性与通俗性、继承性与变异性、可塑性与适应性、程式性与灵活性等，这些特征同时也是戏曲、民歌等艺术形式所具有的。

栾桂娟在《别具一格的曲艺音乐——概说曲艺与曲艺音乐（二）》一文中认为，曲艺音乐具有 3 方面的主要特点：以叙述性见长，保持口语化的说唱风格；与语言紧密结合，突出唱腔的音韵美；独特的演唱技巧与润腔方法。作者还强调，以上 3 个特点互为因果，紧密关联。这一观点，后来亦沿用在其专著《中国曲艺与曲艺音乐》中。

综观上述关于曲艺音乐本体特征研究，从具体内容来看，虽然各自立论的角度存在一定的差异，不过，认为"说唱性"或"语言与音乐相结合"是曲艺音乐的最主要的特征之一，是以上研究成果中共同认可的观点，也是目前学界普遍接受的观点。可以说，但凡论及曲艺音乐基本特征的研究中，"说唱性原则"都是其共有并首要强调的。

**二、20 世纪中国曲艺音乐一般特征的研究与辨析**

从现有研究成果来看，此类研究多以某个地区、某个民族或某个具体曲种为主。其中有直接性质的论述，也有间接式的讨论。毋庸置疑，通过对这些具体曲种艺术特色的把握，在便于了解曲种与曲种之间的内在区别的同时，也有利于我们更加准确地去把握曲艺音乐的本体特征。以下按照出版或发表时间的顺序，选取其中部分较具代表性的研究成果，并分述之。

20 世纪有关曲艺音乐曲种艺术特色的研究，最具全面、系统性的成果，当数分别肇始于 1983 年与 1987 年的《中国曲艺志》和《中国曲艺音乐集成》。此二项前无古人式的集成编纂，是对全国各地区、各民族曲艺音乐及其曲种最具系统性、全面性的搜集与整理。两大集成根据当时的行政区域划分，分卷对各省、直辖市辖内所具有的曲艺音乐及其曲种给予了全面而又细致的介绍，其中就包括曲艺音乐各曲种艺术特色的论述。事实证明，此二项集多人智慧而成的经典成果，为其后的相关研究提供了最为丰富的参考与借鉴，奠定了扎实的学术基础。

刘振南在《"唱书"音乐特征探索》一文中指出,"唱书"音乐具有"说唱性",音乐唱腔包含在旋律和唱词两个方面内。它同离开唱词独立发展的"旋律"概念有本质的区别,唱腔的腔调、调式、节拍、节奏、结构等的发展和变化,始终同唱词的语言声调、语气、语势、声韵格律、句式结构及其表意性密切联系,相互制约,相互补充,从而形成了"唱书音乐"鲜明的地方特色、曲艺特色及其艺术规律。① 连波的《苏州弹词的源流和特色》在考证苏州弹词形成及发展历史的基础上,总结概括了苏州弹词所具有的艺术特色,即弹词的演出形式灵活简便,较少受舞台、布景、道具、人数及空间与时间条件的限制;从流派唱腔的形成和发展规律看,苏州弹词是在继承某种流派的唱腔基础上,根据本人的审美情趣、文化素养、嗓音条件,在长期艺术实践中逐渐演化出不同唱腔风格来。② 李世斌的《二人台音乐的衍化及其艺术特点》在分析二人台音乐板式的变化,间奏和伴奏的形成,曲体和调式的发展,旋律的升华等方面的衍化发展的基础上,着重分析了二人台音乐在旋法及演唱方面的几个特点。其中,旋法方面,二人台音乐具有五声音阶式的连续级进;大跳音程的普遍应用等特点。而在演唱方面,二人台音乐的特点有演唱具有较强的即兴发挥性;演唱讲究"字正腔圆""声情并重"等特点。③ 朱敬修的《河南板头曲的音乐特点》指出,板头曲的结构特点以民间乐曲八板为母体,完整保留了八板的结构特点,全部采用68板,极少例外;板头曲在发展过程中,与流传地区各民间音乐相融合,形成自己独特的音乐语汇,具有河南民间音乐的色彩特征;板头曲的音阶使用有两种类型,一是在以八板原曲为基础的乐曲中,保留八板原曲的特点,使用五声音阶;二是不用八板原曲的乐曲,使用加变宫、清角的七声音阶。④

李丽虹的《胶州八角鼓的源流与艺术特色》对胶州八角鼓在其各个发展时期具备的艺术特色作出了较为详细的阐述。首先,胶州八角鼓在其雏形期

---

① 参见刘振南《"唱书"音乐特征探索》,《中国音乐》1991年第4期。
② 参见连波《苏州弹词的源流和特色》,《音乐艺术》1993年第3期。
③ 参见李世斌《二人台音乐的衍化及其艺术特点》,《交响》1983年第2期。
④ 参见朱敬修《河南板头曲的音乐特点》,《中国音乐》1993年第3期。

的特点主要是唱词的平仄、韵辙非常讲究,类似长短句的填词,且文字晦涩难懂,不容易被文化水平不高的普通民众接受。其次,在"下三流八角鼓"兴起带动胶州八角鼓迅速发展时期,胶州八角鼓的特点是不拘泥阴阳平仄,不受长短句填词形式的束缚,唱词朗朗上口,通俗易懂,故被听众誉为"拴老婆橛子";在改革唱腔、唱段的同时,伴奏、唱法也在改进和丰富,在不断开拓八角鼓演唱领域的基础上,选择更丰富,构思更巧妙。最后,胶州八角鼓在其全盛时期具有的特点是用标准的"胶州腔"演唱,有些唱腔曲牌与胶州秧歌的唱腔曲牌相一致。[1]王俊在《苗族曲艺——嘎百福歌的艺术特色和文化价值浅析》一文中指出,"嘎百福"最大的艺术特色是富有诗意并富哲理性;十分讲究押调,声律感强,是"嘎百福"的另一艺术特色。除此之外,"嘎百福"还具有以抒情为主、抒咏性为辅,朴实无华,语言干净、利落、洗练等艺术特点。[2]2000年版的《中国艺术教育大系·音乐卷·中国传统音乐概论》将曲艺音乐艺术特征的论述贯穿在其分类研究之中,即将艺术特征作为介绍每一类曲种基本情况的内容之一。如关于"牌子曲类"的艺术特征论述,作者主要从唱词按固定曲牌填词、唱腔的3种结构、唱腔风格及发展趋势等4个方面展开;而关于"鼓书类"的特征,则主要从唱词、唱腔结构、唱腔风格、流派的发展等方面进行具体论述。

与上述研究相类的成果还有刘桂腾的《单鼓音乐的艺术特征》,陈玉琛的《聊斋俚曲音乐的艺术特色》,马成富的《浅谈"折嘎"曲种名称、来历及其表演特色》,白驹的《必须保持二人台的艺术特色——也谈二人台的发展问题》,王凤云的《论二人台艺术的特色》,唐宁、唐艺的《从俚曲音乐的曲式结构感情色彩析它的艺术特色》,索次的《论〈岭仲·格萨尔〉说唱帽的艺术特色》,张春梅的《〈岭·格萨尔王传〉说唱音乐风格》,周良的《苏州评弹的艺术特征》,等等。这里就不再一一细述了。

虽说上述研究并不属于专题性的曲艺音乐本体特征研究范畴,但作为由

---

[1] 参见李丽虹《胶州八角鼓的源流与艺术特色》,《民俗研究》1997年第3期。
[2] 参见王俊《苗族曲艺——嘎百福歌的艺术特色和文化价值浅析》,《中国音乐》1999年第1期。

若干个具体曲种构成的曲艺音乐来说,此类研究成果的普遍存在,不但有利于我们从根本上把握其中相关曲种的基本情况,从而为如何促进这些曲种在当下乃至今后更好地传承与发展,提供了较为直观的参考与启发,更重要的是为我们从宏观角度把握曲艺音乐本体特征奠定了必要的理论基础。

另据 20 世纪关于曲艺音乐本体特征研究成果来看,还有一些关于某个地区或某个少数民族曲艺音乐艺术特点的研究。如原作哲的《陕西曲艺音乐的艺术特色》(一、二)、石尚彬(水族)的《试论布依族民间说唱的艺术特色》、索朗次仁的《西藏说唱艺术品种及其艺术特色》、马成富的《谈〈格萨尔〉史诗形成、流变及唱腔特点》、过伟的《侗族曲艺的艺术特色》等。另有陈谦文的《张明智湖北大鼓演唱的六大特点》、辜彬彬等的《试论蒋(月泉)调的艺术特色》等文,是关于一些曲种流派或代表人物在曲艺音乐表演方面特点或特色的研究。其中,《陕西曲艺音乐的艺术特色》(一、二)指出,陕西省境内的曲艺音乐除了具有曲艺共有的依字行腔、说唱结合、一人多角、自弹自唱的特点外,还有其自身的几个较为突出的艺术特色。《试论布依族民间说唱的艺术特色》将布依族民间说唱的艺术特色归纳为:布依族民间说唱是一种有说有唱、韵散结合、以说为主、以唱为辅的综合表演艺术。①

如果将上述研究视作直接性的曲艺音乐本体特征研究的话,那么,在 20 世纪曲艺音乐研究成果中,还存在一部分通过比较方式来探讨曲艺音乐本体特征的研究成果,本文暂且将其称为"间接式"的曲艺音乐本体特征研究。有通过与戏曲、戏剧艺术相比较,从而得出曲艺音乐具有哪些有别于戏曲、戏剧艺术的本体特征的研究,如桂遇秋的《弹词与黄梅戏传统剧目的关系》、李家耀、刘永来的《叙事体戏剧与中国评弹》、袁明的《蒲松龄俚曲与淄博五音戏》等;有通过曲艺音乐与民歌的比较分析,从而阐释曲艺音乐相比于民歌具有哪些独有的特征的,如陈进德的《二人台音乐与我国北方民歌》等;还有通过对曲艺音乐部分曲种与语言、方言之间所具有的某种关系的分析与总结,从而为"说唱结合"作为曲艺音乐最主要的本质特征提供相应的佐证,

---

① 参见石尚彬《试论布依族民间说唱的艺术特色》,《贵州民族研究》1994 年第 1 期。

如陈爽的《透视单弦音乐与语言的关系》，罗福腾的《〈聊斋俚曲〉与淄博方言的比较句》，周青青的《我国的说唱艺术与文学和语言》，张祖健、李世红《谈谈用普通话说唱评弹——兼论曲艺与方言的关系》，赵金虎的《方言语韵与"二人台"传统唱腔》，贾立青的《模糊语言与说唱艺术的写意性》等。

关于20世纪曲艺音乐本体特征研究有必要提及的是，1987年4月中旬，中国曲艺家协会研究部与河南省曲艺学研究会联合主办了全国曲艺座谈会。此次会议的主题就是关于曲艺的基本特征和当代曲艺的发展趋势的交流与探讨。虽然本文所论均属于"曲艺"本质特征的研究，但曲艺音乐作为曲艺艺术的重要组成部分，从某种程度上来说，曲艺艺术某些特征也是基本适用于曲艺音乐的。

鲁直在《关于曲艺基本特征的不同意见》[①]一文中总结了这次会议讨论的具体情况，列举了与会代表们提出的几个具有代表性的观点。其中，有对"说法现身""一人多角、跳进跳出""以语言为主讲故事的艺术"等观点的重申；也有一些与会代表对此提出质疑，并通过多方论证，提出了一些新的见解；还有的从民间文艺、曲艺音乐本质的角度以及具体曲种的归属分析中，对曲艺的本质特征给予认定。

1989年出版的《曲艺特征论》是一部集中探讨曲艺（曲艺音乐）本质特征的论文集，该著收集有关曲艺音乐本质特征的研究论文10多篇，其中从曲艺角度谈及曲艺音乐的有薛宝琨的《论曲艺的本质和特征》、戴宏森的《论曲艺的艺术特征》、段宝林的《曲艺特性初探》、谢学秦的《音乐化的朗诵　朗诵化的音乐——简论曲艺特征》、任骋的《曲艺本质论》、刘梓钰的《曲艺基本特性试论》、张林的《曲艺的本质》等。不过，题为曲艺音乐基本特征研究的，仅有栾桂娟的《简论曲艺音乐的基本特征》一篇。作者首先提出了两条概括曲艺音乐特征的具体方法：一是联系曲艺的总的艺术特征来分析音乐的表现特点。二是从曲艺音乐与其他音乐类型的比较中看它自身的特征。文章将曲艺音乐的基本特征概括为以下3点：以叙事性见长，音乐与语言结合得

---

① 参见鲁直《关于曲艺基本特征的不同意见》，《文艺研究》1987年第5期。

最密切，不同于其他姊妹演唱艺术的独特的演唱技巧。①

### 三、结语

正确认识、深入探究曲艺音乐本体特征，是推动并深化曲艺音乐乃至曲艺艺术理论建设的必要门径，也是升华和提振曲艺音乐创作的重要杠杆。合理把握与深入研究曲艺音乐的本体特征，对保障曲艺音乐优秀艺术传统的正确传承，尤其是科学指导曲艺音乐在当下的改革都是不可或缺的。最直接的一点就是，对曲艺音乐本体特征的准确把握，是明晰什么是曲艺音乐而什么又不是曲艺音乐，进而知道如何继承且创新才能更加符合曲艺音乐的基本艺术规律，而不致发生偏差甚至南辕北辙的基本保障。

通观20世纪曲艺音乐本体特征研究，大致具有以下几方面的特点：第一，虽然对于曲艺音乐本质特征或基本特征的探讨存在诸多不同的见解或观点，但有几个方面的特征是学界一致认同的，如曲艺音乐的说唱性特征，曲艺音乐与语言紧密结合的特征，曲艺音乐"一人多角"的表演特征，曲艺音乐叙事与代言相结合的特征，等等。第二，关于曲艺音乐本质特征及艺术特点的研究主要还是集中在微观性的研究之上，在曲艺音乐宏观性研究方面的成果比较缺乏。第三，在早期从事曲艺音乐本质特征研究的人员队伍中，大部分是民俗学家、民间文学学者以及少数的音乐工作者。从这一时期开始，研究队伍多以音乐学研究人员以及部分专业从事曲艺学理论研究的学者为主，同时也包含少数从事实践创作或舞台表演的人员。第四，对于少数民族曲艺音乐本质特征及艺术特点的研究虽说有了一定程度的涉及，但总体来说还是比较薄弱。

客观而言，20世纪曲艺音乐本体特征研究所取得的成绩不可否认，它们为我们正确认识曲艺音乐的本体特征提供了一定的参考，也为当下乃至今后

---

① 参见栾桂娟《简论曲艺音乐的基本特征》，载薛宝琨等《曲艺特征论》，中国曲艺出版社1989年版，第158—166页。

的曲艺音乐本体特征研究打下了相应的基础。只是，相比曲艺音乐的博大精深，20世纪曲艺音乐本体特征研究，无论是本质特征研究，还是一般特征的研究，都是比较薄弱的，甚至存在着诸多的问题与不足。当然，这些问题与不足的形成，既有社会历史的原因，也有学界对于曲艺及其曲艺音乐不够熟悉和重视的原因，更有研究队伍的构成及知识结构和学理观念无法很好满足研究需求的问题。相信这些问题会在未来的发展中逐步得以解决。

（董大汗　中国音乐家协会研究处处长）

王雪萌

# 冯光钰曲唱音乐研究述论

【内容提要】冯光钰是我国著名的音乐学家和音乐教育家,他一生致力于音乐学研究,其中有关曲唱音乐的研究是其学术研究中比较重要的部分。本文从曲唱音乐基础史论研究、曲唱音乐应用实践研究以及方法路径及学术品格三个方面对冯光钰的相关学术成果进行梳理,以期能对今后的曲唱音乐研究提供参考和借鉴。

【关 键 词】冯光钰　曲唱音乐　基础史论研究　应用实践研究

冯光钰是我国著名的音乐学家和音乐教育家,他一生致力于音乐学的研究,出版和发表了多部专著和论文,其内容涉及极其广泛,"既谈乐话书论人,也有许多专题性的学术研究;既涉及音乐创作、音乐理论,又涉及音乐表演与音乐教育;既重视专业音乐,又广泛关注群众性的音乐文化生活;从传统到现代,从中外到古今,各种音乐事象,都在他的视域之内"[①]。可以说,冯光钰先生是一位知识面十分宽广、学术视野较为开阔的音乐学家。由于专业方向的原因,我更加关注他对曲唱音乐的研究。这个领域也是冯先生学术研究中非常重要并富有特色的一部分,通过梳理总结其学术成果,可以为以后的曲唱音乐研究提供参考和借鉴。

---

① 樊祖荫:《毕生奉献于中国民族音乐事业——怀念冯光钰先生》,《人民音乐》2011年第6期。

说到曲唱音乐研究，首先要对"曲唱音乐"这一概念做一些解释。曲唱音乐是指"曲艺中有音乐性构成的曲种所包含的各种说唱音乐"。[①] 这个概念非常明确地将曲艺艺术中音乐性构成的事象全部涵括。在冯光钰先生的研究中，以及以往很多人对曲艺的音乐研究中，使用的是"曲艺音乐"这个概念，这似乎成了大家约定俗成的一种称谓。虽然这一概念也可以作为曲艺中有音乐性成分的曲种之音乐构成的一般性称谓，但是这种表述作为理论术语却不够规范和严谨，因为曲艺的曲种非常丰富，具体的"说唱"表演方式，就包括说的、唱的、又说又唱的以及似说似唱的四种情形，按照审美创造的功能特点来分，可以将曲艺划分为"说书""唱曲"和"谐趣"三种类型，其中像"说书"曲种中的"评书评话"类曲种，以及"谐趣"类曲种中的"相声"等曲种，都没有必然的音乐性构成。所以在讨论曲艺的音乐构成时，"曲艺音乐"这个概念会太过笼统，无法涵盖所有曲种类型。如果是不熟悉曲艺的人听到"曲艺音乐"这个概念，会认为曲艺的所有曲种都是包含音乐性成分的。这与"戏曲音乐"的概念有所不同。我们知道音乐是所有戏曲剧种必不可少的构成因素，所以采用"戏曲音乐"的表述来讨论戏曲的音乐构成时是不会有任何异议的。但是"曲艺音乐"的概念则不然。纵观冯先生有关曲艺中的音乐研究，其研究对象主要集中在"唱曲"类曲种以及"说书"类曲种中的又说又唱曲种。其研究对象属于"曲唱音乐"的范围。为了行文更加严谨和规范，在本文的论述中，便将冯光钰先生所用的"曲艺音乐"概念，采用"曲唱音乐"的概念进行指称。

冯光钰先生有关曲唱音乐的研究成果非常丰富，已知出版专著4部，分别为：《怎样谱写四川清音》（1978年）、《怎样谱写四川扬琴》（1980年）、《曲艺音乐传播》（2001年）、《多重视野中的曲艺音乐》（2004年）；发表论文11篇，分别为：《对曲艺音乐现状及前景的思考》（1986年）、《中国曲艺音乐研究的几个基础理论问题》（1992年）、《曲艺音乐的传播》（上）（2000年）、《曲艺音乐的传播》（下）（2001年）、《鼓曲类曲种音乐的传播》（2001年）、《牌子曲类曲种音乐的传播》（2001年）、《中国曲艺音乐研究百年回眸与瞻望》（2002年）、

---

① 吴文科：《中国曲艺通论》，山西教育出版社2002年版，第295页。

《从地域文化看曲艺唱腔流派》(2004年)、《对曲艺中说与唱创作规律及演唱技巧的探讨》(2005年)、《曲艺学学科建设与曲艺音乐研究——中国艺术研究院曲艺研究所成立20周年感言》(2007年)、《论河南板头曲的音乐结构》(2011年)。除此之外,还有《四川清音传统曲目选(续集)》(1960年)、《四川清音音乐初探》(1961年)、《四川曲艺音乐研究》(1976年)三部由四川音乐学院出版的油印本,但由于距今年代久远,而且油印本收藏不多,所以暂时不能看到具体内容。另外,他还参与编著《中国传统声乐卷·曲艺音乐卷》及《中国曲艺概论》(2015年,撰写其中一章),参与编撰民族音乐集成,担任《中国曲艺音乐集成》的副主编,参与起草了集成的编辑方案,并负责日常的编纂工作。除此之外,还有多部著作和文章都涉及曲唱音乐的内容。可以说,曲唱音乐研究是冯先生学术研究中的重要组成部分。通过梳理其研究成果,可以发现冯先生的研究视野非常开阔,不仅从多个角度来分析曲唱音乐本身,还十分关注曲唱音乐研究的理论建构。其学术成果为以后的曲唱音乐研究带来了参考和借鉴,并且其研究方法和研究经验,也给今后的研究带来了启发。本文将从曲唱音乐基础史论研究、曲唱音乐应用实践研究、方法路径及学术品格三个方面对其进行梳理。

## 一、曲唱音乐基础史论研究

冯光钰先生的曲唱音乐学术成果中,绝大部分都属于基础史论研究。其研究不仅成果丰硕,而且视角多元,为曲唱音乐研究带来很多新的思路和方法。

首先是从传播学的角度出发,来探讨曲唱音乐的历史发展、分类、特点以及曲种传播的特点。从20世纪80年代以来,冯先生致力于中国传统音乐的传播研究,先后发表了多部著作和多篇文章,提出了一个全新的概念:"同宗"音乐。这个概念的提出,基于他在多年的研究学习中接触到了许多流传各地的民歌、器乐曲、戏曲和曲艺节目。特别是冯先生在参与编纂民歌、器乐曲、戏曲、曲艺四大民族音乐集成的过程中,有机会接触到更多的民族音乐资料。他发现它们虽然风格不尽相同,但旋律却有颇多相似之处,这引发了他对同一曲目的母体和千变万化的众多变体现象的思考。他曾说过:"借用'同宗'一词,是想说明我国民族音乐广泛存在着与人类种族的'同族'或'同姓'相似的现象。笔者认为,用'同宗'一词来概括中国民族音乐的衍化,表明传统音乐与中国文化(包括姓氏文化)的繁衍有许多共同之处,将其借用来表述具有这种性质的音乐,称之为'同宗音乐',作为一个新的音乐概念术语,也是明晰简练和准确贴切的。"① 其后,他用"同宗""传播"的视角,将其全面地运用到对传统音乐的探讨中。而曲唱音乐作为他的研究对象之一,自然也受到了极大的关注。

在1992年发表的《中国曲艺音乐研究的几个基础理论问题》一文中,他就已经提出了要从传播的角度对曲唱音乐史进行研究。他提到:"曲艺音乐的发展历史,有着继承的纵向经脉,在每一个发展阶段,又总是存在着曲种之间、曲艺与其他艺术之间的横向的多维交流。因此,对曲艺音乐史的研究,在纵向和横向两个方面都不应忽略,以求得立体地探讨曲艺音乐发展演变的轨迹。"② 进而他提出要进行纵向继承发展研究和横向交流发展综合性研究。特别是在谈到横向交流发展研究时,他提到"曲艺音乐从诞生开始就呈现出横向交流传播的多姿形态。这种多元互补的传播,构成了曲艺音乐在发展中与各种民间文艺交流融合的过程。从某种意义上来说,曲艺音乐正由于不断融入了其他民间文艺的优长之处,才得以逐渐丰富和走向成熟"。③ 进而提出几种横向流变的可能影响因素:一、疆域变迁、流民迁徙对曲艺音乐传播的促进;二、曲艺音乐与其他民间文艺之间的互相借鉴、移植的比较研究;三、曲种音乐之间彼此借鉴吸收的比较研究;四、曲艺艺人的行艺演唱,促进了曲艺音乐的传播交流。冯先生将传播学理论与曲唱音乐研究相结合,为曲唱音乐史的研究提供了新的思路与框架。

在此后,冯先生发表了《曲艺音乐的传播》《鼓曲类曲种音乐的传播》《牌子曲类曲种音乐的传播》等文章,这些文章都是从音乐传播学的角度来讨论曲

---

① 冯光钰:《中国民族音乐的传播变迁与"同宗"现象》,《中国音乐》2003年第2期。
② 冯光钰:《中国曲艺音乐研究的几个基础理论问题》,《音乐研究》1992年第4期。
③ 冯光钰:《中国曲艺音乐研究的几个基础理论问题》,《音乐研究》1992年第4期。

唱音乐的源流与发展。通过多年来对曲艺曲种的研究与分析，以上有关曲唱音乐横向流变的影响因素都得到了证实；并且他看到了前人对曲唱音乐分类的不足，提出了一种新的曲唱音乐分类方法：采取曲种的横向传播与音乐形态（含伴奏方式）特点相结合的方法，将我国众多的音乐性曲种分为牌子曲、鼓曲、弹词、道情渔鼓、琴书、本土小曲6大类。这些学术成果的发表，为曲唱音乐研究提供了新的视角。上述研究成果可以为曲种史的研究、曲种间的异同、曲种音乐结构的流变研究等方面提供思路。而且他对于各个类型的曲唱音乐进行的具体分析，为我们提供了研究范本。

其次是从文化学的角度出发，从地域文化的角度来探讨曲艺音乐。在《从地域文化看曲艺唱腔流派》一文中，他认为曲艺唱腔流派的形成，直接受到地域文化土壤的孕育和熏陶。地理自然条件和人文环境对流派的产生有重要影响。他创造性地将曲艺唱腔流派分为地域性唱腔流派和个人曲艺唱腔流派。他认为"地域性曲艺唱腔流派饱含着曲艺演唱家群体的独特创造，自然地形成了一些颇具地方风格的地域性曲艺唱腔派别"，而"个人唱腔流派则是某些具有杰出艺术造诣的演唱家，充分发挥自身的天赋和才华创立的附有个性的唱腔流派，大都冠以创始人的姓氏，命称其为某派某调"。[1]前者侧重与地域文化的关系，后者虽也与地域文化有关，但更侧重个人风格对唱腔的影响。我国地域广阔，民族众多，从地域文化角度上研究曲唱音乐是非常必要的。以往的曲艺研究中，也或多或少地对这方面有关注，但像冯先生这样以地域文化为视角来探讨曲艺唱腔流派的独特性的研究是非常少见的，特别是曲艺曲种众多，曲艺唱腔流派的形成也纷繁复杂，这就为今后的唱腔流派分类研究提供了思路。

再次是从音乐形态学的角度出发，对曲种的曲牌、音乐结构等方面进行研究。其论文《明清俗曲【银纽丝调】【绣荷包调】【对花调】考略》一文，对明清俗曲中最流行的三首俗曲的源流做了初步考证，并附有清代及民国出版物刊载的工尺谱，说明虽经长期传唱演化，但各地的变体仍"万变不离其宗"。虽然这篇文章并不是直接研究曲唱音乐的，但由于很多曲唱音乐，特别是牌子曲

---

[1] 冯光钰：《从地域文化看曲艺唱腔流派》，《星海音乐学院学报》2004年第4期。

类的音乐会用到很多俗曲或者小曲作为曲牌来使用，作者也提到像【银纽丝调】就有很多曲艺曲种进行使用。这篇文章可以为我们研究牌子曲类的曲种的历史源流以及曲种与曲种之间的流变关系提供重要的参照。在《论河南板头曲的音乐结构》一文中，对河南大调曲子的重要组成部分"板头曲"进行分析，通过对板头曲的多种板别、音乐句法及主题音调、特性音调贯穿运用等方面进行研究，使我们非常直观地了解了板头曲的音乐结构，并且冯先生对板头曲的分析方法也为其他曲种的音乐结构分析提供了方法论的指导。

除此之外，冯先生还十分关心曲唱音乐研究发展的历史脉络与现状，并对未来的曲唱音乐研究提出了期望。在《中国曲艺音乐研究百年回眸与瞻望》一文中，他将20世纪的曲艺音乐研究分为三个时期，分别进行了梳理和分析。他认为20世纪曲唱音乐研究的特点是："以文献研究为基础，技法研究为轴心，创新研究为支柱。"[①]并且冯先生还看到了曲唱音乐研究中的不足，提出应加强文献考索，进一步开拓研究方法和视野。我认为这篇文章十分重要，因为它提供了非常多的信息，比如对曲唱音乐书籍和论文的梳理和分类、对各部著作和论文的主要内容的总结以及对各个时期曲唱音乐研究的特点和不足的分析。这是一篇优秀的有关曲唱音乐研究的综述。大家可以通过这篇文章来找寻自己想要了解的曲唱音乐研究的相关信息。

在《曲艺学学科建设与曲艺音乐研究——中国艺术研究院曲艺研究所成立20周年感言》一文中，他也对曲唱音乐研究的现状做了分析总结，同时还对曲艺学学科的构建提出了自己的看法。他认为构建曲艺学学科任重道远，不仅要继续积累充实曲艺学的著作材料，完善理论体系，还要继续凝聚力量，真正形成曲艺学学科的研究群体。并且还提出曲艺学的研究范围很广，曲艺学家要运用理性的、逻辑的方法，深入研究曲艺艺术的性质、特点和基本规律、创作手法、表演技巧，探讨曲艺的沿革和发展的历史，比较各地区、各民族的曲种的特征及其发展道路。同时除了研究曲艺本身，还要研究与曲艺有关的诸因素以及它们之间的关系。也就是说，要从民俗学、社会学、历史学、大众文学、语

---

① 冯光钰：《中国曲艺音乐研究百年回眸与瞻望》，《音乐探索》2002年第4期。

言学、音乐学、美学等多种角度进行研究。除此之外,还要特别关注曲艺现实的发展。冯先生对于曲唱音乐研究的总结以及对曲艺学学科发展的殷切期望,让我们看到了一位音乐学家对自己事业的热爱,对中国传统文化的热爱。

在这里,还必须提到冯光钰 2004 年在香港华夏文化出版社出版的《多重视野中的曲艺音乐》一书。这本书从多种传播途径、口头传承、地域文化及艺术实践积累等多重视野观照曲唱音乐的发展历程、音乐形态及理论研究,内容丰富。此书中的大部分内容都是几十年来冯先生已经发表出来的学术成果,在此基础上又对其进行总结串联和深化,可以说是冯先生曲唱音乐研究成果的集大成著作。

### 二、曲唱音乐应用实践研究

除了对曲唱音乐基础理论的研究,冯先生还非常关注曲唱音乐的创演实践发展。在 1978 年和 1980 年,出版了《怎样谱写四川清音》和《怎样谱写四川扬琴》两部著作。在这两部书的前言部分,冯先生这样写道:"各地业余曲艺作者和音乐爱好者,希望能掌握曲艺音乐唱段编写的基本规律和方法。为了满足广大群众和各地开展文化活动的需要,我们出版了两本介绍四川曲艺音乐编写方法的小册子。"① 在这两本册子中,对四川清音和四川扬琴的常用曲牌、音乐布局和结构、唱腔变化发展的方法、如何做到"字正腔圆"以及伴奏的一般规律分别做了介绍,也可以说是一种普及。他用通俗且简洁的语言,将创作方法和技巧介绍给大家,使得所有人都能看懂和理解。从这两本册子可以看出他的良苦用心,他深深爱着四川这片他曾经生活和学习的土地,也深深被这片土地上的优秀传统文化吸引,他希望这些优秀的传统文化被世人知道,也希望有人能够继承和弘扬。

另外,还有两篇文章值得关注。一篇是《对曲艺中说与唱创作规律及演唱技巧的探讨》,文中他总结了曲唱音乐中对说与唱关系的艺术处理以及曲艺演

---

① 冯光钰:《怎样谱写四川清音》,四川人民出版社 1978 年版,前言部分。

唱技巧。他认为在曲艺说与唱的紧密关系中，突出地表现在三个方面：半说半唱中词与曲的结合、似说似唱中词与曲的结合、又说又唱中词与曲的结合。在论述时，还列举了很多例子，对很多曲种中的词曲运用进行分析，使得大家更直观地了解词曲的运用。在谈论曲艺演唱技巧时，重点论述了曲艺演唱的"字正腔圆"问题，提出了"音乐化的字正"概念。冯先生认为"曲艺演唱和创腔并不追求单个字像说话一样精确的字正，流连于一字一音的推敲而疏于唱腔音乐的整体观照，多采取'唱腔语句联字'的逻辑来判断其是否字正腔圆。如果采用单个字来分析词曲的结合，曲艺演唱和创腔必然会有不少'倒字'之处，然而听众却可清楚地听懂全句唱词的意思。曲艺演唱和创腔的这种现象，我们称之为'音乐化的字正'"①。由于曲艺是一种叙述性的表演艺术，言语的表达是最重要的，所以我们往往会强调字正，害怕"倒字"的出现，但曲艺唱腔中出现"倒字"并非不可，重要的是演唱和创腔者如何对唱腔音乐进行细致得当的处理。化"倒字"的劣势为"腔圆"的有利因素，从曲唱音乐的表现需要出发将唱腔加以适当的变化。这种"音乐化的字正"的艺术价值发挥的过程，正是曲艺演唱者和创腔者对字正腔圆的艺术规范的过程。这篇文章对实践中的曲艺创作进行了理论概括，为今后的创作者提供理论指导，意义重大。

在1986年，他在《对曲艺音乐现状及前景的思考》一文中对曲唱音乐如何发展，如何才能吸引更多的听众等问题进行探讨。在艺术观念上，他倡言"只有新的美才能满足新的观众"②，不能一成不变，在面对曲唱音乐的继承和创新的问题上，他认为"今后曲艺音乐的发展，仍需立足于传统的基础上，扩大源头，更广泛地像各种姊妹艺术学习借鉴，通过选择、组合、调配等一系列方式，不断调整传统的内部结构，使曲艺音乐在新的时代获得新的生命力，不断满足新的观众的欣赏需求"③。他还总结了曲唱音乐本身需要改革的方面："1. 知名演唱家普遍高龄年迈；2. 曲艺音乐队伍知识结构不够理想，文化水平偏低，整个艺术素养亟待提高；3. 腔调老化，节奏缓慢者居多，和当代人的心理及

---

① 冯光钰：《对曲艺中说与唱创作规律及演唱技巧的探讨》，《天津音乐学院学报》2005年第1期。
② 冯光钰：《对曲艺音乐现状及前景的思考》，《乐府新声（沈阳音乐学院学报）》1986年第4期。
③ 冯光钰：《对曲艺音乐现状及前景的思考》，《乐府新声（沈阳音乐学院学报）》1986年第4期。

生活节奏相去较远；4. 保留传统曲目不多，有的是缺乏新意的老故事；5. 艺术形式比较凝固化和唱法的陈旧感，缺乏时代的美感；6. 音乐伴奏比较单调呆板。"① 除此之外，他还认为曲唱音乐形式的发展不能适应内容的变化，也是一个亟须改编的方面。还有，由于曲唱音乐理论的薄弱，也制约了曲艺音乐的实践，并且还需要对听众审美趣味进行研究。在这里，冯先生的分析是非常全面、具体，而且是一针见血的。

非常值得思考的一点是，这是三十五年前冯先生认为曲唱音乐创演不足的地方，但如今的曲唱音乐创演之中这些问题依然存在。这首先说明冯先生在当年就已经对曲唱音乐创演实践中问题产生的原因非常清楚，将曲唱音乐创演研究得相当透彻，同时也说明即使这些问题早已提出，但并没有引起重视。一直以来，对于理论的研究和学习，都不太受到创演人员的重视。由于缺少理论意识，创演人员不能客观地看待曲艺创演，也忽略了学者对创演的批评。现在看来，重视理论是非常必要的，理论是在实践的基础上形成的，反过来又会指导实践，只有理论与实践相结合，才能促进曲艺创演持续健康地发展。

### 三、方法路径及学术品格：扎根民间

通过对冯光钰先生学术成果的梳理，我最大的感受就是他不仅学术视野开阔、理论素养深厚，更重要的是他对曲唱音乐的了解与喜爱。他并不是单纯只针对一个曲种的研究，而是对含有音乐性曲种的曲唱音乐的全面研究，这并不是一件易事，他之所以能够做到，完全得益于他多年来对曲唱音乐非常深入的调查研究。在研究中他十分重视理论与创演实践的结合，不仅十分熟悉曲唱音乐的表演，而且善于从曲艺艺人那里获取相关的音乐知识。这是曲唱音乐研究，或者说中国传统音乐研究中必不可少的。

冯先生曾经在《曲艺音乐传播》一书的序言《民间艺人——我的音乐老师》中，回忆了自己在研究中国传统音乐包括曲唱音乐时的一些经历。在文中，

---

① 冯光钰：《对曲艺音乐现状及前景的思考》，《乐府新声（沈阳音乐学院学报）》1986 年第 4 期。

冯先生回忆自己当初在音乐学院学习时，经常去有曲艺演出的茶社观看演出，并且在茶社中结交了很多曲艺界的人士，与他们聊天交谈。他在文中写道："当我每每利用课余时间和星期天到五一文化茶社光顾时，常常与仰慕久已的川剧、曲艺界艺人不期而遇。民间艺人自来有饮茶的习惯，他们把为其斟一杯茶视为敬重之举。当'么师'（茶馆服务员）用长嘴茶炊往盖碗茶杯里冲上些开水后，他们的话匣子就打开了，立即侃侃而谈起来，似乎没有茶饮，就难以有谈兴一样。从此，这个茶社成了我向民间艺人学习的特殊'课堂'。"① 冯先生深谙与人相处之道，要尊重艺人，了解他们的习惯，因为只有相互熟悉后，艺人才愿意敞开心扉，才能很自然地进行交流。有很多人在进行考察调研时只是将艺人作为被采访者，彼此之间还没有熟悉就直接进入了采访阶段，这不仅会让采访过程变得很尴尬，而且艺人也会很紧张，可能也得不到采访者想要的答案。而冯先生与艺人的相处方法是一个很好的范例。

除此之外，他还经常进行采风记谱，他在文中提到自己曾经走了重庆和四川多地，对四川清音、四川扬琴、四川竹琴等曲种进行采录。他采访了很多艺人，对他们进行实地现场录音，并且收集与曲艺有关的文化背景及口碑资料。他还曾在成都市曲艺团和四川省曲艺团长驻了三个月，对曲艺团艺人们的唱段进行采录。这样的采录过程，特别是对音乐的记谱，不仅使他自己对于曲种的了解更加深入，更是留存了一份珍贵的历史资料。这也为他撰写《怎样谱写四川清音》和《怎样谱写四川扬琴》两部著作奠定了基础。而且他还注重收集口碑资料，这些资料对于曲艺研究非常重要，因为曲艺艺术自古以来就是以师带徒的口传心授的方式进行教学和创演，很少形成文字资料。这给曲艺研究增加了很多困难，也是研究中容易被忽视的方面。但通过对艺人的采访，可以了解到很多在书本上了解不到的信息，虽然这些信息我们还要进行验证，但从口碑资料中我们还是能够获取到非常多重要的信息。

冯先生深谙曲唱音乐研究的方法，他非常重视向民间艺人请教。他说："不论我是进入知天命之年时，还是年过花甲，我依然坚持向民间艺人请教。

---

① 冯光钰：《民间艺人——我的音乐老师》，《音乐探索》2001年第3期。

虽然我到北京工作后面对的是另一重天地，但我仍利用频繁的赴外地出差之机，到农村、牧场、城镇、码头等处考察民间音乐，向民间艺人学习。我认识到，这是音乐理论研究者最大的社会'课堂'。"[1] 我认为这不仅仅是冯先生自己多年来研究经验的总结，也是对于年轻学者的谆谆教诲。

通过对冯先生曲唱音乐基础史论研究、曲唱音乐应用实践研究以及其学术品格与方法路径的梳理，我们不仅可以清晰地看到他曲唱音乐的研究道路，同时也可以从中获得很多研究问题的视角和方法，使得对此研究感兴趣的学者能够获得启发和思考。当然，研究学问要想做到全面是不容易的，冯先生在一些问题上也有一些未尽之处，比如他提出的曲唱音乐的分类方法，我认为并没有完全将曲唱音乐全部涵盖。冯先生采取曲种的横向传播与音乐形态（含伴奏方式）特点相结合的方法，将我国众多的音乐性曲种分为牌子曲、鼓曲、弹词、道情渔鼓、琴书、本土小曲6大类，缺少了"似说似唱"的"韵诵"类曲唱音乐。就如快书、竹板书等曲种，这些曲种是采用"念诵"或"吟诵"的方式，兼以少量的说白，叙述故事的"说书"类曲艺形式。虽然这些曲种的音乐并没有很明显的旋律性，但是表演的语言节奏和韵律快速流畅而且极其鲜明，并且在表演时均用竹板或铜板包括锣鼓等打击乐器进行伴奏。所以这种节奏型极强的曲种也应该包含在曲唱音乐的范围内。同时，在冯先生的分类中，还出现了一个曲种归入两种类型中的情况。他在讨论琴书类曲种中的北京琴书时，写道："由于北京琴书既是采用扬琴伴奏，又是吸取鼓曲腔调发展而成，亦可归入鼓曲类。"[2] 这说明分类方法还未尽善，同时也说明曲艺曲种发生发展情况复杂，还需要学者们继续对其进行深入研究，以期能够寻找到最合适的分类方法。虽然在研究中有一些问题，但这丝毫不影响冯先生对曲唱音乐研究所做出的巨大贡献。

通过阅读冯光钰先生的文章，让我明白了什么才是真正的学者。真正的学者不仅仅是在学术研究上有卓著的成就，更重要的是学术精神，就如冯先生这

---

[1] 冯光钰：《民间艺人——我的音乐老师》，《音乐探索》2001年第3期。
[2] 冯光钰：《多重视野中的曲艺音乐》，香港华夏文化出版社2004年版，第55页。

样：源于热爱，终于责任。因为对曲唱音乐的喜爱，使得他不断地了解曲唱音乐，积累了大量曲唱音乐知识，而他作为学者的使命感和责任感，让他不断努力探索，为曲唱音乐研究增砖添瓦，为曲唱音乐事业发展助力。这样的学者是我们学习的榜样，作为后辈，我们不仅要传承发展我们前辈的学术成果，更要学习他们的学术精神。

（王雪萌　中国艺术研究院研究生院曲艺学方向 2020 级博士研究生）

创演评论

蒋慧明

# 论相声演员的自我修养*

【内容提要】本文从文化修养、理论修养和艺术修养等几个方面,指出相声演员应不断加强自身修养,从而在创演实践中更好地完成"继承与创新"这一时代命题。

【关 键 词】相声演员　自我修养　继承与创新

和其他诸多表演艺术一样,相声演员作为舞台实践的主体,也是以自身为艺术表现的材料来诠释作品,与此同时,"演员和生活中的人一样,在自己身上都具有能体现出自己的经历、身份、教养以至某些性格特征等个性因素的气质体态"[①]。相声演员还特别强调运用自己的"气质体态"作为创作材料来塑造艺术形象,因此,具有与其他表演不尽相同之处。

相声演员的表演是在上台的那一瞬间开始的,相声演员虽然是以自身面貌出现在观众面前,但又不完全是他本人而是个演员。表演中的叙事和摹拟都是作为舞台形象基础上的发展变化,"除摹拟作品中的人物外,演员在舞台上大量时间是以'自我'身份出现。……一个演员所呈献给观众的'自我'形象,

---

\* 本文系作者承担的"十一五"文化部项目"相声表演艺术研究"(立项批准号:07DB06)阶段性成果之一。

① 参见《中国大百科全书·戏剧》"演员"词条,中国大百科全书出版社1992年版,第468页。

并非纯粹的呈自然状态的演员本体，同时也是一个经过刻意塑造的艺术形象"①。在此基础上，其他一切表演技巧和手段才能发挥最理想的审美效应。

相声演员以自身形象作为艺术创作材料包含两个层面：其一，演员外在的体貌特征，指五官、外形、嗓音等；其二，演员内在的气质、风度、性格、修养、习惯等。前者是物质层面的创作材料，后者则是精神层面的创作材料；前者是演员个人与生俱来的，后者则可以经过不断的舞台实践和艺术追求而发生变化。而且，后者往往成为标志该演员独特的艺术个性以及表演风格的重要特征。

由此也就引出了本文的中心议题——相声演员应该如何加强自身修养？以下，本文拟从文化修养、理论修养和艺术修养等几个方面分别予以论述。我以为，这是当前相声演员在艺术创作过程中必须引起高度重视的问题之一。

## 一、不断扩充文化知识的储备

回顾相声艺术一百多年来的历史，我们知道，相声的题材涵盖了历史、文化和社会生活的方方面面，用轻松幽默的方式向观众传递了丰富的文化知识、各地风俗民情等。

早期的相声艺人中，除了一部分来自旗籍子弟，有着较高的文化水平，饱读诗书，能编能演（留存至今的"清门相声"有着较高的文学性和艺术性即为明证）外，大多数艺人多幼年失学，迫于生计，不得不将表演相声作为自己谋生的手段。他们虽然本身文化程度不高，但却凭着过人的天资和悟性，使得相声从最初的"地摊文艺"一步步迈进了大舞台，跻身于艺术的高雅殿堂。尤为难能可贵的是，艺人们突破了自身局限，自觉提高自身的文化及艺术修养，博采众长，虚心求教，在反复的舞台锤炼中为后人留下了无数的艺术精品和佳作。

新中国成立后，相声艺人们纷纷加入了改进相声和学习文化的行列，对产

---

① 《中国曲艺志·北京卷》，中国 ISBN 中心 1999 年版，第 459 页。

生于旧社会的大量相声作品重新整理改编，去粗存精，去伪存真，使其在新的历史时期重新焕发出勃勃生机。而新中国成立后成长起来的新一代相声演员们，整体的文化程度普遍都高于前辈艺人，和前人一样，他们大都重视增强自身的文化修养，努力提高相声的文化和艺术品位。

由于历史的原因，相声演员的培养，长期以来沿袭着"口传心授"的传统教学模式，直到20世纪80年代后期，在老一辈艺术家们的大力呼吁下，才有了天津中国北方曲艺学校这样一所培养北方曲艺人才的专门学校（苏州评弹学校成立较早，以培养苏州评弹演员为主），近些年又相继出现了几个专门培养相声演员的大专班。不过，相比其他艺术门类而言，无论是学校的数量和质量上，都还存在着明显的差距，这也使得相声队伍的整体文化水平仍普遍落后于其他表演艺术门类。

当然，高学历并不是衡量一个人尤其是一名演员的唯一标尺，但不容回避的是，缺乏系统的文化教育背景，对于相声演员来说，正逐渐凸显出它的局限和不利因素，不仅表现在演员对作品的充分理解、对主题的深入挖掘以及对人物的独特塑造等方面，同时也表现在演员自身形象的塑造上。

所谓"腹有诗书气自华"，一个人的修养、气质乃至待人处世的态度，都与他是否具备一定的文化内涵关系密切。许多从事表演行业的人都不约而同地说过：演员的职业，最后拼的就是"文化"二字。

相声演员在舞台上经常有这样的台词——"相声演员的肚是杂货铺"。一方面，这说明了相声作品的内容包罗万象，涉及面极其宽泛；另一方面，这也意味着相声演员必须对社会生活、历史文化等多方面涉猎、有所了解，尤其是在塑造人物时，必须熟稔各种世态人情，对生活中各种年龄、职业、性格的人都了然在胸，才能在表演中游刃有余地展现出各类人物的特点。

随着时代的进步与发展，相声演员所面对的观众群也发生了巨大的变化，范围更广，层次更高。观众的欣赏情趣和口味以及艺术鉴赏力的提高，也要求今天的相声演员在专注于相声表演技巧的同时，必须自觉加强各种文化知识的储备，不断丰富自身的语言词汇，提高语言的表达能力，力求以崭新的面貌和姿态出现在观众的面前，从而修正以往被观众视为相声演员只会"耍贫嘴""逗闷子"的固有观念。

无论是讲述故事还是塑造人物，相声演员自身所具备的文化修养都将直接影响到作品最终呈现给观众的质量和品位。举凡优秀的相声作品，无一例外都有着较高的文学性、艺术性和娱乐性等，既有对经典文化的谐趣读解，使听者笑过之后仍有所回味，甚至有追根求源，急欲对作品涉及的原始素材一探究竟的冲动；亦有对人生世相的精彩描摹，使人在欣赏之余同时反观人性善恶，体悟人间真味。可以说，好的相声作品虽然外观轻巧，有的甚至荒诞不经，但内旨却是深刻而厚重的。用艺术的形式阐释世相百态，这是所有表演艺术门类共同的特征，相声之所以易于被观众接受，与它这种"深入浅出"的表演和表达方式大有关系。正如侯宝林等一代大师毕生所追求的"雅俗共赏"的相声表演美学，同样是建立在丰厚而广博的文化积淀和基础之上，这才有了那些经典作品以小见大、知微见著的特点。

## 二、自觉重视理论素养的修为

《礼记·学记》中有这样的记载："君子之于学也，藏焉，修焉。"这里的"修"即学习的意思。老一辈相声演员常自谦地说，他们在舞台上给观众留下的"上知天文，下知地理，通阴阳，晓八卦"的知识渊博的印象，其实只是"记问之学"。这从一个侧面既说明了相声演员学习各种知识的必要性，同时也点出了其学习方法的与众不同之处。由于受到各种客观条件所限，老一辈相声演员大多没有机会进行系统的学习深造，但他们深知学习对提高自身地位、完善自身表演的重要性。

侯宝林先生之所以被我们尊为"相声大师"和"语言大师"，除了他具备扎实的艺术功底、精湛的表演技巧和独特的个人魅力外，还有很重要的一点，那就是他一直刻苦自学，不耻下问，并主动结识同时代的文人学者，以高度的艺术自觉，努力致力于相声理论的研究和发展。

相声发展至今，虽然不同历史时期都孕育了众多优秀的表演人才，也产生了大量优秀的相声作品，但与其他表演艺术门类相比，在理论建设方面始终比较滞后。这固然与过去将相声艺术视为"雕虫小技"的传统积习有关，也与相声队伍的整体文化水平偏低有关，致使许多从实践中形成的相当有价值的表演规律、表演技巧等，仅仅停留在一些老艺人的零星叙述或文人随笔的只言片语中，未曾得到进一步的梳理和甄别，也未能形成相关的系统总结和理论阐释。

而侯宝林先生开创性的贡献就在于，他在继承前辈艺人的基础上，并在一些文人学者的帮助下，对相声及曲艺的源流、原理、技巧等进行了大量的理论探讨和研究，与人合作撰写了多部具有很高学术水准的理论专著。无疑，这对于曲艺艺术（包括相声）的基础理论和应用理论建设起到了积极的推动作用。

很明显，作为一名演员，对艺术规律、法则以及史论认识的深浅程度，与他所具备的艺术功底、表演技能的厚薄以及文化水平的高低一起，都会成为衡量其艺术修养的标准。

艺谚有云："演戏不解意，累死白费力；戏要演得深，定要通古今。"这形象地说明了演员这一职业并非简单平面地表现生活中的人和事，而是要在深度挖掘作品的时代背景和人物内心之基础上，通过自己个性化的表演，予以艺术化的呈现。同理，对相声演员而言，是否具备一定的理论素养，将很大程度上关系到在艺术实践过程中不可或缺的艺术意识。也就是说，相声演员不仅要熟悉相声艺术特有的创作规律和艺术技巧，更要能够以探索、鉴别的视角去观察现实生活，分析热点话题，而不是人云亦云，随波逐流。

今天的相声演员，正面临着如何更好地继承、发展与创新相声的重要命题。相声演员理论素养的重要性，不仅影响到对作品所反映的时代特征、人物形象的理解，同时还影响到演员对作品的内涵、观众的审美需求等多层面的判断与把握。今天的相声演员，与过去的老艺人相比，在物质生活条件上有天壤之别，不再有衣食无着、艰难度日的生计困扰，那就更应该在钻研业务技能的同时，将更多的精力投入到对各种新知识、新观念和新理论的学习中，随时关注，及时更新，努力跟上时代的步伐。除了表演理论，其他诸如美学、心理学、语言学、民俗学等的相关理论都应有所涉猎，在了解一般理论的前提下，再根据自身条件和兴趣，并结合作品内容进行深入研究。

我们相信，具备了一定理论素养的相声演员，不仅有助于提升自身的专业技能，有助于提高相声创作和表演的整体水平，同时更有益于通过自己的艺术实践完成"继承与创新"的时代课题。

### 三、善于借鉴姊妹艺术的精华

由于相声表演主要是通过叙事（或对话）引发观众的笑声，而在叙事过程中必然会出现人物的行动，这就决定了演员对人物的言行举止乃至心理活动必须进行摹拟表演。至于摹拟的"度"，既受相声表演的特点所决定，也是展现演员对人物的理解和体验的依据。

前辈艺人总结的"但求神似，不求形似"的表演理念，既契合了中国传统文化中由来已久的"意境创造"的美学追求，更是相声表演中"出出进进""以一当十"的概括性和虚拟性使然。相声表演，无须进行完全还原的角色装扮，而是以演员的自身面貌出现，叙事与代言紧密结合，主要通过生动形象、口语化的语言来讲述，并辅之以相应的动作、手势及眼神等，从而简洁生动而又恰如其分地勾勒出各类人物不同的个性特征和精神面貌。因此，塑造人物形象之能力高低，也就自然成了区分相声演员表演技能之优劣的重要评判标准。

相声的表演和其他曲种一样，都十分擅长"化它为我，为我所用"，善于借鉴和吸纳其他艺术形式的多种表现手段，通过综合利用从而丰富自身的表演领域。例如过去传统相声中大量的"柳活"，就是吸收了当时比较兴盛的戏曲艺术中的经典唱段，通过惟妙惟肖的模仿或歪唱、别解，从中发掘笑料，制造"包袱"，既展示了演员"说、学、逗、唱"的技巧，又使观众产生别有情趣的审美享受。

新相声中产生了大量反映时代风貌的新作品，演员塑造人物形象的基本手段虽然没有脱离"以说为主，以学当先，逗在其中"的传统，不过，表演领域也有一定程度的拓展。比如加大了由影视、小品、歌舞、戏剧等艺术形式中借鉴来的表演成分，甚至有的节目还加入了音响伴奏，或者将真实的道具搬上了舞台。演员常有大幅度的肢体动作，舞台活动半径扩展至整个表演区，而不再局限于话筒前面的小范围。

有一点值得肯定的是，当代相声演员正在努力探索和尝试，不断丰富这门艺术的表演领域和表现方式。但同时也应看到，假如过多地引入戏剧化的表演方式，而丢弃了相声表演以叙事为主、以语言制胜的优势，往往会喧宾夺主，事与愿违。这就需要演员首先必须对曲艺（包括相声）独有的艺术规律和表演手法有着清楚的认识和充分的艺术自信，明确其"说法中现身"的表演特点及艺术价值所在，厘清与其他表演艺术形式之间的关系与区别。任何形式的改革与创新，都应依托于传统这块基石，在继承基础上的理性扬弃，才是改革创新的真正要义，反之，只会在一轮又一轮的艺术竞争中，逐渐丧失了优势和先机，使原本行之有效的"拿来主义"拱手让人，成了令人担忧的"拿去主义"。

显然，相声的进一步发展必须遵循一条切实可行的良性轨迹，其中，相声演员的努力和作用则首当其冲。有了上文所提及的一定的文化知识和理论素养的储备，再加上自身艺术修养的提高，势必成为辅助相声演员更好地完善艺术创作的有利条件。

### 四、继续提升自身的综合素质

工欲善其事，必先利其器。对相声演员的要求是多方面的，包括"说、学、逗、唱"的本领、文学艺术修养、社会生活经验以及与观众的融合度等等，综合得分越高，越有可能成为同行中的佼佼者。

元代曲论家胡祗遹曾在《黄氏诗卷序》一文中提出"九美"说：

> 女乐之百伎，惟唱详焉。一、资质浓粹，光彩动人；二、举止闲雅，无尘俗态；三、心思聪慧，洞达事物之情状；四、语言辨利，字句真明；五、歌喉清和圆转，累累然如贯珠；六、分付顾盼，使人解悟；七、一唱一语，轻重疾徐中节合度，虽记诵娴熟，非如老僧之诵经；八、发明古人喜怒哀乐、忧悲愉快、言行功业，使听者如在目前，谛听忘倦，惟恐不得闻；九、温故知新，关键词藻，时出新奇，使人不能测度为之限量。九美

既具，当独步同流。①

胡祗遹的"九美"说，虽是针对当时的优秀女艺人而言，但确实道出了说唱艺人应该具备的素质，即便在今天看来，仍有一定的积极意义。对于相声演员而言，"洞达事物之情状""轻重疾徐中节合度""使听者如在目前，谛听忘倦"和"温故知新""时出新奇"等提法，即可理解为表演中必须掌握和注意到节奏、语言以及对人物的刻画等诸多表演技巧的运用。

明代万历年间的戏曲表演评论家潘之恒的《鸾啸小品》和《亘史》两部笔记著作中，收录有大量论演员和表演艺术的文章，其中《仙度》一文谈到了演员的全面素质：

> 人之以技自负者，其才、慧、致三者，每不能兼。有才而无慧，其才不灵。有慧而无致，其慧不颖。颖之能立见，自古罕矣！②

这里的"才"，指的是演员的体型、容貌、歌喉、动作等方面的良好素质；"慧"，指记忆、理解、联想等能力；"致"，则指表演欲望以及迅速进入角色而又能控制表演节奏的能力。他认为，只有"才""慧""致"三者兼备，才能进入表演的理想境界。

作为一名优秀的相声演员，"才""慧""致"三者皆备，不也正是将个人的表演技巧与文化修养、理论修养和艺术修养完美结合，从而达到理想的境界吗？相声演员当然不可能个个都是全才，但不断加强自身的文化知识储备、重视理论素养的提高以及善于借鉴姊妹艺术的精华，确实有助于提升演员自身的艺术水平和表演技能，能够更好地展示作品对世态人情的描摹与评析，这样，创作表演出来的相声作品才可能达到应有的时代高度，并受到观众的欢迎和好评。

---

① 胡祗遹：《紫山大全集》，转引自程炳达、王卫民编著《中国历代曲论释评》，民族出版社2000年版，第7页。

② 潘之恒原著，汪效倚辑注：《潘之恒曲话》，中国戏剧出版社1988年版，第42页。

我们知道，在相声舞台上，不仅演员与演员之间以对话的方式进行表演，演员与观众之间也始终处于对话的状态，因而演员与观众之间的情感交流始终是互动的。观众在欣赏相声的过程中，不是被动接受，而是主动思考，观众发出的阵阵笑声就是表达他们的观点和态度，因为"听众的笑不仅表示了他对可笑的东西的态度，而且也是他们自己不自觉地在肯定着自己的欣赏能力与欣赏兴趣"。[1]另外，有时演员会向台下的观众直接发问或现场解答观众提出的问题。而在许多相声中，"捧哏"演员往往作为观众的代言人与"逗哏"演员进行对话，这种心理与情感的交流极大地满足了观众的参与意识。

正是由于相声表演格外强调演员与观众之间的这种互动关系，相声演员是否具备将内在修养与外在表现技巧相统一的综合素质，在很大程度上会直接影响到观众对作品的理解、共鸣以及对演员的认可、欣赏。

作为艺术创作材料的演员自身，其外在的物质层面即体貌特征一般来讲不会有多少改变，但其内在的精神层面却会随着生活阅历的丰富，文化、艺术修养的提高，气质风度的培养等而发生或多或少的变化。而后者一旦发生作用，势必会增强演员对于作品的理解，对于人物的深入刻画，从而产生更好的艺术效果。因此，所谓"台上一分钟，台下十年功"，就是强调相声演员必须重视和不断提高自身各方面的艺术积累和综合素质，为塑造出更加丰满的艺术形象奠定基础，以适应当代观众不断提升的审美需求。

观众对于优秀相声演员的喜爱，并不局限于演员在舞台上所展示的作品内容以及所演绎出的性格鲜明的人物形象，也包含对演员个人魅力的肯定与激赏，而这种个人魅力之形成，很大程度则取决于演员的综合素质。考量流传至今的诸多经典作品，之所以百听不厌又常演常新，应当归功于那些使作品鲜活地立于舞台之上的一代又一代的相声名家。因此，不断提高演员自身的综合素质，不仅是表演的需要，也是观众的需要，更是时代的需要。

（蒋慧明　中国艺术研究院曲艺研究所副研究员）

---

[1] 王朝闻：《王朝闻曲艺文选》，中国曲艺出版社1986年版，第5页。

赵 倩

# 略论曲艺创新的一般策略及实现路径

【内容提要】与任何艺术的发展一样，创新对于曲艺同样十分重要。但创新也有创新的规律。曲艺创新的正确策略及实现路径，千百年来被许多成功的例证反复宣示，也为现实的成就所屡屡证明。以史为鉴，可以开创未来。正确认识曲艺的本体特征，努力把握曲艺的创新重点，牢固坚守创新的人民立场，无疑是使传统曲艺焕发新的时代光彩的必由之路。

【关 键 词】曲艺创新　一般策略　实现路径

中国曲艺历史悠久、曲种众多、名家辈出，群众基础深厚。近些年来，尽管广大的曲艺从业者仍在坚守和努力，但是，不少曲艺演出也不尽如人意。这表明在曲艺发展理念、节目创演质量、人才孵化及受众培养等方面，依然存在不少短板。创演者对于曲艺创新的理解及创新策略等，也存在较大差异。值得我们进一步思考和探讨。

## 一、对曲艺"创新"的不同认识

"创新"是曲艺传承与发展的核心动力，尤其是对于那些历史悠久的曲种而言,"革新求变是其艺术发展中的一条绝对的定律和一个普遍的常量"。①但是,当下有些从业者对于"创新"的认识不足,或谈"创新"而色变,或自认为"创新"就是抛弃传统等。然而,从一些曲种代表性艺术家的创作和表演中就可以看出,正是由于他们正确地处理了继承与创新的关系,"注意使传统的艺术形式与新的生活内容和审美需求相结合"②,才使各曲种艺术能够在新的时代语境中持续发展,同时也使他们在曲种发展史及中国曲艺史上留下了多彩的一笔。

真正的创新是在对传统满怀敬畏、不断反思之后的探索与实践。成功的曲艺工作者对于创新的理解虽然各有差异,但都离不开对于传统的反思与探索,都没有脱离传统的根基和内涵。且不说大家比较熟悉的相声、评书、京韵大鼓等曲种,对于任何一个流布地域偏远的地方曲种而言,创新都是一个重要命题,贯穿在创作、表演、传承及传播的各个环节。

曲艺传统的继承与创新是相辅相成的关系,两者之间有着紧密的联系,"传统艺术必须要传承下去,所以传承就是源,传承是为了发展,而发展就必须要创新,所以创新是流。如果创新离开了传统,何来传承,那么这个创新又从何创起,如果传承没有创新,那么传统艺术又怎能得到发展。所以传承和创新是相辅相助的关系"③。比如,山东快书之所以能够从撂地卖艺的民间艺术获得了正式的社会身份,并且完成了向高台艺术演变的涅槃,正是由于正确地处理了继承与创新的关系:"一、要想保持快书艺术的旺盛生命力,就必须不断改革,不断推陈出新。改革工作应该持之以恒,不应松懈、间断。二、改革、创新、借鉴等项艺术活动,都应是为了提高和发展本门类艺术,而不应离开本门类的基本艺术规律去改革、去创新、去借鉴,否则,难以取得理想的结果。三、要注重对本门类艺术规律的理论探讨和研究工作,理论和研究工作,能够

---

① 吴文科:《中国曲艺艺术论》,山西教育出版社2003年版,第428页。
② 吴文科:《中国曲艺艺术论》,山西教育出版社2003年版,第428页。
③ 华觉平:《传承是源创新是流——读周良同志〈苏州评弹的传承和创新〉一文有感》,《曲艺》2018年第8期。

给艺术改革工作以极大的促进和提高。"①

当然，对于曲艺的创新，我们也需要警惕这样的观念：为了创新而创新，忽略对传统的继承。以苏州弹词的发展为例，"有一种认识，说曲艺是中世纪的产物，现代曲艺应该是走向大舞台的大曲艺，要搞洋大新，不像原来的样子，才是创新，还说不要怕'四不像'，不要传统，才是创新"②。即持这种观点的人，恰恰是由于对继承与创新互动关系十分漠视且认识不足。殊不知，那些在艺人口中不断被演绎、流传至今的经典节目、保留节目，其反复演出的过程，体现的不仅是对传统的继承，其中同样包含着每一位艺人凭借自己的社会生活经历、审美趣味、演出语境、润腔技巧、腔格使用、唱词增减、节奏变化等诸多因素进行的艺术创新。如同样是京韵大鼓名段《丑末寅初》，刘宝全和骆玉笙在继承传统的基础上，分别进行了不同的创新，使其呈现出同中有异的风格特征："刘宝全借鉴京剧的演唱、表演技巧，形成似说似唱的'刘派'。骆玉笙融会了'刘派''白派''少白派'……她常用级进或小拖腔修饰主干音，旋律婉转动人、委婉华丽，增强了歌唱性。"③不同风格特征的形成，是两位艺术大家对于"创新"的实践。除此之外，还有河南坠子、温州鼓词、湖南丝弦等其他绝大部分曲种的历史发展，都体现出曲艺从业者们对于创新观念的正确认识。

**二、曲艺创新的多重策略**

曲艺创新和其他一切文艺的创新一样，根本目的只有一个，就是不断推出能够满足大众审美需求的精品力作。而实现这个目标的途径，当然不条条，"条条大路通罗马"。无须远溯，仅现当代曲艺史上成功的创新实例去看，艺术

---

① 高元钧：《快书必须跟上时代》，载中国曲艺家协会编《中国曲艺论集》（第1集），中国曲艺出版社1984年版，第710页。
② 周良：《苏州平话弹词史补编》，古吴轩出版社2018年版，第172页。
③ 高苹：《曲艺唱腔流派中的"变"与"不变"——以刘宝全、骆玉笙的〈丑末寅初〉为例》，《大众文艺》2013年第22期。

的创新或者说对于曲艺节目创演的"创新",事实上是有规律可循的。

(一)博采众长、融会贯通

在曲艺的创新策略中,"博采众长、融会贯通"无疑是重要的原则之一。一代又一代曲艺前辈的艺术实践,都让我们看到了此原则在曲艺创新中的真理性意义。

如在京韵大鼓伴奏领域,白凤岩无疑是一位重要人物。他在伴奏方面天资聪慧且练习刻苦,不仅精通京韵大鼓伴奏,还能熟练伴奏梅花大鼓、单弦牌子曲等曲种。他丰富的伴奏技艺的形成,与他虚心学习、不耻下问的精神是分不开的。"他除了向师辈们请教,还不耻下问,同行中不管是谁,只要有优长就虚心学习。除了京韵大鼓,他还向刘宝全先生学会了马头调和琵琶演奏的'开手板',向单弦名家德寿山、全月如学习各种曲牌的演唱及伴奏经验,向梅花(大鼓)泰斗金万昌学习击鼓技术。他与著名京剧琴师杨宝忠、王少卿、赵济羹等一起切磋演奏和伴奏经验,与京剧名老生余叔岩、言菊朋、孟小冬、杨宝森等一起探讨吐字发音的方法,与古琴演奏家查阜西、古筝演奏家曹正共同研究弹奏技巧,在指法和音色上互为借鉴。"[①] 正是他这种善于吸收学习、不断博采众长的广博积累,为京韵大鼓"少白派"的创立,打下了重要基础。

苏州弹词的发展及不同流派的产生,同样体现了艺人们对不同事物的深刻观察、对不同艺术形态的学习和融会。如苏州弹词的国家级传承人邢晏芝便善于观察生活、从生活中学习,她的唱腔,之所以能够入古出新、富于时代色彩,就是由于她能够发掘和呼应苏州弹词的传统神髓与当代听众的审美需求并提取其间的相通元素,进而有机融合、"为我所用"。正如她自己所言:"要改革创新必须要经历一个打碎重来的过程。就是把各种流派、各种有益的东西都打碎吸收,吃到肚皮里,融到血液里,化为自己的东西,然后再'吐出来',创

---

① 罗君生:《鼓曲改革先行者 标新立异"少白派"》,《曲艺》2017年第5期。

造自己的东西。"①

流传于京津冀以及东北各地的西河大鼓历史上产生了诸多流派,其中赵派创始人赵玉峰在发展西河大鼓的过程中,就曾积极学习其他曲种和剧种的艺术特色:"在书路的安排上,他主动向北京的评书界学习,使得长篇鼓书更有魄力;在唱腔上,他把当时河北柳子腔、京剧以及京韵大鼓的好唱腔都糅到自己的演唱中,多走'下把腔'(即三弦下把位的唱腔),对传统的'一马三涧''蚂蚱蹬腿''双高'都加以丰富,同时在伴奏上要求随腔,而不再是简单的'跟着走',间奏中,丰富小过门的音乐;在表演上,学习戏曲中的身段,使出来好看……"②这些丰富的创新实践,不仅使西河大鼓走向了更高的发展阶段,也成就了赵派西河大鼓的艺术风格及在曲艺发展史上的特殊地位。

**(二)立足本体、开拓新境**

所谓立足本体,首先要明确曲种的本质属性与特点。而关于曲艺的本质特征,许多理论家从各个角度都对其进行过不同解读。学界关于曲艺本体特征的最新界定为:"曲艺是演员以本色身份采用口头语言'说唱'叙述的表演艺术。"③那么,通过不同曲种的创新案例,即可看出其创新均是建立在对本曲种艺术本质的坚守基础上。

以京韵大鼓的音乐创新为例。就像上文已经提及的,"骆(玉笙)派"京韵大鼓高亢舒展、刚柔相济、韵味醇厚、抒情性强的唱曲风格的形成,是骆玉笙对于刘(宝全)派、白(云鹏)派和少白(白凤鸣、白凤岩)派艺术风格的学习、继承、借鉴与融合,以及"向京、评、梆、昆各剧种借鉴,从老一代京剧艺术大师及当代声乐艺术家身上吸取可以利用的东西,融入自己的京韵大鼓艺术中,丰富和提高自己的表现力,并根据时代的需求,潜心钻研,不断创

---

① 郑英:《书韵留芳——苏州评弹国家级非遗传承人邢晏芝访谈录》,《文化遗产》2019年第5期。
② 马岐:《西河鼓王赵玉峰》,《北京档案》2013年第6期。
③ 吴文科:《中华曲艺的文化形象:定义·特征·种类·价值》,《中国艺术报》2017年4月10日。

新"的结果。① 其最重要的特点之一,"就是坚守本体,追求卓越"②。在唱腔的改革上,她通过转调的音乐手法,解决了唱腔当中调弦换调的难题,如她演唱的《子期听琴》中的二黄快三眼唱腔。此外,她在唱腔音乐的设计创作上,也有很多地方超越了前辈艺人,比如腔型中的骨干音,"京韵一般皆为'153','26'只作过渡使用,'47'更少用。而骆玉笙一反常规,经常在旋律中大量使用'2、4、6、7',有时还放在重点部位上进行强调,听来凄凉呜咽,荡气回肠"。③ 可以看出,她的这些创新,没有脱离京韵大鼓音乐本体,而是在此基础上做了新的调整与补充。骆玉笙自己也曾强调立足本体对于创新的意义:"从继承前辈艺人唱腔的实践中,我体会到:在继承的同时,还要大胆创造,但必须依着前人的道路先走上一段,然后才能在原有的基础上找出新的途径。很难设想一个演员可以不懂原来的唱腔而能唱出各种好的新腔来。"④ 骆玉笙在京韵大鼓艺术上及其流派上的创新,"是创京韵大鼓之新,而非迷途后的变种;她对京韵大鼓艺术流派的创新,是在京韵大鼓之树上开出的别一枝姿彩虽异而幽香依然的京韵大鼓之花,绝非移花接木的混搭拼凑与挂羊头卖狗肉的欺世盗名"⑤。

又如对河南坠子的创新,也有学者这样认为:"要在继承的基础上发展和创新,要保留河南坠子固有的、独特的骨血,要让受众听了还是河南坠子,在保持对河南坠子的认同感的同时,又有时代感、新鲜感。"⑥ 这里的"骨血",就是河南坠子特有的韵味,是河南坠子的本体特色。北京曲艺团河南坠子名家马玉萍在坠子唱腔的改革上也进行了积极的探索,她将3/4拍节奏首次运用在坠

---

① 罗君生:《一生与时俱进,坚持创新唱新——纪念恩师骆玉笙百岁诞辰》,《曲艺》2014年第10期。
② 吴文科:《从京韵大鼓"骆(玉笙)派"的形成看曲艺如何继承和创新——写在京韵大鼓表演艺术家骆玉笙逝世10周年之际》,《曲艺》2012年第10期。
③ 李光:《骆玉笙京韵大鼓的音乐创造》,《中国音乐》1990年第3期。
④ 骆玉笙:《京韵大鼓唱腔的改革与创新》,载中国曲艺家协会编《中国曲艺论集》(第一集),中国曲艺出版社1984年版,第677页。
⑤ 吴文科:《从京韵大鼓"骆(玉笙)派"的形成看曲艺如何继承和创新——写在京韵大鼓表演艺术家骆玉笙逝世10周年之际》,《曲艺》2012年第10期。
⑥ 范双燕:《河南坠子演唱艺术研究》,博士学位论文,南京师范大学,2020年,第135页。

子音乐设计中，如在《纯美的心灵》中，肢残的女儿依偎在母亲怀中，有一段表达对母亲感恩之情的唱段，设计唱腔的时候，马玉萍尝试了很多唱法都无法表现出少女在母亲怀中的温馨甜美，在偶然用 3/4 拍子的节奏演唱后，则很好地唱出了女儿心中那种欢快、跳动式的节奏感。[①] 她也在河南坠子的开场音乐和间奏音乐上，运用了主题性音乐。如在《十个鸡子儿》中，把《三大纪律八项注意》的旋律巧妙地用在了开场处，用于呼应该节目的军民鱼水情深主题。此外，在简板的击打上，她在骏马飞驰的音乐节奏影响下，创造了"马蹄点"的打法，让观众耳目一新、印象深刻。这些音乐方面的创新，对于提升河南坠子相应节目的艺术表现力而言，都是锦上添花的实践。

此外，在 2021 年马街书会网络展演上，河南省曲艺团的两位演员表演的《中秋月》，则是在内容和调高上对赵铮创作的《仲秋月》的改编，在曲调大体不变的基础上，调高降低了二度，内容和语言上也体现了新时代的特征：故事替换为当下发生的故事——在长江抗洪一线保护人民生命和财产安全的新郎和作为太行山区驻村第一书记带领百姓脱贫奔小康的新娘的婚事，人物语言及台词上也运用了时下的语言，如两人利用微信视频敲定了"隔空"婚礼——新郎和新娘同时在各自的驻地举办婚礼仪式，使旧曲换新颜，体现出新的时代精神。

**（三）深入生活、以人为本**

曲艺的艺术创新，更为重要和日常的体现，就是对于节目及其内容的出新式"创新"。"文艺是时代前进的号角，最能代表一个时代的风貌、引领一个时代的风气。"[②] 曲艺创演要承担起如此重要的历史使命和时代任务，就要像总书记号召并强调的那样，必须坚持"人民性"，坚持以人为中心的创作导向，牢固树立"为人民"的创作标准，把能否满足广大民众的精神文化需求，作为自身创演包括艺术创新的根本追求。

且不说众多经典现实题材作品的创演与流传，就近些年的曲艺创演而言，

---

① 参见马玉萍口述，蒋培玲整理《德艺鎏金：马玉萍的坠子人生》，北京出版社 2015 年版，第 208 页。

② 习近平：《在文艺工作座谈会上的讲话》，《人民日报》2014 年 10 月 15 日。

一些优秀的节目之所以感人，恰恰在于创作者对社会生活的细致观察、对于人民情感的细腻把握、对于人民关心之事的深入提炼。如在2020年抗击新型冠状病毒肺炎疫情的战斗中涌现的一大批节目：京韵大鼓《为逆行者点赞》、快板书《抗击疫情做防范》、河南坠子《抗魔利剑》、常德丝弦《打好疫情阻击战》、陕北说书《万众一心齐行动》、长子鼓书《夫妻出征》等；再如反映脱贫攻坚主题的节目：武乡琴书《扶贫队长张宏才》、沁州三弦书《脱贫路上好支书》、沁源说唱《万紫千红一片绿》、青海越弦《吃苦受累为百姓》、兰州鼓子《山村圆梦》等。这些表现抗疫的新节目，不仅宣传了疫情防控知识，讴歌了英模人物，传递了正能量，而且发挥了为湖北及全国人民祈福鼓劲的作用，展示了中华儿女抗击病毒的必胜信念。而表现脱贫攻坚的新节目，同样洋溢并散发出特殊的审美力量："能让人们认识到贫穷的孱弱，让人们对和谐美好充满期待，让每一个迈向幸福的脚印充满力量，让每一个激情澎湃的行动焕发光彩。"① 体现了曲艺工作者与时俱进的创新精神和关切时代、关注人民精神生活需要的爱国为民思想。

## 三、结语

面对新的社会环境和文化语境，曲艺人都需转变观念、正视现实，直面传统曲艺在现代社会生存和发展的现状及问题。一方面要了解、继承和传播传统曲艺的优秀特质，增强文化自觉和艺术自信；另一方面要积极推进传统曲艺在新时代的"创造性转化，创新性发展"，使曲艺作品体现新时代的精神内涵，焕发出蓬勃的生命力。

（赵倩　中国艺术研究院曲艺研究所副研究员）

---

① 秦珂华：《探寻共鸣力量　助力脱贫攻坚》，《曲艺》2020年第12期。

张 进

## 警惕"评弹戏曲化" 促进"中篇长篇化"
——从周良《苏州评弹的传承和创新》谈起

一

读了周良《苏州评弹的传承和创新》一文(以下简称"周文",载《曲艺》杂志2018年第8期),笔者极为真切地感受到,作者作为老一辈的苏州评弹(苏州评话、苏州弹词)领导者、研究者、奉献者,既是以他自己一颗深挚而又火热的评弹之心在一生一世"伴评弹而行",从来没有也不愿意哪怕停歇一下他那90多岁绵长而又坚定的沉重步履,且更用他"敢于说真话,凭良心说话"的理论勇气,全心全意地全天候坚守在苏州评弹的传承和创新之路上。这是因为,"周文"不但着重指出了他那被苏州评弹界所一致公认的核心观点:长篇是根本;而且还尤其强调了:"中篇演出的戏曲化倾向,削减了苏州评弹的说书特性……说明这种形式尚很不成熟。"

对于"周文"所论,即究竟是为了"独尊长篇",还是在责怪"中篇不争气"?由于立场不同,难免仁智各见。但毋庸讳言,就连作为评弹普通听众的笔者,包括许许多多与评弹有关无关的人,很长时间以来,大都对此抱有不同看法:"口头上说说——应该长篇是根本,心里面想想——这是在排挤中篇。"而这种糊里糊涂的理解态度,说穿了,就是实际上的不理解,而且流露出不乏抵触情绪的潜台词——中篇不争气。那么，中篇到底能不能"转化"成为争气？

通过认真仔细阅读和深入理解"周文"，并结合周良所著《伴评弹而行》一书中的不少真知灼见，笔者进一步认识到：即便像周良这样一贯持有"长篇是根本"，进而对"中篇戏曲化"及"形式不成熟"进行理论批评的智慧长者，其实也并非在一般意义上形而上学地简单否定"中篇形式"，即他只是有条件或者说有前提地在特别强调"有长篇的存在和发展，中篇、短篇作为'百花齐放'都可以存在"。也就是说，"周文"只不过特别地强调了"长篇是根本"这样一条苏州评弹节目创演的既有规律。与此同时，他确实也在为中篇的异化而着急，也在为中篇的发展而焦虑。

权威发声、听众期盼，评弹发展、时代召唤。依笔者之见，中篇演出的的确确既有它长期为人所诟病的"戏曲化倾向"，又实实在在存在着一定的社会文化基础。

那么，未来中篇苏州评弹究竟如何才能在评弹艺术大家庭中得到健康持续的良性发展？是在三年一度的中国评弹艺术节上蜂拥而上、昙花一现，还是平时有应景需要时才冷不丁地冒个泡儿？是在评弹团体发展经营策略意义上的"一部中篇走天下"，即只考虑向外宣传扩大评弹的一时轰动和影响，还是根本意义上的面向听众、走进书场，让评弹优质资源直接惠及广大听众？是为了某个团体某个特定时段利益诉求的实现和满足，还是要本着推动评弹事业的健康发展认真给力？

问题的是非分野和要害也正在这里。即发展苏州评话和苏州弹词的功能价值追求与具体创演目的，才是我们准确判断和正确解答这一问题的真正标的。

## 二

承上所述，"周文"提出并回答的相关问题，值得我们特别关切和重视。换句话说，理解周良，必须用周良教给读者的理论方法看待、分析并解决问题。因此，如周良所论，只有从艺术本体上解构"评弹戏曲化"倾向，并建构

"中篇'长篇化'"机制,才能赢得中篇评弹在新时代评弹艺术发展中理论和实践上的双适应。

所谓"评弹戏曲化",就是周良指出的许多苏州评弹中篇节目包括长篇演出都不同程度地存在着的"戏曲化倾向"(也有人称作"戏剧化")。

众所周知,曲艺说书即苏州评弹的表演,是"说法现身",戏曲表演则是"现身说法"。因此,戏曲是靠最大限度的"动作化",由一个演员具体扮演一个角色、众多演员具体扮演众多角色来共同进行一台"空间性视觉艺术显性化"的化装表演,而评弹则主要靠绝大部分的"口头说表或说唱式叙述",即由一个或一对说书先生通过第三人称为主偶有模拟性代言(即"起脚色")的"时间性听觉艺术隐性化"本色叙述表演。两者最为关键的区别在于:戏曲以"唱、念、做、打"展示直观再现式的舞台行动性表演,其艺术本体是动作化的"演";而对苏州评弹来说,"说表"和"弹唱"本身就是表演。其余的表情动作、身姿意态,包括虚示模拟故事中人物对话的"起脚色"等"做功"性运用,统统都属对"说噱弹唱"的辅助和补充,从而使"听书"与"看戏"具有各自不同的享受,也成为曲艺和戏曲各自存在的理由。

在过去长期的苏州评话和苏州弹词演出中,长篇节目及其说表,一直都是其艺术经营的大宗也是正宗。有些演员吸收或借用戏曲的某些艺术手法包括动作性的表演技巧,由于没有破坏和冲击自身艺术的本体,又增强了艺术感染力和票房竞争力,属于正常情况,也无可厚非。随着20世纪50年代中篇节目的诞生及壮大,特别是多人联袂合演一个中篇故事的形式,一方面丰富了评弹的节目类型,但另一方面也带来不小的问题:代言对白的增多及动作性的不断加大,大有冲淡其"说噱弹唱"本体之势。这种艺术发展有些本末倒置的情形,也引起了京剧大师盖叫天的注意。他曾表示:评弹的说表很细致。杨振雄所说的《武松》细致入微,值得京剧演员借鉴。评弹中演员代言性及动作性的"演",只能是辅助。如果张鉴庭这样大师级的评弹演员去演戏的话,他的"角色"可能就是"跑龙套"。不难看出,盖叫天的意思非常明白:苏州评弹应当发挥自身的优势和特长,而非盲目地向戏曲看齐。

当然,警示之声更多地来自"堡垒内部"。对于"中篇戏曲化"的提醒乃至批评，不仅来自周良等人，就连中篇评弹节目类型的开创者之一蒋月泉这位评弹艺术的一代宗师，也早有同样的担忧。如1957年5月11日，他就在《新民晚报》上发表意见，指出"评弹的说唱形式有向戏曲化发展的倾向，尤其表现在中篇评弹的演出上"。"书是书，戏是戏。……为什么一学人家，就要把自己的特点忘记呢？"而这种批评的背后，实际上还有更大的担忧，即"起脚色"式代言对白过度突出的表演，势必要弱化评弹"说表"的本体功能，不但影响到评弹艺术说书特性的充分发挥，还使评弹演员在"迷恋于'演'的过程中，喧宾夺主，弱化与降低自己'说噱弹唱'的艺术本体能力"。影响所及，除了弹唱开篇，大多数的年轻演员，只热衷于参与中篇创演，而疏于长篇节目的继承学习与"跑码头"坐场演出，从而扭曲业态，带来评弹本身说书艺术传统的不断淡化以至流失，加剧业界内外对"中篇（评弹）戏曲化"这一艺术异化的强烈不满，也就在所难免。

## 三

进入21世纪以来，"评弹戏曲化"尤其是"中篇戏曲化"似有愈演愈烈之势。几乎所有名噪一时的中篇节目，都无一例外地遭遇到这样或那样的吐槽。比如，有人认为"中篇戏曲化"把评弹说表细细叨叨的说书特色，弄成了不甚得体的"夹生方言话剧"；也有人认为"中篇戏曲化"把评弹唱腔呖呖莺声的最美声韵，变成了比拼嗓子的"新式花腔评歌"；还有人认为"中篇戏曲化"把评弹表演无须化装的舞台程式，搞成了人物化装的"四不像歌剧"。

如何扭转这种偏误，因此成为摆在我们目前的历史性任务。而有针对性地通过远离"评弹戏曲化"来促进"中篇'长篇化'"，便成为苏州评话和苏州弹词在当今情况下按照自身的艺术规律持续健康发展的一种现实策略和可操作途径。

首先，在创作表演的经营方式上，要在尊重集体参与的同时，强化双档表演的常态。"（中篇）这种形式尚很不成熟"，"周文"的严厉批评以至于此，说明其中必有实质性的偏误。痛定思痛，笔者认为：根子虽在"中篇戏曲化"，表现却在创演机制上。集体创作和集体表演，从某种意义上说，虽有强强联合的好处，却也有利益均沾的动机。那就是，绑在一起"过节争奖"——通过参加一些官方组织的艺术节及其比赛去获奖。比赛本正常，获奖也无过。可问题在于，即便获了奖，由于少则五六人、多则八九人的合作集体和演出阵容，实难在接下去的时日继续日常化地演出。特别是相当一部分中篇评弹节目，创演团队甚至调集了好几个评弹团体的优秀演员加盟演出，一旦艺术节结束，从此难再组织。那个阵容强大的演出版本，极有可能只存在于录音和录像之中，无法再与听众见面。这种只顾"过节"而不管"过日子"的创演经营方式，由于有违评弹艺术持续发展的自身实际，当然不可持续，也无法存续。看似推出了一个（实际上是一次）可能比较优秀的中篇节目，事实上却严重破坏了评弹业态，扰乱了评弹发展的艺术常态，得不偿失，也贻害深远。怎样解开这个死结，可行的办法，当然不是消灭"中篇"本身，而是调整和扭转中篇演出的演员搭档格局，即让双档表演来承载"中篇"节目的演出任务。避免一个完全可由二人完成的三回书，非要多人去说演的畸形状态，从而在艺术的演出方式上，回归评弹的说书本体。

其次，要破除中篇崇拜的创演迷信，倡导"中篇长篇化"的发展路径。毋庸讳言，中篇节目也有篇幅局限，无法充分发挥说书表演的艺术优长。但其完整的故事情节及优质的思想内容，完全可以丰富发展为新的长篇连回节目的文学及表演基础。诸如《雷雨》等中篇评弹，进行长篇化的丰富和打磨，潜力也是具备的。

同时，要扭转"起脚色"表演的代言对白泛滥，即"坐演话剧"的倾向和服饰化装过度的舞台营构偏误，重铸苏州评弹说书表演本色性"说法"的美学本位，张扬曲艺表演的"表现性"特质，避免戏剧（戏曲）表演的"再现性"运用。这是由于许多的中篇评弹，已经不只是在演出阵容上的"大兵团"作战，或者在演出方式上代言模拟的"起脚色"泛滥，而是同时存在着化装道具齐上阵、坐唱歌剧"拎不清"的"四不像"乱混搭倾向。而避免这些偏误并回归正轨的正确办法，其实也很简单，就是在书台上坐下来，老老实实地说书，不去出力不讨好地闹腾。尺有所短，寸有所长，吸收化用可以，邯郸学步不必。将苏州评话和苏州弹词的本体和本色丢掉,到头来就如盖叫天所言,连"跑龙套"都不一定捞得到。质言之,"中篇"可以促使其"长篇化",但"说书"及评弹绝不可以"戏曲化"。

(张进　江苏省苏州市人大机关干部、苏州评弹鉴赏家)

传承传播

陈连升

# 我的曲艺广播编辑生涯

【内容提要】广播是曲艺传播包括节目传播和知识传播的重要媒体。中华人民共和国成立以来的曲艺广播，为传承发展中国曲艺、丰富广大听众的文化生活，发挥了历史性的巨大作用。许多曲种和节目包括演员，能被更为广大的听众熟悉和喜欢，广播的传播功不可没。而采录、编辑、制作这些曲艺节目的电台编辑，无疑是发挥这些作用的核心力量。陈连升先生退休前基本上都在中央人民广播电台文艺部曲艺组任职，尤其是在20世纪80年代前后的曲艺广播特别是相声节目的组织编辑工作中，贡献突出。这篇回忆文字，既是对他主要贡献的亲口述说，也是对这一时期中央人民广播电台曲艺广播及节目组织情况的历史留迹，很有史料文献价值。

【关 键 词】中央人民广播电台　曲艺广播　节目组织

我属于中华人民共和国成立以来中央人民广播电台的第二代广播曲艺编辑。1964年9月参加工作，不久就赶上了"文化大革命"，那时曲艺属于"四旧"，被诬为"叫花子艺术"，电台被迫解散了曲艺组，编辑们被分配到别的组。我虽身在外组，可心在曲艺上，当时创作了不少对口词，如《干革命靠毛泽东思想》，还写了京东大鼓《批判派性》等。

20世纪70年代初，文艺活动开始松动。有些城市搞起了业余会演，涌现了单弦、快板、相声等曲艺节目。我台文艺部适应这种形势，决定恢复曲艺组，由我负责这件事，戏曲组组长老郑辅助。我提出恢复建制容易，更重要的则是恢复节目。恢复节目得有个突破口。我想：相声这种形式，风趣幽默最为适宜，演员就选中了知名度高又有创作能力的马季。

此时马季已由干校回来，正和艺友王金宝、于万海改编铁道部第三设计院业余文艺宣传队创作的相声《坦赞铁路传友谊》，这就是后来的《友谊颂》。我们就驱车到了南口他们的驻地采访，见面后话语投机，都很高兴。马季念完本子以后，我感到很不错，有几个特点：1. 主题新。歌颂了中非人民友谊。2. 人物新。段子里的外国友人有血有肉有感情也有个性。3. 视野新。过去的讽刺相声，涉及的是美日英法，这次是神秘的非洲大陆。我们认为段子能用，让他们多征求意见，特别是援外人员的意见。他们的几次活动我都出席了，趁他们把段子立起来的当口，我便录了音。后来去援外办公室征求意见，那里的同志反馈说不错，就是斯瓦西里语不标准。我建议他们找国际广播电台的专家去学这门外语，他们认为好，就照办了。改好之后，1973 年 3 月 9 日，我在广播剧场实况录音。后来把录音和报批报告送到军管小组的头头那里审查，希望尽快播放。军管小组的头头看过后大为光火，他大声责问我："谁让你录音的？你简直无组织无纪律！你不知道文艺节目归口在文化组吗？！"他还拍了桌子。我当时年轻气盛，一看他拍了桌子，我也拍了桌子。我厉声回答："广播有传播新闻、传播知识、提供娱乐的几大功能你知道吗？我是文艺编辑，我的职责就是挑选好的文艺节目录制播出。如果发现好的东西不录制，那是我的失职，你斥责我什么？你可以不批准播放，那是你的权力，但是你不能不让我录！否则要我们何用？！"本来是一件好事情，结果弄得不欢而散。

我原以为《友谊颂》就到此为止了。可没想到，后来又有了起死回生的转机。1973 年的"五一"劳动节，北京市几十万人大游园。中山公园、颐和园、劳动人民文化宫都举办游园活动。新闻电影制片厂要拍花絮，制作纪录片。他们在中山公园拍摄时，指定要拍《友谊颂》，拍了两分多钟，编在纪录片里。后来审查通过了，纪录片也就可以在全国各地放映了。

"五一"节过后，我又找到军管组头头。我说："当初你说文艺节目归口在文化组，要是比文化组还大的领导说了话，算不算？"他一听，愣住了。让我把事情说清楚。我告诉他,相声《友谊颂》已在中央新闻纪录电影制片厂拍摄的纪录片中播放了。他说:"好的,你反映的情况很重要。我们了解一下,尽快答复你。"

事后,军管组头头把马季、唐杰忠叫到他的办公室,了解了一下情况,还让他们把《友谊颂》表演了一下。他实在挑不出毛病了,反正新影厂已经播放片子了,他便打电话通知我:同意《友谊颂》播出。我一口气跑到他的办公室,让他写了批条,并很快写好了串联稿,然后抱着录音带,跑到复制间复制合成。6月底7月初,相声《友谊颂》就在中央人民广播电台播出了。播出后,很快在全国引起了轰动。人们奔走相告:中央台又播相声了,相声又可以说了。客观上讲,这个节目的制作播出,吹响了那个年月相声复苏的号角。

如果说,马季、王金宝、于万海在特殊的年代,为相声的生存做了呕心沥血的拼搏,那作为他们的战友,我也是在极端困难的条件下伸出了援手,做出了担当。

恢复曲艺组之后,领导想让我当负责人,但我不想把时间花在行政上,因为曲艺复苏、文艺复苏任务很重。

1976年10月6日粉碎"四人帮"以后,我想创作一个群口快板庆祝胜利。宣传负责人李德文跟我说,一个快板有多大影响?你应该组织一个歌颂粉碎"四人帮"的晚会,那气势才大!我受到启发,很快召集在北京的八个文艺团体,在国务院"二招"开会。我提出组织庆祝粉碎"四人帮"的歌曲和曲艺演唱会,大家一致表示赞成,两个小时便拉出了节目单,参加的演员,有总政歌舞团的寇家伦、中央民族歌舞团的方明、铁路文工团的呼延生、煤矿文工团的栾桂兰;曲艺部分有北京曲艺团的山东快书演员刘司昌、中央广播说唱团的相声演员马季和唐杰忠。排演过程中,剧场提出不要场租,音响、灯光,大家抢着负责,真是齐心协力!12月6日,歌曲曲艺演唱会成功举办,由老组长王决当舞台监督。节目播出后,兄弟台抢着要录音,因为他们也想效仿举办类似晚会。

这边晚会结束后,李德文拉着我,又在首都体育馆搞了三个超大型的晚会:"庆祝粉碎'四人帮'伟大胜利""周总理逝世一周年""跟着伟大领袖毛主席奋勇前进"。"庆祝粉碎'四人帮'伟大胜利"的演员我请了常香玉和王昆，常香玉是著名豫剧表演艺术家，非常爱国，抗美援朝捐献了一架飞机，以后一直致力于豫剧改革，提倡"戏比天大"，我非常敬重她。请她时，她一拍大腿说"我去"，不过又说"我没节目"。我说您放心，我们帮你找。后来把郭沫若的诗《水调歌头》给她，她看了非常高兴，几经哼唱，便出现豫剧味的旋律，接着唱了两句："大快人心事，揪出'四人帮'，揪出'四人帮'，啊嘿……"我们说行，别找人设计唱腔啦，就它了。后来她上门征求郭老意见，也得到认可。上晚会一唱，很快就在全国流行了。王昆唱的是《农友歌》。晚会结束，王昆问我唱得怎么样，我说你又回到了延安时代，她心里特别高兴。常香玉见了我大哭，说自己在演唱中出现了个小劈音，"老陈，我太对不住你了"。我说"没事，你任务完成得太好了，所有观众都感谢你，你那个劈音完全听不清"。"周总理逝世一周年"的晚会中，殷之光朗诵《周总理办公室的灯光》很感人；郭兰英演唱的《绣金匾》，唱到"三绣周总理，人民的好总理。鞠躬尽瘁为人民，我们热爱你"时，眼圈红了，全场观众哽咽，情景至今令人难忘！

那时搞活动，没有报酬。不让谁演，谁就哭；吃的就是面包加香肠。现在想起来，仍然历历在目。这是"文革"之后第一次超大型的晚会，演员都是名演员，节目多是新节目，观众也是人心大快，是欢乐回归、笑声回归的晚会，一万七千人的剧场，坐得满满当当，恐怕今后很难再有这样的盛况了。我真庆幸当年参与组织了这三个专场晚会，既是享受，更是责任。我们广播人，在关键的时候做出了担当。

三大晚会之后，李德文调到上级部门，我在行业里也有了知名度。全国妇联、民政部、团中央、中国曲协都找我，希望搞点破四旧、树新风、对青少年进行传统教育的曲艺专场晚会。为此，从1979年7月15日至1983年12月，我们组织了十几场"专题曲艺晚会"。主题包括恋爱婚姻、道德风尚、法制宣传、五讲四美三热爱，等等。当时，每个专场有7个节目，就算演出15场吧，总共收获了100多个不错的节目。相声就有《诗歌与爱情》《财迷丈人》《教训》和《见义勇为》等，快书、快板、鼓曲水平不错的也不少。当时我帮助团中央编了一本《恋爱婚姻，道德风尚》曲艺选，还在《北京日报》上编发了《从曲艺专场所想到》等文章。通过这些专场，推出了像姜昆、侯耀文、石富宽、赵炎、笑林、王谦祥、李增瑞等一批优秀的中青年相声演员。其中，侯耀文、石富宽就是通过演我给他们的本子《财迷丈人》和《见义勇为》走红的。《财迷丈人》讽刺结婚时滥要彩礼的变相买卖婚姻行为，又是柳活，侯耀文表演起来得心应手。他仿学黄梅戏《天仙配》选段，又学评剧唱腔，又把绝迹多年的太平歌词用在了财迷透顶的老丈人身上，让人感到耳目一新。包袱也不错，像"户口本还在老头裤腰上缝着呢"，又如"受苦最深的人最知道无钱的苦、有钱的甜"，"对！只要爸爸您同意，我嫁给您都行"等，足以让人发笑。侯、石二人正是从《财迷丈人》开始享名的。

1980年5月4日，中央人民广播电台又举办了"纪念五四青年节曲艺专场"，业余作者刘凯突击创作了相声《见义勇为》，我一看是反映青年人敢于同坏人坏事作斗争的，挺适合侯耀文表演，就连夜把本子给了他。侯耀文不负众望、突击排练，上台后从容不迫、流畅自然，演得无懈可击，还给段子加了两处包袱，一处是"我抽歹徒大嘴巴时用力过猛，把一边抽下来，反手就贴在另一边，我叫他一边不要脸，一边二皮脸"；还有一处在原稿"我叫你白刀子进去，红刀子出来"之后，加上了"漫说是白刀子进去，红刀子出来，就是扎出十二色来，我也不放过你"，加得相当出色，可以说字字千斤，起到振聋发聩的作用，也展示了他驾驭语言的出色能力。这两个段子之后，侯耀文又以参加首届相声评比表演的《糖醋活鱼》，荣获创作和表演双一等奖，一下子成了冉冉升起的相声新星。总之，这些晚会推出了新作，推出了新人。王震等老一代革命家对专场晚会也给予了充分肯定。

这之后，我参与策划并组织实施了1984年的全国首届相声评比。举办这次相声评比的初衷：相声在粉碎"四人帮"后的初期，异峰突起，兴盛过一阵子。可没过几年，大的滑坡就出现了；一部分节目题材狭窄、内容肤浅、表演质量下降。具体表现为：

1.一些相声开掘生活不深，只是把社会上的一些落后现象，排列组合或堆砌在一起，没有提炼就粗率渲染、凑趣搞笑，至于想说明什么、达到什么目的，一点也不明确。

2. 题材狭窄，动物趣话、学醉酒等类为凑趣而凑趣的段子生吞活剥，同时大量学唱的柳活段子充斥舞台，形成了说不如唱、以唱为尚的奇怪现象。

3. 一些脚本作者创作态度不严肃，一味地追求逗笑，结果观众当时笑了，事后觉着后悔。因为思想境界不高，语言比较低俗。

4. 还有的作品缺乏包袱，纯属滑稽对白。

5. 更有些地方相继出现了所谓的"吉他相声""电子音乐相声"和"舞蹈相声"等，引起了一些争议，也引发了无序发展的思潮。

为了提高相声节目的艺术质量，促进相声艺术的繁荣发展，我们中央人民广播电台联合原文化部艺术局、《中国青年报》编辑部和《曲艺》杂志编辑部，举办了有史以来的第一次全国性相声评比。

这次相声评比，自1984年3月开始筹备，中间经历了准备阶段、作品讨论和修改加工阶段，还有评选揭晓阶段。准备阶段大致为三个月，我是主要运作人之一，担任初审组组长。第一个阶段，从500多个投稿中选了24个相声作品入围；第二个阶段为脚本修改加工阶段，对24个作品进行加工修改。之所以加这么个阶段，是因为我们认为，搞大赛不光是评出名次，主要是推出精品、推出新人、丰富电台的播出节目。这个活动最后是在青岛举行的，评比最后一个阶段又花了一个月时间，原因是作品讨论会后，又陆续收到了一些基础好的作品，经过筛选留了18个，连同之前上了讨论会的24个，共42个作品交评委会以无记名投票的方式评选，最后推出37篇作品获奖，24对演员获得了演出奖。

再谈谈大赛取得的成绩。

这次评比活动，基本上达到了预期目的，提高了相声节目的艺术质量。获奖作品无论是题材、体裁，还是表现手法，都有所出新和突破。总结下来，有如下几个特点：

1. 题材新、角度新，具有浓厚的生活和时代气息。拿获得一等奖的相声《肝胆相照》来说，透过一个后进人物的眼光，目睹工厂十年的变化，有血有肉地塑造了一个敢于用人、善于用人的女书记形象；另一个一等奖作品《训夫》，则通过妻子对军人丈夫的规劝和开导，反映了部队干部制度改革的大题材；相声《临死之前》则通过巧妙的构思对极"左"思想进行批判，反映了知识分子入党难的问题。

2. 艺术形式、艺术手法有突破、有创新。比如《华山群英》这个段子，是歌颂第四军医大学的同学华山抢险事迹的，是歌颂型段子。作者没有停留在一般的描写叙述上，而是通过一位电影编剧兼导演指导演员扮演抢险的医大学员和遇险游客的过程，映射出不同人物的思想面貌，包括演员自己的切身感受。通过形象的对比，使听众仿佛置身抢险的气氛当中。边凝神谛听，边发出会心的微笑，"包袱"设置得相当不错。另外，开头部分的朗诵及后边通过豪言壮语抖包袱也都挺成功的。又如相声《肝胆相照》结尾时，"我"向云书记检讨那一段，如果按照旧的表演手法，就要用夸张的号啕大哭来哗众逗笑，而这样就违背了生活的真实，也冲淡了主题。为此，演员在表演上有意识地摒弃了传统的旧框框，而是通过细语、泣诉、忏悔来表达人物的内疚和转变，借鉴了话剧和电影的表现手法，效果也很不错。

3. 节目的格调和文学性都有提高。比如获奖作品《手的研究》以诗的激情、语言和节奏，对劳动予以讴歌，非常独特清新；相声《鸟语花香》正像曲艺理论家薛宝琨所说的"并不一般地宣传保护自然资源、爱惜珍禽异鸟的政策，而是相当艺术地把它们组成一幅幅形象图画，通过启人心灵的诗情画意，让人们在审美享受中体悟热爱自然、热爱生活的情趣"。

时任中央人民广播电台台长的杨兆麟在颁奖大会上讲道：格调问题是我们这次评比活动反复强调的问题，群众对一些相声有意见，主要就是集中在格调问题上。一个作品的格调，是作者和演员艺术观和审美观的集中表现。有什么样的艺术观、审美观，就会有什么样的格调。要提高作品的格调，相声艺术工作者首先必须加强思想和艺术的自我修养，这是一项长期的任务。我们这次就是根据这个指导思想去做的，总算有了一些成果。

这次相声评比，得到老一辈革命家陈云同志的关怀和支持。他在写给评比活动的总顾问侯宝林同志的信中说："得知您们举行了相声作品讨论会，并将召开评奖大会，很高兴。祝你们在发展相声艺术、丰富人民精神生活的事业中取得更多的成就。"陈云同志的信，对我们这次评比活动给予了充分肯定，指出了发展相声艺术的方向，给了我国相声艺术工作者以极大的鼓舞。我想，这也是这次评比活动获得成功的重要原因。

1986年，中央电视台举办全国部分省市电视邀请赛。金成导演约我帮忙，其间我发挥了一些主观能动性：主持人叶惠贤是我推荐的，同时又帮他们选择了比赛现场——中直礼堂。当时，组委会看中了廉春明创作、李金斗和陈涌泉表演的对口相声《武松打虎》，认为是很有影响的节目，希望参加比赛。可北京市曲艺团的领导决定，此节目只参加文化部主办的全国新曲目大赛，不参加电视邀请赛。理由是，文化部的比赛，获奖了对团里的荣誉和演员评职称都有好处。相比之下，媒体比赛就不那么重要了。组委会领导让我去做团长的工作，我向团长介绍了举办首届电视邀请赛的意义，并且特别告诉她：现代化传媒可以使演员迅速走红，错过了机会李金斗不但恨你，作者也不会满意。团长听我说得有道理，又觉得为难。说我们已报名文化部参赛啦，不能言而无信吧。我说："不是让你们放弃一头，而是两边参赛。"团长担心文化部不同意，我说我去沟通。后来我去找文化部的有关部门沟通，他们同意金斗两边都参赛，结果，那次李金斗一举得了双冠，从此成了当红的相声演员。

1992年，中央人民广播电台的节目制作改为栏目化运作，为此我们特意创办了"老广播谈相声"和"相声赏析"两个专栏，王决先生为栏目撰写了很多稿件，他不写的由我来写。我因此搜集了不少相声史料，拜访了相声名家马三立、侯宝林、陈涌泉、于连仲等老先生。"老广播谈相声"开办后受到听众欢迎，先后收到听众来信2000多封，有人曾希望挑选一些信件编辑成书出售，我想的是现在还在丰富当中，暂不需要出书。通过编辑这个栏目，我对相声发展的历史，有了进一步较为全面和系统的了解，收获颇多。

1999年，我退休前想为相声艺术做一两件大事，其中一件是在儿子的帮助下，策划了"中国相声百年回顾博览会"，目的是为相声树碑立传。策划文案由中国传统文化促进会上报文化部后得到批准。可惜赞助没拉够，缺少经费支撑，"中国相声百年回顾博览会"最终没有办成。当时马三立和郭荣起等老艺术家都在，可以办成一个5代至9代相声演员大团圆的盛会，也可以展示相声发展的历史。当时王决先生为我提供了寻找相声艺术展品的线索，马季为我题写了"相声百年回顾博览会"的会标,大家都做了很大努力,可惜没有办成。

庆幸的是,后来我们的文案被许多办节目、办展览的人选用了、参考了,感觉努力并没有白付出。

记得当时曾有人上门来,想买我们的策划,开价十万,被我们拒绝了。因为我们不知道他们准备干什么。后来干脆把策划书发表在我的综合文选里,谁爱用谁用,只要做正经事、做正能量的事就行。

我这一生对曲艺酷爱,投入了全部的精力,做了一些对事业拾遗补缺的工作。比如策划"相声百年回顾博览会"就是一项。此事别人想不到,想到也策划不了,没有足够的阅历和积累不成。另外还有三项具有填补空白意义的事,第一是1976年5月我被借调到文化部调演办公室,负责节目初审和写简报,当时我特别想知道曲艺有多少曲种,经我调查研究,统计下来有348个,我找到了大数据,后来在文章里公布,在节目中加以宣传,无意中为后来直至非遗保护的相关工作,做了一点铺垫。第二是我看相声演员为人们带来笑声,可竟然无史。于是以我为主,会同山东曲协的孙立生,从1984年准备,历经三年,完成了主编《相声群星》一书的任务。这本书介绍了14位作者、72名演员,是相声界第一本传记性的书籍。出版时请曾任解放军总政治部主任的著名诗人肖华同志题写了书名,请时任文化部常务副部长的高占祥同志撰写了序言。尽管是个通俗性的宣传读物,但印行后社会影响很大,第一版印了一万多册很快卖光。为出此书,一些演员还进行了义演,去呼和浩特演了两场。因时间仓促,有些演员连火车硬座票都没有买上,侯耀文、石富宽等这样的名家,竟在列车上席地而坐,打了一通宵扑克到达演出地,令我非常感动。侯耀文说:"老陈,我可冲着你才来的。"说完他又笑了笑:"你又为了谁?还不是为了我们。"说的也是,要不是为笑星立传,谁能搭上三年的工夫啊!第三是2009年北京市文联编纂《新中国北京文艺60年》(1949—2009)的"曲艺卷",受聘担任主编的中国艺术研究院曲艺研究所所长吴文科同志约请我当编委,并特别要我执笔撰写中央人民广播电台、中央电视台和北京人民广播电台等六家媒体的曲艺传播情况,实际是写一篇新中国首都北京的曲艺传播简史,时间只有三个半月,任务又那么重,最终我克服了畏难情绪,去各单位悉心采访,搜集史料，硬是准时完成了，也算填补了这几家中央及首都媒体没有曲艺传播史的空白。回来一想，幸亏那时候我努力写了，现在老人都没了，资料没处找，想写也写不了了。

有人曾经送过我三个称号：第一个是"托星人"，第二个是"信得过的编辑"，第三个是"曲艺界最活跃的积极分子"。

第一个称号是号称"曲艺杂家"的崔琦送的，他说我光相声界就推了七、八、九三代人，为他们撰稿、为他们宣传。此言倒也不虚：是我推荐姜昆和赵炎进的中央广播说唱团，并为快板名家姚富山出书写了序。1992年春节前夕，上级领导指示冯巩创作一段反映亚运会题材的相声。命题作业难写，时间又紧，冯巩和牛群登门请我帮忙，我放弃休息，召集了廉春明、赵小林和赵福玉等七人在家开笔会，共同出谋划策，突击了半天又半夜，完成了初稿，此作不仅让他们过了关，还获得了当年中央电视台春节联欢晚会优秀节目的一等奖。

送我"信得过的编辑"称号，是由于我为编清廉，常给人改稿却从不加名，遇有送礼会加倍奉还。组织了那么多台演出，却从不沾钱。有一次，我组织演员去保定演出，有位副台长问侯耀文说："电台有事，陈连升一打招呼，你们全来了，我要打招呼，你们来不来？"侯耀文回答说："不一定来。因为您没跟我们打过交道，没有宣传过我们。陈连升他为我们扬蔓而又不占我们便宜，他是信得过的编辑。"这个称号就是这么来的。

第三个称号"曲艺界最活跃的积极分子"，是原文化部常务副部长高占祥同志在一次公开谈话中说的。因为我这辈子举凡曲艺界的大事小情都要参与，我策划组织过近百场的专场演出，报道过历次相声节活动，参加过无数次研讨会，还给北京大学的学生讲过课，当过曲代会代表，涉猎过电视、广播两项传媒。所以，相声演员孟凡贵说，"您不是参加过哪次活动，而是没参加过哪次活动"。这个称谓，就是这么演化来的。

除了主编过《相声群星》，合编过《西汉故事选》和长篇快板书《桥隆飙》、中篇快板书《智破黄金案》，我还写过许多段鼓曲唱词，出版了《陈连升综合文选》，现在正准备再编辑出版一本"综合文选"。

记得1981年春节前夕，我和国家计划生育委员会的赵裕丰同志，在工人体育馆和首都体育馆同时举办一场相声晚会，由演员跑场演出，观众总计达三万余人。古今中外没有听说那么多人同时观看一场晚会的，但我们举办成了，也算一次奇迹吧。

有人说，我是拼命三郎。这话对，只要是对曲艺有利的事，我就拼命去干，绝不偷懒。

1983年4月，我右脚不幸骨折，无法上班，又不想白白浪费时间，就找来北京人民广播电台的名主持于万海，商量把长篇小说《桥隆飙》改编成长篇快板书。老于笔头快，写第一稿，我负责第二稿。三个多月下来，竟然完成了。青岛人民广播电台组织快板书名家高明远录制播出，效果非常好，后来曾交换给不少的地方电台播出。

1986年元旦，我参与组织中央人民广播电台和中央电视台联合举办的春节相声联欢会，地点选定为太原体育馆。当时我双眼患视乳头水肿，看东西不是重影，就是有一层黑幕。领导劝我休息，我坚决不肯，硬是四去太原联系场地、组织观众、解决赞助问题。播完晚会之后，去中医研究院看眼睛，大夫埋怨我，为什么这么晚才看？我说："那怎么办呢？"这大夫是个教授，是眼科的权威，肯定地说："我开服汤药，必须吃100服才能好。"就这样，我足足吃了100天汤剂，最后眼睛才恢复正常。

想想这大半辈子，为了曲艺繁荣发展，付出了大量的心血与汗水，但也获得了大家的肯定与鼓励，被称作专家型的媒体人，算是一分耕耘一分收获吧。

时至今日，我已八十出头。但我心里不服老，我要八十豪迈再起步，为传统文化，包括曲艺的伟大复兴，继续贡献余热。

（陈连升　中央人民广播电台资深编辑）

张啸涛

# 传播介质演变与曲艺创演发展*

【内容提要】曲艺的创演发展与传播渠道及其手段的变迁密切相关。2020年年初暴发的新冠肺炎疫情，不仅迫使人们改变了许多的日常习惯，也加速着数字媒体包括互联网络和手机终端等对传统曲艺的传播形塑。从广播电视到互联网络再到自媒体终端，传播介质一次次刷新着曲艺的创演面貌，也一次次挑战着曲艺的传承发展。既紧跟时代脚步，又坚守自身规律，才是用好传媒"双刃剑"的正确态度。

【关 键 词】传媒演变　曲艺发展

2020年出现的新冠肺炎疫情迫使人们改变了日常的生活习惯，也对曲艺行业的创演传播产生了很大的影响。更加重视新媒体的应用成为广大曲艺从业人员抗击疫情、演出自救的重要考量，也成为集结民营曲艺队伍、尽力避免传统曲种加速失传的重要保障。"线上与线下互辅互承"的展演方式，呈现出数字时代曲艺创演面向未来发展的新趋势。

媒体的变革不但影响着曲艺的传播方式及路径，而且影响着曲艺表演的美学形态。这种状况，在曲艺的历史发展过程中一直存在着。可以说，传播媒介

---

＊ 本文系2020年中国艺术研究院基本科研业务费项目"中国曲艺舞台美术研究"（立项号：2020-1-18）阶段性研究成果。

的历次变革，与曲艺本体性创演特征的传承，共同构建了曲艺发展的历史。曲艺作为表演者与观赏者互动性极强的表演艺术门类，其表演形式和传播方式在不同的历史阶段展现出鲜明的时代特征。尤其是近百余年的发展，传播媒介的变革直接影响了其创演美学的形态变化。

### 一、大众传播对曲艺本体性创演特征的"形塑"

曲艺表演通过广播电台和电视台进入千家万户，使曲艺演员成为深受亿万听众和观众欢迎的大众明星。这种变化带来的影响，与古典时代的曲艺表演从"撂地""画锅"进而步入"勾栏瓦舍""茶馆剧场"相比，具有天壤之别，也使曲艺这门古老的艺术跟随历史演进的滚滚洪流迈入现代社会复杂多元的炫丽景观之中。同时，广播和电视媒体的产生与普及，也让曲艺的传统创演形式遭遇到现代性的剪裁和规制。如在广播媒介中的曲艺表演，受众"只闻其声，难谋其面"，使古典时代曲艺表演者直面观众时所积淀的丰富深厚的表演形式和表现手法不能技尽其用、人尽其才，只能在声音的表现领域努力拓展，但也强化了擅长声音造型的这类表演形式的展示能力。因为，"只闻其声"的媒介剪裁，要求表演者在声音的展示和语言的表达方面更为悦耳和精纯，对所演节目结构设置的巧妙、思想深度的开掘，等等，都提出了更高的要求。而让听众单纯地通过声音就能开拓出更为广阔的联想空间，必然迫使表演者更为自觉地淬炼自己的艺术技巧。

大众传播媒介的发展进入电视传播时代后，曲艺在电视台播出的节目内容及形式技巧更为丰富。在电视书场、综艺栏目以及各种晚会的节目形态中，曲艺表演的传播效能，达到了前所未有的程度。电视媒介将观众的客厅变为曲艺舞台，如同美国传播学者梅罗维茨所提出的"消失的地域"之喻，在感官上观众与演员之间的物理空间消失了，观众获得了虚拟的现场感受，但并不能参与其中，演员与观众之间的信息交流实际上是被阻断的。电视媒介需要给观众呈现丰富的镜头语言和细腻的观赏视角，因而电视节目制作流程和表现手段更为复杂，需要更多技术与艺术人员的参与，在此过程中，曲艺表演的本体性特征便受到了媒介特性更为严格的分解和规制。电视媒介作为视听载体，能够通过多样化的方式传递给观众多层次、多角度的复杂信息，传递的信息如果单一和缓慢，就不能够吸引观众的注意力，也不是电视媒介的属性。"观看"成为电视媒介出乎其类的优势，媒介属性对"好看"的要求，甚至超过曲艺对"好听"的主体性要求。只有通过华丽的背景、人物的动作、丰富的景别、快速的剪辑等，对传统的曲艺表演及其节目进行二度创作及加工制作，才能符合电视媒体的播出要求。诸如相声的"三番四抖"、评书的"草蛇灰线"、评弹的"韵味悠长"，无不受到媒介时空属性的规制。即与传统的曲艺表演相比较，在电视媒介中演员的表演更强调动作和表情，导致传统曲艺在电视中呈现出"碎片化的表演"，观众在家中的个体化收看，因缺少群体性的效应，注意力容易分散，从而使得观赏行为大多成为边做事边观看的"碎片化接受"。广播和电视的媒介属性与传统曲艺本体性特征的这种相承与相悖，既促进了曲艺的发展，又分解了其表演的固有形式，也打乱了传统曲艺以听觉为主的审美接受形态。

## 二、互联网与移动终端促生曲艺传播的多元形态

媒介变革为曲艺的发展提供了机遇，也提出了挑战。比如突如其来的新冠肺炎疫情，或将使得2020年成为曲艺传播进入数字移动终端时代的迭代元年。根据《新冠肺炎疫情对当下曲艺演出经营实体影响调查分析》[①]一文对2020年曲艺行业上半年演出状况的专项调查，有83.78%的受访对象明确表示，因受疫情影响，已经出现明显经营困难。事业单位编制的曲艺表演团体虽有政府财政支持，但仍有45.24%出现了较明显的经营困难；一些资金较为雄厚的国有曲艺院团，有64.29%认为出现经营困难；"曲艺两新"[②]出现经营困难的比例均

---

① 张小卫、胡玉强、炜熠：《新冠肺炎疫情对当下曲艺演出经营实体影响调查分析》，《曲艺》2020年第5期。
② 民营曲艺小剧场或曲团以及个体曲艺从业者通常被称为新曲艺组织或新曲艺群体，简称"曲艺两新"。这两类新文艺群体是在改革开放进程中产生、发展起来的，他们与传统文艺群体的区别在于：在社会主义市场经济条件下，不依赖财政拨款，不占用行政事业编制，活跃在广袤的社会空间中，以自身的艺术创作和文化服务，丰富着人民群众的精神文化生活。

在92%以上,即受市场萎缩的影响最为严重。①2021年,国内新冠肺炎疫情出现局部反复,对元气尚未恢复的现场曲艺演出再次产生冲击。为了生存,曲艺演出行业加快了进入新媒体平台的步伐,数字广播、短视频、网络直播、云演出等曲艺传播方式纷纷登陆各种数字媒体平台,作为抗疫自救的一种手段,借此也取得了一定的传播效果和经济效益。就此而言,多元的数字传播的确为曲艺的发展提供了更为广阔的空间和规避冲击的渠道。

(一)互联网数字广播的平等、开放与互动

如今,数字广播已经成为一个非常成熟的媒介平台,为听众提供了丰富的选择。除卫星广播和高清(HD)广播外,最为重要的媒介变革是建立在流媒体平台上的"移动终端"广播节目。数字技术的发展,也使广播的传统运营方式发生了改变,"听众"变成"用户",全世界的用户都可以根据自己的时间和喜好,实时或者随时在线收听或制作节目内容。除了传统的广播电台已经互联网化之外,建立在"移动终端"的APP电台,成为向全用户开放的内容平台。当前国内最具代表性的"移动终端"APP电台主要有:喜马拉雅FM、蜻蜓FM和荔枝FM等。喜马拉雅FM不但与很多曲艺名家签订了版权合作,因为是向全用户提供播出机会的开放平台,所以也为曲艺新人提供了展示的空间,其去中心化的媒介特质与大众传播时代的媒体资源向曲艺名家集中逐利的现象不同,"机会平等"是当代媒介与传统媒介区别最大的价值取向;蜻蜓FM聚焦于直播服务,播出形式仿佛传统的广播电台,大部分的节目内容都来自与传统电台和一些曲艺机构团体的直接合作;荔枝FM主打的是"人人都是主播"的概念,主播权限开放给全用户,提供了一个更为平等的平台,每一个人都能够在其web端的主播入口申请开专辑,在其移动客户端录制音频节目上传。

广播媒介在技术上的这种变革,为各种层次的曲艺演员和爱好者提供了展示空间,为曲艺的推广建构起更为平等、广阔和多元的平台。"移动终端"APP

---

① 参见张小卫、胡玉强、炜熠《新冠肺炎疫情对当下曲艺演出经营实体影响调查分析》,《曲艺》2020年第5期。

电台也提供了不同程度的社交功能，包括关注、评论、点赞、转发、粉丝圈等，有些还有打赏功能。表演者与听众可以形成直接互动，志趣相投的曲艺爱好者，还可以建立网络社区，进行讨论切磋，形成另一种参与观看的群体效应。曲艺节目上线后，还可以分享到微信、微博等社交媒体，形成传播矩阵。在此过程中，表演者根据表演内容的被关注程度，能够吸引商业广告的投入，进而取得相应的经济效益。

**（二）符合当代社会观赏心理机制的移动终端曲艺短视频传播**

现阶段，无论是新媒体平台还是传统媒体，产品内容的传播终端都发生了很大变化。"新媒体流量开始集中到移动终端，使用固定设备对产品内容进行观看已经大幅度减少，二者使用流量的数据比大约为 9∶1，原因是从 2019 年开始，短视频应用爆发式增长"[①]，抖音、快手、西瓜视频、火山小视频、微信视频号等短视频平台的国内用户量更是大幅增长。根据中国互联网信息中心（CNNIC）2021 年 2 月 3 日发布的第 47 次《中国互联网络发展状况统计报告》显示，"截至 2020 年 12 月，我国网络视频（含短视频）用户规模达 9.27 亿，较 2020 年 3 月增加 7633 万，占网民整体的 93.7%。其中短视频用户规模达 8.37 亿，较 2020 年 3 月增加 1.00 亿，占网民整体的 88.3%"[②]。由此可见，短视频的传播已经形成现象量级的增长。移动终端的长视频平台以腾讯视频、爱奇艺、优酷、哔哩哔哩、芒果 TV 等为主。经过多年的发展，移动端的长视频传播已经趋于稳定。新媒体流量在移动终端的集中，催生了大量与曲艺表演相关的短视频。其中，大量曲艺经营实体和个体艺人制作了主要为经典曲艺表演资料、曲艺演出、曲艺幽默片段、曲艺知识普及、曲艺教学等内容的短视频。曲艺短视频的表达方式，也追求与当代社会群众心理需求相一致。特别是短视频制作软件的图像强化功能，提升了作品的娱乐效果，符合青少年群体的观赏

---

① 张同道、胡智锋主编：《中国纪录片发展研究报告（2020）》，中国广播影视出版社 2020 年版，第 109 页。

② 信息来源：中国互联网信息中心（CNNIC），http://www.cnnic.net.cn/hlwfzyj/hlwxzbg/hlwtjbg/202102/P020210203334633480104.pdf，2021 年 8 月 17 日。

心理；并且能够及时、便捷地发表评论，使互动性增强。而短视频制作的低门槛，更是吸引了不同层次曲艺从业者或爱好者的参与，使之在相互评价和欣赏中，搭建起了便捷互动的平台，具有提升爱好者曲艺素养、普及曲艺知识、宣传推广新人新作等的积极作用。短视频平台设置的可以分享到微信、微博等社交媒体的功能，使其传播效应更趋强大。

**（三）能够实时互动的曲艺线上直播和云演出**

也据中国互联网信息中心（CNNIC）2021年2月3日发布的第47次《中国互联网络发展状况统计报告》显示，"截至2020年12月，我国网络直播用户规模达6.17亿，较2020年3月增加5703万，占网民整体的62.4%"。其中，"真人秀直播的用户规模为2.39亿，较2020年3月增加3168万，占网民整体的24.2%；演唱会直播的用户规模为1.90亿，较2020年3月增加3977万，占网民整体的19.2%"[1]。而据《曲艺演出行业线上直播模式分析》[2]一文的作者张小卫和胡玉强对2020年曲艺行业线上直播的调查，曲艺院团机构和演员个体都开始积极开展网络直播的演出，网络直播也成为曲艺个体演出主要的赢利渠道。如上海评弹团的官方抖音号上线后，策划了《评弹中的真与假》《评弹与上海》《评弹与疫情防控》等系列直播节目，吸引了大量年轻互联网用户的关注，取得了很好的社会效益；"曲艺两新"更为积极地投入到线上直播的创演实践中。许多民营曲艺班社尤其是相声班社，都积累了丰富的直播经验，并使网络直播的传播效应获得空前的发展。虽然现阶段的传播效应还是大部分集中于曲艺名家和著名团体，但是，直播平台相对公平的媒介属性，也为拥有潜力的曲艺新人提供了锤炼、积累、前行的平台。

与其他传播形式相比，网络直播的传播形式，最接近于曲艺的现场演出。网络直播是建立在互联网的多媒体娱乐互动基础之上的传播形式，它"通过直播平台向终端用户以直接在线方式进行文字、语音、视频和数据等全面的交流

---

[1] 信息来源：中国互联网信息中心（CNNIC），http://www.cnnic.net.cn/hlwfzyj/hlwxzbg/hlwtjbg/202102/P020210203334633480104.pdf，2021年8月17日。

[2] 张小卫、胡玉强：《曲艺演出行业线上直播模式分析》，《曲艺》2020年第8期。

和互动,从而为终端用户直观地收看直播者的形象、才艺和观点,乃至真实的生活场景,提供了网络交互平台。网络直播实时性强,与传统视频相比,网络直播更加注重用户与主播或用户之间的双向互动,通过实时互动,用户和主播之间形成一种简单的人际关系"[①]。我们知道,现场的实时互动,是传统曲艺演出的主要特征,网络直播对曲艺演出在时间和空间的此类现场感的建构,打破了电视传播对曲艺演出的媒介规制,超越了电视传播单向输出、信息隔绝的"碎片化表演"及"碎片化收看"的传播弊端,在一定程度上可以发挥曲艺表演中"把点开活"和"临场现挂"等艺术优长。可以预想,随着虚拟现实技术(VR)、人工智能(AI)、大数据和5G技术的发展,观众将能够更充分体验沉浸式的观赏感受,演员与观众之间、观众与观众之间可以无障碍地交流互动,进而为曲艺的数字化网络传播,提供更加巨大的可能。

### 三、余论

数字时代的媒介变革,无疑为曲艺的表演传播提供了更为广阔的空间。但是,在实践过程中也出现了许多不专业、不规范、商业利益至上等问题。例如:节目基本信息传达不全、知识产权意识不够,在演出时偏离正能量,甚至用低俗的表演迎合观众、增加流量,发展不健康的"饭圈文化"等。面对出现的问题和不良现象,应该加强教育引导,要求曲艺演员提高自身的文化素养、提升节目的文化品格、提高创演的自觉自律意识。同时,还需要主管部门和传播平台加强监管,坚持"把满足人民精神文化需求作为文艺和文艺工作的出发点和落脚点"[②],并且加强诸如"学习强国"APP中曲艺部分的建设,创建正能量曲艺创演的数据库等,让品德败坏、品质低劣的演员与节目得不到生存的空间。

从曲艺的传承发展角度看,数字媒介传播虽然能够最大范围地覆盖受众群

---

[①] 王晰巍、李玥琪、邱程程等:《直播平台用户信息交互行为图谱及特征研究》,《图书情报知识》2021年第4期。

[②] 习近平:《在文艺工作座谈会上的讲话》,《人民日报》2015年10月15日第2版。

体,但是,由于接受空间的扁平化结构,同一个节目不可能多次重复表演,观众对于新内容的需求量非常巨大,致使表演没有精雕细琢的机会,对节目内容的生产是一种巨大的消耗;短视频在吸引观众、吸引流量、有效传播曲艺表演的同时,也有将曲艺表演碎片化、猎奇化的偏向。所以,传播媒介的变革,对曲艺的传承发展是一把双刃剑,既提供了广阔的生存空间,也是对创演资源的损耗性消费。为此,建立多元立体的传播结构,才是拥有古典时代本体性特征的传统曲艺适宜社会现代性发展的应对之道。而在掌握数字传媒不同特性、不同功能的基础之上,发挥现代传媒的长处,同时培育和发展传统曲艺演艺场所的生态机制,进而建立可使曲艺在新的时代可持续发展的良性循环,才是让这门古老的艺术在现代社会继续焕发生机的正确道路。

(张啸涛　中国艺术研究院曲艺研究所副研究员)

# 人物述林

陈睿睿　编　吴文科　订

# 马来法曲艺活动年谱

**出生（1939年）** 6月5日（农历四月十八），生于浙江省杭州市一个平民家庭。父亲马其昌系丝绸手工作坊工人，后失业。母亲王兰花无业，以帮别的家庭做裁缝打零工贴补家用。从小家境贫寒，无兄弟姐妹。

**7—11岁** （1946—1950年），在杭州市下城区其园小学读书。

**12—14岁** （1951年9月—1953年），在杭州宝记刻字社当学徒。

**15—16岁** （1954—1955年），为杭州联工刻字合作社职工。

**17岁（1956年）** 3月，调入杭州湖滨风景照相商店工作。因爱好文艺，业余时间积极参加多个业余文工团的戏曲、曲艺表演活动，尤专注于曲艺表演，业余时间常在杭州市工人文化宫、各区工人俱乐部等演出。9月，应邀首次在浙江人民广播电台演播刘剑士作词、以【苏摊赋】为基础调的杭州独脚戏节目《美丽的西湖》。

**18岁（1957年）** 参加杭州工人文化宫业余文工团的曲艺、沪剧等演出活动。以演出曲艺节目为主，兼演沪剧《陶福增休妻》、传统滑稽小戏《一毛不拔》等节目。

**19岁（1958年）** 4月，浙江人民广播电台文工团成立后，被聘为该团特邀业余曲艺演员长达三年，编演各类配合中心任务的曲艺节目，直至该团1962年撤销。5月，参加杭州市总工会宣传部组织的"总路线文艺宣传队"，编演宣传中心工作的曲艺节目，并赴富阳县、余杭县及市属的工厂企业巡回演出。

**20 岁**（1959 年） 5 月，以业余者身份创作演出上海说唱节目《发中取宝》，并参加浙江省文化厅在杭州举行的"浙江省音乐、舞蹈、曲艺、木偶戏会演"。12 月，以业余者身份参演沪剧小戏《三朵浪花》，参加"第一届浙江省职工业余文艺会演"。

**21 岁**（1960 年） 1 月，调入杭州万象照相馆任摄影师。业余时间参加杭州市上城区文化馆组织的上城区业余文工团，创作、演出曲艺节目《为了六十一个阶级兄弟》等，巡演于工厂、商店等基层单位。5 月，在工人剧场演出表现红军题材的沪剧《三月三》，在其中饰演红军侦察连连长。

**22 岁**（1961 年） 利用业余时间担任上城区业余文工团导演兼曲艺演员，演出的曲艺节目有传统独脚戏《瞎子算命》《照镜子》《关亡》《看电影》等，并在工厂、商店等基层单位巡演。

**23 岁**（1962 年） 参加上城区业余文工团，经常为基层单位演出。同年与江苏省无锡县评弹团苏州弹词演员崔文彩结婚。自此，利用业余时间，向上海、苏州的专业苏州评话和苏州弹词演员学习。同时，自学苏州评话、苏州弹词的表演。

**24 岁**（1963 年） 3 月，参加上城区业余文工团排演的大型沪剧《雷锋》，饰演主角雷锋，在杭州解放剧场演出七场，同时还在杭州市工人文化宫工人剧场、各区工人俱乐部剧场演出此剧。4 月 16 日，改编完成苏州弹词长篇新曲本《杨立贝》，供夫人崔文彩担任苏州弹词演员的江苏省无锡县评弹团演出。此为其苏州弹词曲本创作的初学阶段。

**25 岁**（1964 年） 7—12 月，调回湖滨风景照相商店，任摄影员。业余时间改编完成苏州弹词长篇新曲本《红色娘子军》，供江苏省无锡县评弹团演出。

**26 岁**（1965 年），利用业余时间，不定期在下城区工人俱乐部书场、杭州制氧机厂建筑工人茶室、杭州钢铁厂工人茶室等场所，演出杭州评话新编短篇节目《铁道游击队》中的"打洋行""打票车"和《平原枪声》中的"肖飞买药"等选回，并学习表演苏州弹词新编长篇节目《野火春风斗古城》。

**27 岁**（1966 年），杭州摄影图片社成立，调入该社负责摄影工作。因"文化大革命"开始，业余曲艺活动中止。

**28—32 岁**（1967—1971 年），业余曲艺活动持续中止。

**33 岁**（1972 年，相隔 6 年后有机会重返业余曲艺舞台。3 月，创作并演出以照相馆摄影员与顾客之间的生活琐事为题材的杭州评话新编短篇节目《一张照片》（因"文革"期间曲艺也被视为"四旧"，故演出时节目名称标为"故事"）。先后参加杭州市和浙江省文艺创作节目调演大会，该节目还赴工厂、工地、各中小学校等演出百余场。7 月，《一张照片》的曲本发表于《革命文艺》第 7 期。

**35 岁**（1974 年）5 月，根据现代京剧《平原作战·袭扰县城》改编演出了杭州评话短篇节目《赵永刚虎穴除奸》，也是自 1966 年以来，首次在杭州恢复演出杭州评话这一传统地方曲种。曲本同年发表于《杭州文艺》第 2 期；同时，和由工人身份转业的曲艺演员朱伟芳合作，改编演出杭州评话双档短篇节目《智取炮楼》，曲本发表于浙江《群众演唱》（1974 年）；与马永春联合创作的杭州评话新编曲本《黑旋风怒扯招安诏》发表于《杭州文艺》第 12 期。

**37 岁**（1976 年）3 月，根据现代京剧《平原作战·智炸军火》改编演出杭州评话短篇节目《爆炸军火》，并参加当年的"浙江省曲艺会演"。6 月，经选拔加入浙江省代表队，作为杭州评话演员赴北京参加全国曲艺会演，这是杭州评话首次赴北京演出，也是杭州市唯一赴京参演的节目。12 月，应浙江省文化厅《群众演唱》编辑部邀请，与沈祖安合作，为编写反映周恩来总理在杭州生活为主题的曲本，分别赴杭州市西湖区的梅家坞村、楼外楼菜馆等地采访，创作了新编故事《周总理来到楼外楼》，并于 12 月 30 日在浙江体育馆（今杭州体育馆）由杭州市文化局（今杭州市文化广电旅游局）主办的迎元旦文艺晚会上首演。

**38 岁**（1977 年）4 月，应浙江省文化厅《群众演唱》编辑部邀请，与南京军区文工团曲艺作者、山东快书演员陈增智合作，赴中国人民解放军驻浙某部"硬骨头六连"采访，创作出杭州评话短篇曲本《练兵场上》并发表于同年的《杭州文艺》；同时创作杭州评话短篇曲本《威震爷台山》并发表于浙江《群众演唱》。12 月，被借调至新成立的杭州曲艺队任杭州评话演员，在杭州红星剧院、"杭棉"工人剧场、余杭塘栖剧院、富阳剧院、桐庐新登剧院等轮番演出杭州评话短篇节目《练兵场上》《威震爷台山》达四个月，计120余场。

**39 岁**（1978年）7月，参加杭州市群众艺术馆在西湖涌金公园举办的"夜花园晚会"并演出杭州评话新编节目。8月，杭州市文化部门将西湖"夜花园晚会"移至柳浪闻莺公园演出，并设立杭州评话专场，即在前半场演出现代革命历史题材的节目如《茅山风云》等，后半场则由著名杭州评话前辈艺人陈俊芳表演杭州评话传统节目《岳飞传》，深受观众喜爱。12月，将新编故事《周总理来到楼外楼》改编成杭州评话节目，参加浙江省业余文艺创作会演，获优秀创作奖、优秀表演奖（当时该活动不分一、二、三等奖，此为最高等级奖），并获1981—1984年浙江省曲艺作品评奖一等奖。

**41 岁**（1980年）6月，出席浙江省文学艺术工作者第二次代表大会及浙江省曲艺工作者代表大会并当选中国曲艺家协会浙江分会常务理事兼副秘书长。7月，出席在湖州市德清县莫干山召开的苏浙沪评弹研究会（有30多个团体会员）第一次年会，被推选为苏浙沪评弹研究会干事，中国曲艺家协会主席陶钝莅临指导。9月，与业余作者张永春在金华市双龙洞参加由浙江省文化厅《群众演唱》编辑部举办的浙江省文艺创作会，联合创作了表现无产阶级革命家陈毅抗日事迹的杭州评话短篇曲本《茅山风云》。10月，在杭州工人剧场首演新编短篇杭州评话节目《茅山风云》。12月，该节目曲本获中国《曲艺》杂志编辑部和中央人民广播电台文艺部举办的"从一九七六年十月到一九七九年十二月为止的全国优秀短篇曲艺作品评奖"二等奖，并收入《全国优秀短篇曲艺获奖作品集》（四川人民出版社1981年4月出版），同时被《文化娱乐》和《浙江曲艺》等多家书刊转载，甚至被改编为连环画出版。

**42 岁**（1981年）5月12日，作为浙江曲艺界的代表，在杭州云栖"舒篁阁"参加中央领导人陈云与苏浙沪苏州评弹界人士座谈会，并拍摄了大量陈云与苏州评弹演员交流的资料图片留存收藏。8月7日，调入浙江省文学艺术界联合会，以中国曲艺家协会浙江分会（今浙江省曲艺家协会前身）副秘书长身份主持协会日常工作，成为该会自1958年成立以来的第一个专职驻会干部。10月，与义乌的金华道情演员叶英盛赴天津市，观摩学习由文化部和中国曲艺家协会联合主办的"全国曲艺优秀节目（北方片）观摩演出"活动。12月，以中国曲艺家协会浙江分会副秘书长身份，出席中国曲艺家协会在北京召开的全国曲艺工作会议。

**43岁**（1982年）2月，赴绍兴，组织曲艺作者王云根、杨乃浚，演员胡兆海，改编创作了绍兴莲花落曲本《回娘家》，并负责对该节目演出人员的排练辅导。同年，该节目获得文化部和中国曲艺家协会主办的"1982年全国曲艺优秀节目（南方片）观摩演出"创作、表演、伴奏一等奖，并参加由文化部组织的全国曲艺优秀节目演出团赴全国十一个省、市、自治区作巡回演出。3月，协助浙江省文化厅，组织绍兴莲花落、温州鼓词、苏州弹词、苏州评话、杭州独脚戏等浙江曲种，参加由文化部和中国曲艺家协会在江苏省苏州市举办的"全国曲艺优秀节目（南方片）观摩演出"，同时负责对参演节目进行加工与提高，推动绍兴莲花落《回娘家》和温州鼓词《智闯龙潭桥》在此次活动中脱颖而出。3月29日，与张永春联合创作的杭州评话新编短篇节目《茅山风云》获浙江省文学艺术作品荣誉奖。4月29日，在杭州云栖"舒篁阁"参加中央领导人陈云和苏州评弹界人士的座谈会。会上，拍摄留存了陈云与苏浙沪评弹界人士的大量珍贵照片资料。7月，创作了以表现无产阶级革命家陈毅革命生涯的苏州弹词新编中篇节目《梅姑》，并将浙江曲艺团、嘉兴评弹团、湖州评弹团的青年苏州评弹演员组成浙江省青年评弹演出队，对该节目进行排练，在浙江的杭嘉湖地区及江苏、上海等地巡回演出长达半年之久。11月，与业余曲艺作者张永春一起，赴江苏南部的金坛、溧阳、茅山等曾是新四军抗日根据地的县区进行采风，联合创作了杭州评话新编曲本《茅峰传奇》和《九福宫护宝》等，并在《文化娱乐》等多家刊物发表。

**44岁**（1983年）2月，和宁波市鄞县文化馆曲艺干部翁孝琦、陈少康一起，深入走访宁波市鄞县（今鄞州区）周边村镇的20余家书场，调查曲艺在农村的演出情况，了解当地农民对曲艺的需求，同时与当地的曲艺艺人进行交流，了解宁波地方曲种和外来曲种在当地的演出及交流状况，撰写了题为《浙江的宁波地方曲艺在农村》的调查报告。3月，参加中国曲艺家协会在河南省郑州市召开的"全国农村曲艺工作座谈会"，作了《浙江的宁波地方曲艺在农村》的发言。4月，在天台县国清寺主持召开为期一周的宁波走书艺术革新座谈会，宁波、舟山、台州地区的曲艺界代表30余人出席，并组织宁波走书、蛟川走书、渝州走书在天台县城的县文化馆书场举办三场交流演出。30日，在有中央领导人陈云等观看的庆祝"五一"国际劳动节苏州评弹专场演出中，组织浙江曲艺团苏州弹词开篇《颠倒古人名》和传统长篇选回《梅花梦·枝山为媒》参加。

**45岁**（1984年）4月，被浙江省文化厅任命为浙江曲艺团副团长（兼职）。8月6—30日，在湖州市德清县的莫干山，主持由浙江省文化厅和中国曲艺家协会浙江分会召开的为期25天的苏州评弹作品加工会，浙江的苏州评弹作者、演员60余人参加，创作了一批中、短篇苏州评弹节目。9月16—22日，在杭州大华书场，主持由浙江省文化厅和中国曲艺家协会浙江分会主办的1984年浙江省评弹会书工作，同时兼任会书活动的领导小组成员及办公室主任。浙江省10个评弹团体的140名演员参演，演出苏州评话和苏州弹词节目共11台计15个节目。

**46岁**（1985年）2月16日，出席杭州市曲艺工作者协会会员代表大会，并在会上当选为杭州市曲艺家协会副主席。4月18日，赴北京出席中国曲艺家协会第三次代表大会，并当选为中国曲艺家协会第三届理事会理事。8月1—15日，在建德县白沙镇主持由中国曲艺家协会浙江分会召开的曲艺长篇节目加工会，浙江曲艺团和杭州、嘉兴、湖州、金华等地市的20位曲艺作者和演员参加，创作加工了新编苏州弹词长篇曲本《朝阳血案》等，后被搬上书台演出，并在苏浙沪现代评弹长篇节目比赛中获奖。

**47岁**（1986年）2月，与沈祖安、陈才铮、朱良欣联合创作短篇苏州弹词曲本《将错就错》，并由浙江曲艺团的苏州弹词演员朱良欣、周剑英、陈慧琼排演。3月至4月，改编绍兴莲花落新编节目《晦气鬼告状》，并赴萧山县（今萧山区）对青年绍兴莲花落演员翁仁康进行排练辅导。4月30日，联合创作的苏州弹词短篇节目《将错就错》，在陈云同志和中共浙江省委负责同志参加的庆祝"五一"劳动节苏州评弹专场中演出。5月1日，参与组织庆祝"五一"国际劳动节苏州评弹专场演出，中央领导人陈云等观看。演出节目有浙江曲艺团朱良欣、周剑英和陈慧琼表演的苏州弹词新编短篇节目《将错就错》，另有王柏荫、高美玲演出的苏州弹词传统长篇选回《白蛇传·投书》，拍摄留存了陈云观看此次演出时与浙江曲艺团评弹演员交流的图片资料。5月，参加浙江省曲艺新曲（书）目比赛，获创作、表演一等奖；与张永春联合创作，并由浙江曲艺团苏州评话演员魏真柏演出的苏州评话短篇节目《将计就计》获浙江省曲艺新曲（书）目比赛创作、表演一等奖；同月，辅导翁仁康表演的绍兴莲花落《晦气鬼告状》在浙江省曲艺新曲（书）目比赛中获创作、表演、音乐设计、伴奏共四项一等奖。同月，主持由浙江省文化厅和中国曲艺家协会浙江分会主办的浙江省曲艺新曲（书）目比赛，担任比赛领导小组成员兼办公室主任。浙江全省14个曲种共40个节目参赛，同时邀请四明南词、苏州弹词、温州鼓词、宁波走书等曲种的老艺人举办了一场交流展演，并请浙江人民广播电台进行现场录音，为浙江曲艺老一辈艺术家留下了珍贵的艺术资料。10月，联合创作的苏州弹词短篇节目《将错就错》和辅导翁仁康表演的绍兴莲花落新编节目《晦气鬼告状》，在文化部和中国曲艺家协会联合主办的1986年全国曲艺新曲（书）目比赛中分别获得创作、表演三等奖和创作、表演、音乐设计、伴奏四项二等奖（唯一囊括所有奖项的二等奖节目）。10月18日，在浙江省曲艺家协会为筹备第三次会员代表大会召开的二届理事扩大会议上，与施振眉、李伟清、沈祖安、周剑英、胡仲华、蒋希均等7人组成了第三次会员代表大会筹备领导小组，任常务副组长，主持浙江省第三次曲代会筹备的日常工作。11月，与绍兴莲花落演员翁仁康赴北京人民大会堂参加由文化部和中国曲艺家协会主办的1986年全国曲艺新曲（书）目比赛颁奖大会。从本年度起至2008年，参与国家社科基金资助重大项目及国家艺术科学规划重点项目《中国曲艺志·浙江卷》的编纂工作并任副主编；从本年度起至2006年，参与国家社科基金资助重大项目及国家艺术科学规划重点项目《中国曲艺音乐集成·浙江卷》的编纂工作并任副主编。

**48岁**（1987年）2月，将浙江省曲艺家协会的内部刊物《浙江曲艺通讯》更名为《浙江曲艺》，改为半年期刊，并担任主编，刊出浙江的曲艺信息、曲艺评论、曲艺史（资）料、曲艺作品等。5月1日，参与组织有中央领导人陈云等观看的浙江省庆祝"五一"国际劳动节苏州评弹专场演出，由湖州市德清县评弹团演出苏州弹词新编长篇选回《董小宛·参相》等，拍摄并留存了陈云观看此次演出时与演员交流的图片资料。9月6—13日，组织辅导加工由胡兆海演出的绍兴莲花落《姑娘上门》，赴北京参加第一届中国艺术节中心场的演出，并担任浙江曲艺演出队领队。12月27—28日，浙江省曲艺家协会第三次会员代表大会召开，被推选为浙江省曲艺家协会第三届副主席，并被主席团任命为秘书长（兼），主持协会日常工作。

**49岁**（1988）2月3日至3月底，组织由浙江曲艺团和杭州、湖州、德清评弹团及部分上海、江苏的苏州弹词演员组成的浙江曲艺改革实验演出队，赴萧山、绍兴及浙东象山等地的城镇进行试验性改革演出，以扩大对非苏州评弹艺术流行区域的观众服务。3月10日，浙江省文化厅下发《关于举办浙江省第二届曲艺会演的通知》（浙文艺〔88〕4号），被任命为会演领导小组成员兼办公室主任，主持会演日常工作。5月27日—12月14日，主持浙江省第二届曲艺会演嘉兴市、温州市、绍兴市三个片区的9台演出活动，全省有14个曲种的37个节目参加。8月26日，被任命为浙江曲艺团艺术指导，任期三年。12月，撰写的《锐意创新，宝刀不老——谈朱桂英演唱宁波走书〈冷酷的心〉的表演特色》一文发表于《浙江曲艺》第2期。

**50岁**（1989年）2月3日，参与组织有中央领导人陈云等观看的浙江省1989年欢度春节苏州评弹专场演出，演出由浙江曲艺团、杭州曲艺团和湖州评弹团的苏州弹词演员朱良欣、周剑英、郑缨、王文稼、严燕君、严晓鸣参加，节目包括新创作的苏州弹词开篇《说书先生办年货》《有粮则稳》和传统长篇选回《杨乃武·捉拿刘子和》等，这是陈云生前最后一次在现场听赏苏州评弹，同时拍摄留存了一批陈云观看演出并和演员交谈的珍贵资料照片。3月4日，在《浙江日报》发表曲艺评论文章《从〈晦气鬼〉到〈糊涂村长〉——记绍兴莲花落青年演员翁仁康》。8月9—19日，主持在杭州云栖工人疗养院召开的1989年浙江省曲艺作品讨论会，苏州弹词、绍兴莲花落和金华道情的多名作者参加，借此推出了一批曲艺新曲本和新作者。9月，被浙江省文化厅聘为绍兴莲花落《糊涂村长》的艺术指导，负责对该节目继续进行排练加工。同月，作为浙江省代表队领队，率领绍兴莲花落演员翁仁康等赴北京参加第二届中国艺术节北京中心场南北曲艺荟萃专场的演出。12月1—3日，主持在杭州大华书场举办的江浙沪著名评弹演员会书活动。

**51岁**（1990年）1月13—15日，参与组织并进行节目选拔、加工和辅导的"浙江省'农行杯'业余相声、独脚戏大会串"复赛及决赛先后在富阳剧院和杭州胜利剧院举行。2月23—31日，组织萧山县（今萧山区）的绍兴莲花落节目《糊涂村长》，赴山西省长治市参加由中国曲艺家协会等主办的"'长治杯'全国曲艺（鼓曲唱曲部分）大赛"。3月，与萧山市（今萧山区）曲艺作者徐士龙赴浙江嘉兴市嘉善县西塘镇农村体验生活，联合创作绍兴莲花落曲本《情满江塘春》，后组织绍兴和萧山的绍兴莲花落演员胡兆海、倪齐全、翁仁康、周汝珍及著名绍剧演员赵秀治等排演，由浙江电视台录像播出，该曲本发表于《曲艺》杂志1991年第12期。4月，被浙江省文化厅任命为浙江省第三届曲艺会演领导小组成员兼会演办公室主任，主持会演日常工作。7月24—28日，主持在建德县白沙镇召开的浙江省1990年曲艺作品讨论会，全省20余位曲艺作者和演员参加，推出了一批新作品。9月，主持由宁波、温州、萧山三个片区举办的浙江省第三届曲艺会演，共计11场。苏州弹词、杭州独脚戏、相声、温州鼓词、绍兴莲花落、杭州评话等曲种的40个节目参加。10月，参与选拔和加工，并作为领队组织绍兴莲花落《阿Q的辫子》、苏州弹词开篇《幸福的老年》、温州鼓词《山路》等节目，参加首届中国曲艺节（南京）演出。12月24—28日，出席浙江省文学艺术界联合会第三次代表大会，当选为浙江省文联第三届委员会委员。12月28日—1991年1月6日，组织绍兴莲花落、杭州独脚戏等演员赴广东深圳采风并在当地演出。

**52岁**（1991年）4月，出面邀请时任中国曲艺家协会主席的著名京韵大鼓表演艺术家骆玉笙（小彩舞），来浙江与绍兴莲花落、杭州小热昏、杭州独脚戏和苏州弹词、相声等南北曲种的演员，在杭州胜利剧院、萧山体育馆、绍兴人民剧院分别举办了几场"'钱塘曲荟'南北曲艺交流演出"，并在浙江省政协俱乐部主持召开了由浙江在杭著名文艺界人士参加的"南北曲艺艺术交流座谈会"。5月，作为浙江省曲艺代表队领队，组织萧山市（今萧山区）的绍兴莲花落演员翁仁康表演的《新乡长上任》、浙江曲艺团薛丽兰演唱的苏州弹词开篇

《苏堤春晓》两个节目,参加首届中国曲艺节(天津)演出。

**53 岁**(1992 年)1 月,组织杭州独脚戏、杭州小热昏、绍兴莲花落、苏州评话和苏州弹词等曲种的 40 余位演员组成"迎新春"演出队,赴萧山市(今萧山区)夹灶乡等地的农村进行演出。11 月,组织由浙江省文联、浙江省曲艺家协会、《山海经》杂志社、浙江省人民广播电台文艺部、浙江电视台文艺部等主办的浙江省"西湖味精杯"相声、独脚戏、笑话大奖赛,任组委会副主任兼办公室主任。

**54 岁**(1993 年)9 月,在杭州植物园组织举办为期一个月的"金秋赏桂"文艺演出活动,演出以曲艺节目为主体,推出了一批曲艺新节目和新演员。10 月,作为浙江省领队,组织相声《手》等多个节目,赴安徽省合肥市参加由文化部主办的中国相声节,其中相声《手》获"金玫瑰"奖。12 月,组织举办了纪念毛泽东同志《在延安文艺座谈会上的讲话》发表 50 周年"苏州评弹专场演出。

**55 岁**(1994 年)1 月 10 日—3 月 20 日,在杭州植物园景区组织为期 40 天的"灵峰探梅"文艺演出系列活动,演出以曲艺节目为主,以培养锻炼青年曲艺演员。10 月,全面负责在舟山市举行的浙江省"金帆杯"相声、独脚戏、曲艺决赛,活动由浙江省曲艺家协会、浙江省群众艺术馆、浙江钱江电视台、舟山电视台主办,舟山市群众艺术馆承办,其间还赴全省多个地(市)对参赛节目进行选拔、辅导。11 月 28—30 日,出席浙江省曲艺家协会第四次会员代表大会并被推选为浙江省曲艺家协会第四届主席。

**56 岁**(1995 年)1 月 1 日—4 月 30 日,负责策划、组织、撰稿、导演以反映江南某城市老墙门内市民生活为题材的"曲艺广播系列剧"《62 号墙门》,每天中午在浙江人民广播电台播出,15 分钟一集,总计 120 集,同时在剧中兼演主要人物"林科长"。5 月,与汪黎明、蒋希均、倪齐全联合创作绍兴莲花落曲本《傻瓜闪光》,并进行排练辅导。10 月,被中国曲艺家协会聘请为第二届中国曲艺节组织委员会委员;同时,作为浙江代表队领队,组织绍兴莲花落《傻瓜闪光》、南词小引《大禹祭》、相声《手》三个节目,赴河南省平顶山市参加由中国曲艺家协会主办的第二届中国曲艺节,参与加工辅导的这三个节目均获第二届中国曲艺节上颁发的"牡丹奖"。11 月 23—25 日，出席浙江省文学艺术界联合会第四次代表大会，并当选浙江省文联第四届委员会委员。12 月，与汪黎明、蒋希均、倪齐全联合创作的绍兴莲花落曲本《傻瓜闪光》在《曲艺》杂志 1995 年 12 月号发表。

**57 岁**（1996 年）1 月 7 日—1997 年 7 月 20 日，担任浙江电视台"江南市民系列剧"《快乐家园》栏目的总策划、文字编辑和总导演，组织近 20 位作者和数十位演员参与制作，共播出 77 集。1 月，在浙江省桐乡市乌镇主持召开了电视系列江南市民剧《快乐家园》与曲艺艺术相结合理论研讨会，中国曲艺家协会主席罗扬、剧作家顾锡东及部分电视艺术研究者出席，会议围绕传统曲艺在保持本质特征前提下如何与电视媒体相结合，进行了学术探讨；同月，在江苏文艺出版社出版的《评弹艺术》（第十八集）发表《回忆陈云同志在杭州的几次接见活动》一文。6 月，赴金华市磐安县出席金华市的文艺会演，对已湮没半个多世纪的兰溪摊簧进行恢复和上演。10 月，被浙江省文化厅和浙江省曲艺家协会聘请为"'96 浙江艺术节·全省曲艺展演"评委会副主任。11 月，赴北京参加中国曲艺家协会第四次全国代表大会并当选中国曲艺家协会第四届理事会理事。12 月 16—20 日，赴北京出席中国文学艺术界联合会第六次全国代表大会。

**58 岁**（1997 年）1 月，主导筹划、征稿、筛选、整理和编辑的《浙江曲艺新作专辑》在《曲艺》杂志 1 月号刊出；5 月，与汪黎明、蒋希均、倪齐全联合创作的绍兴莲花落新编曲本《傻瓜闪光》获浙江省人民政府颁发的第二届浙江鲁迅文学艺术奖"优秀成果奖"提名；8 月 26 日，《傻瓜闪光》获文化部主办的第七届全国"文华奖"文华新节目奖及文华剧作奖。

**59 岁**（1998 年）4 月 1—2 日，在浙江省曲艺家协会第四届四次常务理事（扩大）会议上，传达 1998 年中国曲艺家协会工作会议精神并作题为《开拓进取，开展协会工作新局面——浙江省曲艺家协会 1997 年工作回顾》和《浙江省曲艺家协会 1998 年工作要点》的报告。7 月，率领翁仁康表演的绍兴莲花落短篇节目《分爹》赴内蒙古呼和浩特市参加第三届中国曲艺节，该节目荣获第三届中国曲艺节·内蒙古之夏组委会颁发的贡献证书。8—10 月，参加浙江省文联组织的浙江民间艺术团，任舞台总监，赴西班牙参加国际民间艺术节巡演，历时40天。

**60岁**（1999年）2月，组织举办了纪念小热昏、独脚戏创始人杜宝林、江笑笑滑稽艺术专场演出暨滑稽艺术研讨会，并在杭州剧院举办了两场沪杭名家交流公演。中国曲艺家协会主席罗扬、上海市曲艺家协会副主席徐维新及杜宝林和江笑笑的传人杨华生等和在杭曲艺界人士出席。7月初，办理退休手续，开始退休生活。7月20—21日，在浙江省曲艺家协会第五次会员代表大会上，代表四届理事会作了题为《满怀必胜信心，迎着困难，开创二十一世纪浙江曲艺的辉煌事业》的工作报告和关于修改《浙江省曲艺家协会章程》的报告，并在五届一次理事会上继续当选浙江省曲艺家协会主席。9月，与汪黎明、蒋希均、倪齐全联合创作的绍兴莲花落新编曲本《傻瓜闪光》入选由大众文艺出版社出版的《新时期曲艺作品选》。12月，与周志华、韩天虹联合创作的相声曲本《该出手时就出手》，荣获由中国曲艺家协会主办的"迎接新中国建国50周年全国相声有奖征文"三等奖。12月28日，在浙江省曲艺家协会五届二次主席团扩大会议上，提出的浙江省曲艺家协会2000年工作要点经会议讨论通过。

**61岁**（2000年）1月6—8日，赴山东省威海市参加中国曲艺家协会2000年工作会议。4—11月期间，参与兰溪摊簧《见面礼》的曲本修改、表演辅导、伴奏配制等方面的辅导，使长期没有演出的兰溪摊簧初步得以恢复。该节目也获金华市第七届曲艺会演表演特等奖。8月30日，赴温州市参加温州市鹿城区第三届曲艺展演，其间与温州鼓词艺人进行深入交流，进一步了解温州鼓词的主要演出节目以及温州鼓词中大词与平词两种不同演出形态的生存状态，鼓励演员克服平词演出困难，提高平词演出质量。10月1日，被浙江大学艺术学院聘请为浙江大学艺术学科专家委员会委员，浙江大学中国艺术研究所特聘研究员。

**62岁**（2001年）4月，在杭州住处接待温州鼓词演员叶海琴和温州市鹿城区文化部门人员，组织杭州的相关曲艺作者、演员共同讨论、研究温州鼓词的新编节目《青春情结》。6月，赴温州市鹿城区指导温州鼓词《青春情结》。7月，温州鼓词《青春情结》和兰溪摊簧《见面礼》分别荣获浙江省曲艺新作大赛表演二等奖和浙江省曲艺新作展演创作一等奖、表演二等奖。9月，应宁波市文化馆邀请，赴宁波辅导湮没多年的宁波地方曲种四明南词新编节目《中华旗袍》。同时，为了解决青年演员吐字运腔等问题，往返于杭甬之间，将个人收藏的前辈艺人录音资料提供给青年曲艺演员学习。12月，其所辅导的温州鼓词《青春情结》获全国第十一届"群星奖"曲艺类金奖。

**63岁**（2002年）2月，辅导的四明南词新编节目《中华旗袍》参加华东六省一市春节联欢晚会，演出场次达50余场。3月，参加浙江省曲艺家协会在嘉兴市海盐南北湖召开的全省曲艺作品加工会，对兰溪摊簧开篇曲本《兰花吟》进行修改加工。此后，还多次对节目进行排练辅导。6月，辅导的兰溪摊簧开篇《兰花吟》参加浙江省首届曲艺杂技节"钱塘曲荟"专场会演，获节目一等奖、表演一等奖、优秀作词奖、音乐设计奖、舞美设计奖。12月6—8日，赴北京金台饭店出席中国曲艺家协会第五次全国代表大会。12月，担任由上海百家出版社出版的《中国苏州评弹》一书编委，并为本书提供苏州评弹资料图片24幅。

**64岁**（2003年）5月14日，被浙江省文化厅聘为浙江省民族民间文化保护工程专家委员会委员，8月23日获颁由浙江省文化厅颁发的聘书。8月23日，应邀赴温州市参加温州市鹿城区温州鼓词十大名家评选颁奖晚会暨鹿城区温州鼓词名家演唱会，并在水心影剧院与该活动的组织单位温州市鹿城区文联、文化局和鹿城区戏剧曲艺家协会的负责人及陈小宝等十位温州鼓词中青年演员，就温州鼓词如何继承老一辈艺术家的表演技艺和风格，以及在继承中如何寻求艺术发展等问题，进行了深入探讨。

**65岁**（2004年）4月，辅导修改由浙江省武警总队政治部文工团作者唐爱超创作的杭州评话短篇曲本《跳车之后》，并向该团女演员沈莹传授杭州评话表演技艺，同时对该曲本进行排练辅导，使该节目在同年举行的浙江省曲艺新作大赛中荣获金奖；并获文化部"群星奖"曲艺类三等奖；武警部队全国曲艺大赛金奖。

**66岁**（2005年）5月，应邀赴象山县参加浙江省群众艺术馆组织的曲艺作品讨论会。为对该地区已绝响半个世纪的地方曲种唱新闻进行抢救性恢复，利用会议间隙与象山县的曲艺作者，就该曲种新编曲本《陈老大的心事》的文学结构及唱词进行修改辅导。6月10日，担任《出人出书走正路——陈云与评弹艺术》一书编委会副主任，具体负责该书的选稿和编辑等工作，刊出了为其拍摄的珍贵历史图片60幅（其中大部分是首次发表）。该书由浙江省文联主编，浙江省曲艺家协会组稿，浙江人民出版社出版，以纪念陈云同志诞辰一百周年。7月，应浙江省文化厅邀请，参加浙江省申报第一批国家级非物质文化遗产名录专家论证会议，担任浙江曲艺申报名录论证组组长。7月31日，在第五届中国曲艺节上，被中国曲艺家协会授予个人突出贡献奖，并获颁荣誉证书。8月11—12日，在浙江省曲艺家协会第六次会员代表大会上，作了题为《开拓创新，绘制浙江曲艺事业的新蓝图》的工作报告和关于修改《浙江省曲艺家协会章程》的报告，并被聘任为浙江省曲艺家协会首席顾问。

**67岁**（2006年）2月，承担"浙江省非物质文化遗产代表作丛书"曲艺类丛书稿的专家终审工作，提供了大量浙江曲艺曲种的历史图片资料。（至2016年12月，共完成曲艺类丛书专家终审稿20分册，并出版发行。此书由浙江省文化厅主编，浙江摄影出版社出版，曲艺类国家级项目共有24项，每一个项目即曲种编纂一册分卷）4月，为抢救性保护和传承曲艺类国家级非物质文化遗产代表性项目——杭州独脚戏，提供所藏多年的独脚戏曲本《阿毛乘火车》，并邀请杭州滑稽艺术剧院青年演员董其峰、方菁萍来住所辅导排练，使该节目在省级曲艺活动中多次获奖，成为杭州滑稽艺术剧院经常上演的保留节目。5月，应邀赴象山县文化馆辅导宁波地方曲种——唱新闻新编节目《陈老大的心事》，同年该节目获浙江省曲艺新作大赛创作、表演一等奖，并获中国曲艺"牡丹奖"提名，同时发现和培养了该曲种的表演艺术新人才。

**68岁**（2007年）2月，为抢救性保护和传承已湮没多年的杭州地方曲种——杭州摊簧，参与策划由浙江省文化馆、杭州市余杭区文化馆组织的杭州摊簧开篇《西湖春秋》的曲本创作、音乐设计、表演技巧创新等工作。3—4月期间，多次组织杭州摊簧开篇《西湖春秋》的演员，对其在音乐设计等方面进行辅导，后该节目获浙江省级曲艺大赛和文化部主办的"群星奖"曲艺类大奖。6月，应浙江省文化厅邀请，参加第二批浙江省非物质文化遗产名录专家评审会议，担任曲艺评审组组长。8月，应浙江省文化厅邀请，参加第二批国家级和浙江省非物质文化遗产代表作名录申报工作专家论证会，担任曲艺论证组组长。8月下旬，赴宁波市出席浙江省非物质文化遗产普查宁波试点模式推广会，并就浙江省传统曲艺和曲种的本质属性和艺术特征作了介绍。8—10月期间，应绍兴市群众艺术馆邀请，辅导绍兴平湖调节目《白雪遗音》的排演，其间六次往返绍兴与杭州，与作者、音乐设计者以及演员共同研究探讨，对节目进行加工打磨，并在湖北荆门参加文化部全国第十四届群星奖大赛中获曲艺类"群星奖"大奖。9月，建议并帮助象山曲艺作者将原小品《让新房》改编成宁波地方曲种唱新闻的同名节目，并多次对演员进行辅导，后该节目在浙江省曲艺新作大赛中获创作、表演一等奖，参加浙江省曲艺杂技节演出获奖，使唱新闻这一即将消失的曲种在当地群众中产生了新的影响力。

**69岁**（2008年）1月初，出席浙江省文化厅召开的全省非物质文化遗产普查试点工作交流会，并就浙江省传统曲艺曲种的本质属性和艺术特征作了发言。1月中旬，应浙江省文化厅邀请，参加第一批浙江省非物质文化遗产项目代表性传承人专家评审会议，任曲艺类代表性传承人专家评审组组长。1月25—27日，参加在台州举行的浙江省民间艺术研究会第二次代表大会，被聘任为浙江省民间艺术研究会顾问。4月，参加浙江省文化厅组织的非物质文化遗产普查工作督查组，赴金华市、衢州市和部分县（市、区），对正在全省开展的非物质文化遗产普查工作进行专题督查。6月27日，被浙江图书馆聘请为浙江图书馆文澜讲坛客座教授。同日，在浙江图书馆文澜讲坛作"浙江曲艺曲种"讲座。9月，撰写的《浙江曲艺的生态现状及思考》获中国文学艺术界联合会、中国曲艺家协会颁发的第五届中国曲艺"牡丹奖"理论奖。11月16日，参加在杭州市召开的第二批杭州市非物质文化遗产保护项目专家评审会，对杭州市申报第三批浙江省非遗名录项目进行评审推荐。11月28日，获中国曲艺家协会和绍兴县人民政府（中曲字〔2008〕文）授予的绍兴莲花落特别贡献奖。12月中旬，应浙江省文化厅邀请，参加第二批浙江省非物质文化遗产代表性传承人专家评审会议，担任曲艺代表性传承人专家评审组组长。12月下旬，参加浙江省文化厅召开的第三批国家级非物质文化遗产项目代表性传承人申报专家评审会，担任申报第三批国家级非遗曲艺类项目代表性传承人专家评审组组长。

**70岁**（2009年）1月，参加浙江省非物质文化遗产普查工作验收组，对宁波市、舟山市的非物质文化遗产普查工作进行重点抽查验收，并出席专家评议会，就两地曲种的历史渊源和衍变状况作了介绍，并提供相关的历史资料。6月，应浙江省文化厅邀请，参加第三批浙江省非物质文化遗产名录和第一批、第二批浙江省非物质文化遗产扩展项目评审会议，担任曲艺评审组组长。7月2—3日，参加由中国艺术研究院曲艺研究所和浙江省文化厅联合主办的浙江曲艺传承保护学术观摩展演及研讨活动。7月9—10日，为杭州市各非遗项目的保护责任单位负责人、各区县（市）有关业务干部等60余人作非遗名录申报相关工作的培训讲座。7月，被中国曲艺家协会授予1949—2009年新中国曲艺60年"突出贡献曲艺家"称号，并获颁荣誉证书和奖牌。8月，受浙江省文化厅之邀，参加浙江省申报第三批国家级非物质文化遗产名录专家论证会，担任曲艺类论证组组长。8月下旬，应浙江省文化厅邀请，参加第三批浙江省非物质文化遗产项目代表性传承人专家评审会议，担任曲艺类代表性传承人专家评审组组长。9月14日，作为专家参加首届非物质文化遗产博览会开幕式，并出席浙江省非物质文化遗产产业发展座谈会，就浙江曲艺项目的抢救、保护和传承作发言。9月17日，作为嘉宾代表参加浙江省非遗传承人、工艺大师、老字号企业、外贸企业、文化经销商、非遗精品项目落户东方文化园推介恳谈会，就浙江曲艺介入旅游活动提出建设性建议。11月21日，参加杭州市举办的曲艺类国家级非物质文化遗产代表性项目保护传承专题研讨会，就如何做好保护传承曲艺提出了一些建设性意见和建议。12月20—26日，应邀参加由文化部、浙江省文化厅在杭州主办的中国非物质文化遗产传统戏剧类项目保护工作培训班，作为曲艺类专家为全国各地200余名非物质文化遗产保护工作者授课。

**71岁**（2010年）4月7日，获浙江省"中国民族民间文艺志书集成"优秀编纂成果奖。4月，担任《听书备览》副主编，负责编撰浙江的苏州评弹长、中、短篇节目介绍；苏州评弹界浙江籍的人物介绍；浙江的苏州评弹组织、表演团体、演出书场等介绍；并提供其在浙江的相关资料图片（此书由周良主编，苏州古吴轩出版社出版）。5月10日，被浙江省文化厅聘请为浙江省非物质文化遗产保护专家委员会专家。5月，辅导修改由浙江省武警总队政治部文工团作者唐爱超创作的杭州评话短篇曲本《反恐行动》，并对该团女演员沈莹进行排演辅导，使该节目在同年举行的浙江省曲艺杂技节上获创作、表演一等奖、中国曲艺"牡丹奖"提名奖。5月18日，作为杭州市非物质文化遗产保护专家参加第二批杭州市非遗项目代表性传承人专家评审会，评审推荐了40位申报者列入第二批杭州市非遗代表性传承人名单。6月，受邀作为传统表演艺术领域的专家，参加浙江全省传统表演艺术精品培育工作会议，并作指导讲座。7月6日，浙江省非物质文化遗产保护协会成立大会暨首届会员大会召开，担任顾问、常务理事。8月，参加浙江省文化厅召开的全省传统表演艺术精品项目培育工作会议暨第六届浙江省非物质文化遗产保护论坛，并做了关于浙江省曲艺类非物质文化遗产传承保护和现状的发言。9月8日，出席由杭州市非物质文化遗产保护中心举办的杭州摊簧和武林调传承培训班开班仪式。9月22日，出席小热昏国家级代表性传承人周志华的周志华非遗（曲艺）传承工作室成立仪式。10月11日，出席浙江省曲艺家协会第七次会员代表大会，被聘为浙江省曲艺家协会第七届顾问。11月，应上海广播电视台、上海市曲艺家协会、上海今夜娱乐文化有限公司聘请，赴上海担任"笑在长三角——江浙沪笑星电视邀请赛"评委。12月1日，作为杭州市非物质文化遗产保护专家参加了杭州市第四批非遗名录专家评审会；2日，出席杭州市非遗中心召开的2010年度非遗专家座谈会。12月下旬，参加浙江省文厅召开的第四批国家级非物质文化遗产代表性传承人评审会，担任曲艺类代表性传承人专家评审组组长。

**72岁**（2011年）1月10日，获浙江省文化厅颁发的首届浙江省精神家园守护者荣誉奖；6月8日，出席首届浙江省精神家园守护者荣誉奖授奖仪式，获颁证书及勋章、授带。9月，《我心中的老沈》一文刊于由中国戏剧出版社出版的沈祖安人物论集《大江东去》（第四卷）第108页。10月，杭州市文化广电新闻出版局（今杭州市文化广电旅游局）将杭州评词列入杭州市第一批重点濒危抢救项目，作为该项目的领衔专家进行重点指导，并花费大量精力对杭州评词传统长篇曲本《白蛇传》进行整理。11月，应浙江省文化厅邀请，参加第四批浙江省非物质文化遗产项目代表性传承人专家评审会议，担任曲艺类代表性传承人专家评审组组长。12月初，应绍兴市群众艺术馆邀请，参加绍兴地方曲艺传承座谈会，提出了传统曲艺传承必须在创作新节目的基础上才能出成果的观点，建议以绍兴南宋历史人物——陆游作为绍兴平湖调的创作题材，创作绍兴平湖调开篇《陆游与唐婉》。此后，四次赴绍兴对该节目进行辅导，使其在"非遗薪传——浙江省传统曲艺展演"中获特别演出奖。

**73岁**（2012年）2月，应浙江省文化厅邀请，参加第四批浙江省非物质文化遗产名录和第一批、第二批、第三批浙江省非物质文化遗产扩展项目评审会议，担任曲艺类评审组组长。2—8月间，帮助创作了湖州三跳新编短篇节目《三张火车票》，并由湖州市文化馆表演。同时多次进行排演辅导，使该节目获第七届中国曲艺"牡丹奖"全国曲艺大赛提名奖。3月，参加浙江省文化厅召开的第五批国家级非物质文化遗产项目代表性传承人申报专家评审会，担任曲艺代表性传承人专家评审组组长。4月19日，任浙江省非物质文化遗产保护中心核查国遗项目的核查组成员。4月29日—5月2日，在2012中国浙江非物质文化遗产博览会·非遗薪传——浙江省非物质文化遗产（曲艺）展演中，担任博览会曲艺组组长、曲艺专业评委会副主任。8月，提供陈云与评弹界人士珍贵图片21幅，刊于《陈云与评弹》一书（此书由中共中央文献研究室第三编研部编辑，中央文献出版社出版）。9月，获浙江省人民政府颁发的在浙江省申报人类非物质文化遗产和国家级非物质文化遗产工作中成绩突出，授予专家特别贡献奖证书。11月8日，应邀参加由中国说唱文学会和中共义乌市委宣传部主办的中国曲艺青年论坛，并在会上作了主旨发言。12月1日，应杭州滑稽艺术剧院邀请，为该院作"独脚戏历史和魅力"的专题讲座。25日，参加浙江省人民政府召开的浙江省申报人类与国家级非物质文化遗产保护项目及杭州西湖文化景观申报世界文化遗产工作总结表彰大会，作为专家代表发表获奖感言。

**74岁**（2013年）3月3日，参加浙江省非物质文化遗产馆建设方案专题咨询会，就曲艺演出场馆的建设提出建议。4月，修改由浙江省武警总队政治部文工团唐爱超创作的杭州评话短篇曲本《斗牛》，并辅导该团女演员沈莹进行排演，使该节目在同年举行的浙江省曲艺新作大赛中获创作、表演一等奖、中国曲艺"牡丹奖"提名奖、文化部"群星奖"曲艺类金奖。5月，赴宁波象山县，辅导由象山县文化馆创作的宁波地方曲种——唱新闻节目《长年葱》，从曲本修改、唱腔设计到伴奏技巧、演员表演等方面进行具体入微的全面指导，使该节目获文化部"群星奖"曲艺类金奖，并赴北京、上海、广州等地参加多项全国性的重大交流演出，使之成为经常上演的保留节目。6月7日，在象山县塔山讲堂作题为"非物质文化遗产曲艺类项目的抢救、保护、传承与发展"的讲座。6月8日，在浙江省宁波市图书馆主办的"天一讲堂"作题为"浙江曲艺'非遗'项目的传承与保护"的专题讲座，讲稿后刊于由中国文史出版社2014年6月出版的《天一讲堂》。9月，应邀赴绍兴市文化馆，指导绍兴曲艺类国家级非遗项目绍兴词调的保护传承工作，并对绍兴词调新编短篇节目《苦楝树下》的曲本进行修改指导。此后至12月间，先后多次赴绍兴市文化馆进行修改辅导，使该节目在浙江省第七届曲艺新作大赛中荣获创作、表演一等奖。10月，应邀参加浙江省文化厅召开的"光荣与梦想"浙江非遗十年座谈会，并在会上就浙江曲艺的国家级、省级及市、县级保护曲种如何进行抢救性保护和传承提出建设性意见。同月，辅导的湖州三跳新编短篇节目《三张火车票》在第十届中国艺术节上获优秀演出奖，为这一古老的湖州地方曲艺在当地的恢复起到了推动作用。11月10日，应浙江省文化厅邀请，参加浙江省申报第四批国家级非物质文化遗产项目专家论证会，担任曲艺类专家论证组组长。

**75岁**（2014年）4月24日，被杭州市上城区文化广电新闻出版局（今杭州市上城区文化和广电旅游体育局）聘请为上城区非遗评审与论证工作专家。5月15日，被丽水市莲都区文化广电新闻出版局（今莲都区文化和广电旅游体育局）聘为首席专家。6月13日，被象山县人民政府聘为浙江省象山县非物质文化遗产保护暨国家级海洋渔文化生态保护区建设专家委员会特邀顾问。7月26日，应绍兴市文化馆邀请，在绍兴"道德讲堂"作题为"曲艺的艺术本质和艺术特征"的讲座，深入浅出地分析曲艺的性质、属性、特征；戏剧表演和曲艺表演的区别；怎样做好曲艺的艺术改革；群众文化工作中如何做好曲艺的相关工作等。8月7日至8日，出席浙江省非遗中心召开的浙江省非物质文化遗产保护专家恳谈会，就浙江曲艺类非遗项目的抢救、传承、保护作重点发言。

10月1日，编纂的"浙江省非物质文化遗产代表作丛书"分册《独脚戏》一书出版发行。24日，辅导的绍兴词调新编短篇节目《苦楝树下》参加中国曲艺家协会在江苏连云港市举办的第八届中国曲艺节。22—25日，协助浙江省非遗中心，组织辅导浙江曲艺类非遗包括杭州评话、杭州小热昏、杭州摊簧、绍兴摊簧、绍兴莲花落、绍兴宣卷、宁波唱新闻、湖州三跳书等曲种的节目，以参加由上海市非物质文化遗产保护中心、浙江省非物质文化遗产保护中心、江苏省非物质文化遗产保护中心、上海市徐汇区文化局联合主办的第十六届中国上海国际艺术节"艺聚徐家汇，雅集江南风——苏浙沪说唱艺术大赛"演出。并在23日的研讨会上作了"浙江非遗项目中的传统曲艺传承保护"的发言。10月15日，在绍兴出席国家级非物质文化遗产代表性传承人胡兆海先生从艺50周年专场演唱会并作讲话。11月28日，出席由杭州市举办的非遗进高校专家指导会。12月2日，参加在杭州滑稽艺术剧院举办的非遗传承拜师仪式，并作为浙江非遗保护的曲艺类专家，就曲艺的传承保护工作进行发言。12月，被浙江省曲艺家协会聘任为首届浙江曲艺奖评委。12月10日，应邀赴湖州市文化馆指导湖州摊簧及湖州三跳的传承保护工作，提出了整理加工原湖州三跳传统节目《英台担水》的创作设想及实施计划，后多次对其进行艺术辅导，使该节目于2015年获第五届浙江省曲艺新作会演创作、表演双金奖，浙江省第五届曲艺杂技魔术节优秀作品奖、曲本创作、音乐设计奖、表演银奖，"非遗薪传"——浙江曲艺展演展评金奖，第四届"缤纷长三角·浦东北蔡杯"曲艺邀请赛节目金奖、个人表演金奖；入围第九届中国曲艺"牡丹奖"全国曲艺大赛并获个人表演提名。截至2016年年底，湖州三跳《英台担水》已演出32场。

**76岁**（2015年）2月，创作湖州三跳《英台乔妆》曲本，并交湖州市文化馆进行排演。5月，辅导的绍兴词调短篇节目《苦楝树下》参加在浙江省文化厅举办的"非遗薪传"——浙江曲艺展演展评获一等奖。6月13日，参加浙江省宁波市象山县非物质文化遗产精品节目展演的评审工作；14—15日，赴永康市参加由永康市非物质文化遗产保护中心主办的永康鼓词艺术交流会，就永康鼓词在保护传承中如何适应时代提出了具体建议，并对一些永康鼓词节目的表演进行辅导。8月19日，出席浙江省曲艺家协会第八次会员代表大会，被聘为浙江省曲艺家协会第八届理事会顾问。9月28—29日，受邀担任浙江省非遗保护中心举办的"非遗薪传"——浙江曲艺展演展评评奖委员会副主任。10月初，参加并主持"非遗薪传"——浙江曲艺展演展评活动，负责初选节目的评审工作，并赴宁波市鄞州区指导宁波评话的创作表演和传承保护工作；14日，作为浙江省非物质文化遗产保护协会曲艺专业委员会的主要发起人之一担任筹备领导小组组长，并在浙江省非物质文化遗产保护协会曲艺专业委员会成立大会暨第一次会员代表大会中，当选浙江省非物质文化遗产保护协会曲艺专业委员会主任。同日，在浙江省非遗保护中心举办的"非遗薪传"——浙江曲艺展演展评颁奖大会上，代表评奖委员会公布获奖名单。11月7日，辅导的绍兴词调新编短篇节目《苦楝树下》参加在上海浦东举办的第四届"'缤纷长三角·浦东北蔡杯'曲艺邀请赛"并获金奖。12月7—8日，应邀赴嘉兴市参加《嘉兴市非遗大观》表演艺术部分的审稿会议，发现该书关于苏州评弹部分存在严重缺失，嘉兴地区系苏州评弹的主要流行区域之一，为此撰写了《嘉兴的苏州评弹》文字稿，并无偿提供资料图片38幅供编者选用；28—30日，作为老艺术家特邀代表，出席浙江省第八次文学艺术界代表大会。

**77岁**（2016年）1月初，为增强绍兴平湖调的可听性、可看性，适应当今观众审美习惯，受绍兴市文化馆（绍兴市非物质文化遗产保护中心）邀请，创作了绍兴平湖调短篇曲本《单刀赴会》，并交绍兴市文化馆（绍兴市非物质文化遗产保护中心）组织排演。2月18日，应嘉兴市文化馆、嘉兴秀州区文化馆邀请，赴嘉兴市为2016年嘉兴市群文曲艺辅导培训班作"曲艺艺术的鉴赏""嘉兴地区流行曲艺形式的探究"讲座，针对曲艺创演的戏曲化、歌舞化、碎片化倾向，提出了曲艺创演应正本清源的观点。4月28日，在杭州滑稽艺术剧院"艺海楼"书场，出席观看"钱塘余韵"——杭州地方戏曲曲艺国家级非遗项目展演活动第一季第一期独脚戏专场，并和参演的青年演员交流。6月3日，对湖州三跳节目《英台乔装》的舞台表演进行辅导，使该节目入选2017年浙江省第九届曲艺新作大赛。10月17日、11月26日，两次赴绍兴辅导绍兴平湖调短篇节目《单刀赴会》，该节目的参演者大多为教师、银行员工等业余爱好者，在绍兴市文化馆举办的绍兴地方曲艺传习成果汇报演出中获得好评。

11月1—7日，受邀出席浙江省曲艺家协会主办的重点曲艺作品加工会，为全省入围的曲本进行加工润色。11月11日，赴绍兴市出席"吴越同音·江浙沪摊簧艺术精品展演"活动，并以"浙江摊簧的前摊和后摊"为题在随后举行的座谈会上作主题发言，梳理了浙江摊簧的发展和现状。12月2日，作为特邀主讲嘉宾，出席在杭州滑稽艺术剧院"艺海楼"剧场举行的"钱塘余韵"——杭州地方戏曲曲艺省级非遗项目展演活动第一季第六期"杭州评词"专场。12月26—28日，受邀赴温州市参加由浙江省非遗保护中心举办的传承人抢救性记录暨全省非遗中心主任培训班，并为该培训班作题为"浙江非遗项目中的传统曲艺传承保护之我见"的讲座。

**78岁**（2017年）1月7日，出席在绍兴市文化馆举办的绍兴地方曲艺传习成果汇报演出及全国曲艺传承人示范交流展演。8日，参加由绍兴市文化馆举办的绍兴地方曲艺传承保护研讨会，就绍兴地方曲种的发展提出意见和建议。2月20日，赴绍兴柯桥区参加绍兴莲花落演员胡兆海和翁仁康的收徒拜师仪式，并见证性介绍这对师生以艺为缘的历程；同时参加中国曲艺家协会领导主持的听取对曲艺家协会意见的调查研究座谈会，会上提出了关于中国曲艺家协会举办的"中国曲艺节"，绝不能犯曲艺艺术碎片化的导向性错误的建议。3月上旬，受浙江省非遗保护中心邀请，组织部分浙江曲艺节目为赴香港演出做准备，其间整理改编了宁波走书的传统节目《王老虎抢亲·祝枝山观灯》，交由象山县非遗中心进行排演。3月19日，参加中国艺术研究院曲艺研究所、中国说唱文艺学会和浙江省文化厅等单位在"杭州艺苑"举办的首届中国浙江·全国曲艺传承发展论坛及观摩交流展演暨中国浙江（杭州）·全国曲艺大书（评书评话）传承发展论坛及观摩交流展演方案落实讨论会。3月27日—29日，赴海宁市参加浙江省文化厅召开的全省非遗工作现场会，在会上就浙江曲艺类非遗项目的创新性保护作了发言。4月7日，应长兴市文化馆邀请，赴长兴为当地曲种花鼓摊簧节目《龙船吉祥》进行表演辅导，使该节目入选2017年浙江省第九届曲艺新作大赛。4月12日，赴绍兴市柯桥区担任浙江省文化厅举办的浙江省第九届曲艺新作大赛评委。4月29日，应邀赴绍兴市文化中心莲花书场，观摩为期三个月的绍兴莲花落长篇节目中的一场。4月30日和5月2

日,先后赴宁波市象山县,对象山县非遗中心组织的宁波走书新编节目《王老虎抢亲·祝枝山观灯》进行排演辅导。5月12—15日,在杭州参加由中国艺术研究院曲艺研究所、中国说唱文艺学会和浙江省文化厅主办的首届中国浙江(杭州)·全国曲艺大书(评书评话)传承发展论坛及观摩交流展演及振兴浙江曲艺启动仪式,并在传承发展论坛作了发言;同时,在振兴浙江曲艺启动仪式上,被浙江省文化厅授予"浙江省非物质文化遗产保护(曲艺)专家特别贡献奖"。

**79岁**(2018年)5月,在绍兴参加由中国艺术研究院曲艺研究所、中国说唱文艺学会和浙江省文化厅主办的第二届"中国浙江(绍兴)·全国曲艺小书(弹词走书)传承发展论坛及观摩交流展演"活动。

**80岁**(2019年)1月,因病住院,进行手术治疗。后全年在家休养。

(编写者陈睿睿 浙江省杭州市文化馆/杭州市非物质文化遗产保护中心馆员,
审订者吴文科 中国艺术研究院曲艺研究所研究员)

# 调研报告

中国艺术研究院曲艺研究所

# 2020年度中国曲艺发展研究报告*

【内容提要】2020年是人类社会发展史上的特殊年份。由于新冠肺炎疫情的突然暴发，给世界范围人们的正常生产与生活带来了巨大灾难。包括中国曲艺在内各种文艺创演的外部环境因之发生了重大变化，内部业态也受到剧烈冲击。但中国发展通过"脱贫攻坚"全面进入小康社会的前进步履并未因此停滞。这使围绕"抗疫"及"脱贫攻坚"等社会生活主轴开展的主题性创演及其网络化传播，成为本年度曲艺发展的一个重要特点。各类曲艺活动及在文化传承、人才培养、艺术传播和学术研究等方面的诸多实践，也有不同程度的推进，并体现出对现实的关切、对时代的回应、对问题的解答和对事业的担当。其间不可避免地存在着这样那样的问题与不足——或是旧问题的延续，或是新问题的暴露，都需认真面对、深入思索和逐步克服。

【关 键 词】2020年度 中国曲艺 发展状况 研究报告

2020年年初，突如其来的新冠肺炎疫情，给中国及世界范围人们的正常生产和生活，带来了重大灾难。包括中国曲艺在内各项文艺事业的正常发展，也受到了直接而又巨大的冲击。但是，疫情的影响，并未完全阻断各种曲艺创

---

\* 本文为中国艺术研究院年度指定科研项目"2020年度中国艺术发展研究报告"的子课题成果。主笔：吴文科；撰稿：赵倩、田莉、王晶。

演、交流、传承、传播及学术研究等活动的有序开展。借助互联网络等现代传播平台的技术支撑，以及下半年一边持续抗疫一边奋起赶超的不懈努力，中国曲艺界与其他各行各业一样，在困难中开拓，在艰难中前行，不仅基本完成了既定的工作目标，也适宜创新了诸多的发展路径。其间当然也存在不少的问题，值得特别关切和反思。而以中国幅员之辽阔、民族之众多、曲艺品种之丰富、发展格局之多样，在资讯占有难于兼顾详尽、观察考索不可能周到深入的情况下，要对一个年度的全国曲艺发展面貌，进行全面系统的描述和科学准确的研判，实属勉为其难，极易以偏概全。但从已知的情况出发，尽力撮其要点，力图深入思考，或可为本年度中国的曲艺事业演进，留存可资鉴戒的雪泥鸿爪，提供堪与比照的思想参考。

**一、创演聚焦社会热点，节目惜少沉潜提炼**

作为表演艺术，创作和演出节目，是曲艺存在的基本样态和价值所在，也是我们观察本年度曲艺发展的首要视角。

2020 年度的曲艺创作和演出，特别是上半年，由于新冠肺炎疫情的突然影响及所带来的不便开展聚集活动的要求，呈现出一些特别的状况：一是常态化的创演活动，被迫按下"暂停键"；二是节目创演的题材，相当一部分转向了关切并表现抗击新冠肺炎疫情的内容；三是即兴性编演和短篇形式成为节目的主流形态。同时，随着下半年常态化防疫过程中各项工作的逐步正常开展，表现中国社会发展进程中具有重要里程碑意义的"脱贫攻坚"工作之主题性曲艺创演，也成为一个热点并有不少成果。这使本年度的曲艺创演呈现出如下特点，一方面为历史留下了特有的曲艺痕迹，另一方面也体现出曲艺工作者关注现实、心系国家的热切情怀与使命担当。

新年伊始，在中国共产党和人民政府的正确决策和坚强领导下，中国人民尤其是湖北特别是武汉地区的人民，万众一心，众志成城，全国协作，奋力抗击，经过数月艰苦鏖战，取得了打赢疫情阻击战和总体战的决定性胜利。其间，曲艺工作者和其他行业的广大文艺工作者一样，没有袖手旁观，更没有消极面对，而是运用自己的艺术，发挥精神的力量，积极迅捷地参与其间，创作表演了众多不同曲种的"抗疫"题材曲艺节目，为各地一线的医务工作者呐喊助威，为各行各业的齐心协力讴歌点赞。其中，山东快书《站哨台》、京韵大鼓《妈妈的嘱咐》和《为逆行者点赞》、快板书《抗击疫情做防范》、河南坠子《抗魔利剑》、常德丝弦《打好疫情阻击战》、苏州弹词《沁园春·出征》、陕北说书《万众一心齐行动》、杭州独脚戏《妈妈说》等，质量较好且影响较大。而在长期以来曲本原创相对薄弱滞后、脚本创作极大掣肘舞台演出的情况下，本年度举国"抗疫"团结协作的伟大壮举，极大地激发了曲本作者及曲艺爱好者的创作积极性，使得"抗疫"主题的曲本创作，在创作热情和篇目数量上，呈现空前高涨的态势。如全国唯一的综合性曲艺专业刊物《曲艺》杂志，仅在"抗疫"初期便收到了1500多篇此类题材及主题的曲本投稿，该刊于第3期和第4期也连续集中择优选登了20余篇，就是对这批创作成果的推荐留存和这种创作热情的特别回应。各地经营曲艺表演的相关团体，也为"抗疫"题材曲艺节目的创演，投入了相当大的力量。据一项调查显示，所涉296家曲艺经营演出实体中，有73.31%的受访对象进行了"抗疫"节目的创演。[①]尤为可贵的是，这些"抗疫"主题曲艺曲本及节目的创作和演出，参与度较广，涉及面较大：从个人自发到机构组织、从草根艺人到曲艺名家、从汉族曲种到少数民族曲种等，都有不同程度的投入和体现，共同为鼓舞"抗疫"志气、激扬"抗疫"热情、讴歌"抗疫"英雄、宣传防疫知识，发挥了特殊的作用。

2020年度中国社会一个十分重要的发展主题，就是"脱贫攻坚"。作为全面建成小康社会目标的实现之年和全面打赢"脱贫攻坚"整体战的收官之年，中国共产党和人民政府在这一年于积极组织抗击新冠肺炎疫情的同时，丝毫没有放松对于这一崇高奋斗目标的推动落实。其间涌现出来的英模人物及其先进事迹，同样为曲艺工作者的艺术创演，提供了丰富的形象塑造素材和深广的题材内容来源。而将目光聚焦"脱贫攻坚"工作中的先进事迹和典型经验，并用

---

[①] 参见张小卫、胡玉强、炜熠《新冠肺炎疫情对当下曲艺演出经营实体影响调查分析》，《曲艺》2020年第5期。

丰富的曲艺手段，进行艺术展示和审美表现，便成为广大曲艺工作者的自发行为和自觉担当。许多地方甚至基层组织还专门开展了相关专题的参与性活动及"脱贫攻坚"主题的创演实践。比如，7月份由中共陕西省渭南市委宣传部与渭南市脱贫攻坚领导小组办公室主办，渭南市文联和渭南市民政局联合承办的"渭南市决战决胜脱贫攻坚扶贫扶志曲艺乡村行"系列展演活动，相继在所辖的合阳县、白水县、富平县、蒲城县等地开展。表演的节目，紧紧围绕产业扶贫、移民搬迁、健康扶贫和就业创业四大扶贫手段进行创演。所推出的快板书《脱贫致富奔小康》、陕西快书《战石头》、相声《扶贫扶出好日月》《幸福生活》和《愚公移山》等节目，多方反映扶贫努力，精准对接群众需求，活跃了民众的文化生活，激发了乡村的精神气象，较好地展现了曲艺作为"文艺轻骑兵"的特质和作用。再如，10月19日，由中共青海省委宣传部和青海省文学艺术界联合会主办、青海省曲艺杂技家协会与青海省文化馆承办的"攻坚克难你我同行——歌颂脱贫攻坚先进事迹曲艺创作演出活动"在青海省会西宁市举行。该活动共推出青海道情《胡清强扶贫在囊谦》、西宁贤孝《风雪白玉兰》、青海越弦《美丽山村》、青海平弦《一生一世青海情》等22个新创节目，集中展现了援青干部及青海儿女为高质量打赢"脱贫攻坚"战、全面建成小康社会和加快建设现代化大美青海做出的牺牲与贡献。又如，11月4日至6日，由中国文学艺术界联合会和中国曲艺家协会共同主办的"新时代曲艺星火扶贫工程成果巡礼展演"在北京举行，推出了二人转《青春之歌》、武乡琴书《扶贫队长张宏才》、沁州三弦书《脱贫路上好支书》等表现扶贫先进人物真实事迹的节目，以及鄱阳大鼓《十一槌》、四川谐剧《帮到底》等生动讴歌贫困地区群众"宁愿苦干，不愿苦熬"精神面貌的节目。这些专题性活动及主题性创演，充分彰显了中国共产党带领全国人民在"脱贫攻坚"征程中所取得的丰功伟绩，深情讴歌了党、讴歌了人民、讴歌了"脱贫攻坚"中涌现出来的英雄楷模，节目内容及思想主题大都具有鲜明的为时代巨变塑像和壮色的美学品格。

当然，在充分肯定此类创演紧扣时代脉搏、讴歌社会进步的可贵做法与担当精神的同时，也要清醒地看到，其间还存在着不少的问题。比如，相当一部分主题性节目创演的艺术成色不甚理想，停留在即时宣传的浅表层面。较少对所表现题材内容的深入了解和审美发掘，包括缺少生活体验上的浸润沉潜与艺术表现上的概括提炼，致使节目中思想内容的表达及艺术形象的塑造，不够真切鲜明也难以生动感人。先入为主、思想先行、直奔主题的概念化表达居多，艺术审美形象塑造的典型化展示偏少。再加上急于推出，忙于展示，较少细心打磨，总体显得粗糙。换言之，相当数量的主题性创演，态度比较积极和热情，但效果不是很理想。而对艺术包括曲艺的创演来说，问题的要害，恰恰不在于"政治正确"式的积极姿态甚或"合乎潮流"的跟风表态，而在于要用具有实力的作品说话，要拿出真正硬气的优秀节目。与此相应，许多"抗疫"题材节目的创演，因而存在着蹭热点、搭便车甚至乘势炫技的自我表现嫌疑，一哄而上、鱼龙混杂也就在所难免。就像有人在评论本年度同类"抗疫"题材诗歌创作时所指出的那样：或"简单粗暴地急于表达极其简单和表层化的'常识'"，或"只是进行假大空的毫无生命热力更谈不上精神能力和思想能力的'热点写作'与'新闻写作'"，"既没有揭示出深层的现实也没有发现现场中撼人心魄的细节和场景，而只局限于表态和浮夸赞美"。① 这也说明，此类遗憾和不足，虽非曲艺创演所独有，而是许多艺术门类的普遍弊端乃至共性现象，因此更加值得深思和反省，以使崇高的创演动机与表现愿望，达致良好的艺术水准及审美效果。

此外，本年度有些地方的曲艺表演团体，创作演出了一些标示为"剧"的节目，比如上海评弹团排演的"评弹剧"《医圣》和四川广安组织筹排的"曲艺剧"《红杜鹃》等。由于明确标注为戏剧节目，本不该于此提及，但有些相关的报道和评论，却将此视作对"苏州评弹"（苏州评话和苏州弹词）艺术的一种发展创新，抑或对于曲艺的丰富拓展。如称"评弹剧"《医圣》"从书场到剧场"是对"新时代评弹的打开方式之探索"，就有些莫名其妙——既然已经是"剧"目了，还怎么能成为本属曲艺的"评弹"的"打开方式"？明明是采用苏州评弹的艺术方式及其表演班底去"打开""评弹剧"了嘛！因而必须适当回应，那就是：曲艺表演团体或相关的曲艺机构，排演非曲艺形式或者由某些曲艺形式

---

① 霍俊明：《疫情时期的写作：诗歌是伟大的发光体》，《中国艺术报》2020年12月28日。

衍生出来的全新艺术样式及其节目本无什么不妥，吸收借用曲艺的艺术技巧去演戏也很正常，但却不能随便标示甚或乱下断语，将此视为曲艺节目或者是对曲艺的创新。而在客观上，曲艺团体将原本有限的艺术资源，不是用在曲艺节目的典范创演上，而是转行去排演戏剧节目，总归会减少对于曲艺本身的力量投入，影响曲艺本身的创演繁荣。那些不明就里的报道、评论及其思想认识，也是对于曲艺基本理论和艺术观念的曲解乃至消解。不宜鼓励，并要防止和杜绝。

**二、重大活动如数举办，实施效果存有遗憾**

从品牌性艺术活动的举办频次看，2020年度可谓中国曲艺的"丰年"。无论是政府主导的全国性专门曲艺活动，还是协作开展的行业性全国曲艺活动，以及地方各级相关机构组织举办的重要专题曲艺活动，在本年度开展得都比较集中。这为我们梳理本年度中国曲艺的发展走势并思考中国曲艺的发展问题，提供了较为充分的观察窗口。

10月10—16日在浙江省宁波市举办的"2020全国非遗曲艺周"，是中华人民共和国文化和旅游部非物质文化遗产司及艺术司与浙江省文化和旅游厅及宁波市人民政府联合主办的旨在推动全国曲艺传承保护工作的综合性品牌活动，本次举办是继2018年和2019年分别在天津和济南举办以来的第三次。活动内容包括10月10日晚在宁波文化广场大剧院举行的"2020全国非遗曲艺周"启动仪式暨开幕晚会、10月11日在宁波举办的全国曲艺传承发展论坛、10月11—13日由宁波本地曲艺团体的8支队伍携宁波走书、四明南词、蛟川走书、象山唱新闻等曲种的节目开展的进社区、进学校、进景区、进酒店（民宿）即"四进"展演活动，以及10月13日晚以"浙江好腔调"命名即内容为浙江曲艺专场的闭幕式演出。其中，开幕式上由许多曲艺类国家级非物质文化遗产代表性传承人如刘兰芳、金丽生、刘士福、胡兆海和倪齐全等担纲演出的节目，包括北京评书《岳飞传·还我河山》、苏州弹词《叔嫂初逢》、山东琴书《半块馍》、绍兴莲花落《三个巴掌》以及安徽琴书《退低保》、陕北说书《杨七郎打擂》、四明南词《悠悠青蒿魂》、乌力格尔《京德挂帅》等，堪称本年度曲艺舞台的最亮风景。考虑到防疫要求，本年度即 2020 全国非遗曲艺周的大部分节目展演，采用了借助网络的线上推送方式。已进入国家级非物质文化遗产名录而受到保护的全部 127 个曲艺项目及所涵括的 130 多个曲种的 258 个传统及新创节目，通过多个网络平台分批投放和推送，供广大观众即时在线欣赏。本次活动的举办，既是对近年来全国曲艺类非物质文化遗产保护成果的交流和展示，也是对 2019 年 7 月文化和旅游部发布《曲艺传承发展计划》一年来曲艺类非物质文化遗产保护工作推展情况的集中检阅，意义不言而喻。

9 月 29 日—10 月 4 日，在河南省平顶山市举行的第十届中国曲艺节，是由中国文学艺术界联合会、中国曲艺家协会和河南省平顶山市人民政府联合主办的本年度又一项重要的全国性曲艺交流展示活动。因受新冠肺炎疫情影响，本届中国曲艺节也采用现场演出和线上展演相结合的方式进行。其中，开幕演出、闭幕演出和河南省平顶山市宝丰县的曲艺专场为 3 个现场演出；其余全国各地的参演节目，以第十届中国曲艺节优秀节目网络展播的方式，于 10 月 1 日至 4 日通过中国曲艺家协会所属的《曲艺》杂志融媒平台推送举行。共有相声、河南坠子、二人转、京韵大鼓、陕州锣鼓书、苏州弹词等 23 个曲种的 30 个节目参加了线上展演。平顶山作为曲艺文化土壤比较丰厚的地方，本年度参与主办中国曲艺节已是第三度。尽管本届中国曲艺节由于疫情影响而将更多节目的展演移到了网络上，但平顶山市对中国曲艺交流发展热情态度的巨大贡献，应当被牢牢铭记。

10 月 15 日，在江苏省苏州市举办的第十一届中国曲艺"牡丹奖"的颁奖系列活动，是本年度中国曲艺界的另一个重要看点。历时近半年的第十一届中国曲艺"牡丹奖"评奖活动，共有 48 家单位报送的 430 个节目参评，涵盖曲种 116 个，涉及曲本作者 174 人、演员 394 人。通过 5 月下旬在苏州举行的第十一届中国曲艺"牡丹奖"评弹滑稽分赛区比赛、6 月上旬在杭州举行的第十一届中国曲艺"牡丹奖"南方鼓曲唱曲分赛区比赛、7 月中旬在合肥举行的第十一届中国曲艺"牡丹奖"相声小品三书分赛区比赛和 8 月上旬在长治举行的第十一届中国曲艺"牡丹奖"北方鼓曲唱曲分赛区比赛共 4 个分赛区的分头复赛和最后终评，共选出节目奖5个、表演奖6个、文学奖4个、新人奖5个。其中，中篇苏州弹词《军嫂》、杭州摊簧《淑英救弟》、"曲艺小品"《家和月圆》、二人转《双菊花》和长子鼓书《闹红火》等节目获得节目奖；评书《一次心灵的对话》、中篇苏州评弹《钱学森》、评书《为民服务》和相声《乡音乡情》等曲本获得文学奖；张怡、黄震良、张建珍、肖向丽、李菁、熊竹英等演员获得表演奖；金一戈、王灏玮、卢鑫、罗捷、董建春等青年演员获得新人奖。与此同时，福建南音艺术家苏统谋、北京评书艺术家刘兰芳和苏州弹词艺术家邢晏春3人获推举被授予"中国文联终身成就曲艺艺术家"荣誉称号。

8月6日，在江苏省张家港市举办的第九届全国少儿曲艺展演，是本年度一个富有特色的曲艺展演活动。来自全国16个省（自治区、直辖市）的214位小演员，分江苏专场、长三角专场及汇报演出专场共三个场次，演出了相声、"小品"、快板、山东快书、评书、故事、苏州弹词、四川清音、河南坠子等曲种的35个节目。参演的小演员，年龄最小的仅有5岁，最大的也才14岁。作为全国性的少儿曲艺展示平台，这项活动的持续举办，为在青少年中培养曲艺爱好者和曲艺后备人才，发挥了积极作用。

12月1日至3日，由中国文学艺术界联合会和中国曲艺家协会共同主办的第八届全国相声小品优秀节目展演在北京举行。来自北京、天津、辽宁、黑龙江、上海、浙江、重庆、四川、陕西和中直曲艺院团的近70位曲艺演员，共为首都观众演出了3场本年度新创的24个相声、"小品"和独脚戏节目。展演节目聚焦重大主题和现实题材，弘扬了主旋律，传播了正能量。其中，12月3日晚上的展演，为第八届全国相声小品优秀节目展演暨第二届非遗相声大会老艺术家专场，郝爱民、石富宽、王谦祥、李增瑞、李金斗、李国胜、刘洪沂、王文林、赵伟洲等相声名家会聚一堂，为观众呈上了一场重在艺术传承并展示传统技巧的相声节目，特色鲜明，趣味横生。

此外，各地组织举办的各种专题性曲艺活动也非常活跃。如9月30日开幕并有天津市曲艺团、谦祥益文苑和名流茶馆等曲艺及相声演出团体的100余位津门相声演员参加的2020天津相声节，10月4日在广东省佛山市顺德区均安镇举办的青少年曲艺展演、10月22日至23日在东莞市中堂镇举行的第二届广东省（中国）曲艺之乡曲艺精品展演和 11 月 7 日在深圳罗湖区举办的第十四届广东省青少年曲艺"明日之星"选拔赛决赛演出，10 月 19—24 日在河南省郑州市举办的河南省非遗曲艺展演周演出和 11 月 17—18 日在泌阳县举办的第七届河南曲艺"牡丹奖"全省曲艺大赛颁奖典礼及"文艺进万家，健康你我他"——河南省曲协新时代文明实践志愿服务慰问演出，11 月 7 日举办的"健康生活、悦动吉林"——2020 年吉林省群众戏剧曲艺大赛决赛活动，11 月 8 日至 11 日在江苏省南通市通州区举行的第三届"通州杯"全国曲艺小剧场新作展演活动，11 月 11 日至 13 日在上海市嘉定区举办的第二届"嘉定法宝杯"讲好中国法治故事全国曲艺展演活动，11 月 23 日至 26 日在福建省永安市举办的"第十届海峡两岸曲艺欢乐汇"，12 月 6 日由北京文化艺术活动中心和北京市曲艺家协会主办、北京市各区文化和旅游局及北京市各区文化馆承办的"2020 首都市民系列文化活动之第七届'艺韵北京'群众曲艺大赛"，12 月 8 日至 12 日在澳门成功举办的第四届中华曲艺港澳情展演系列活动，12 月 12 日在天津中国大戏院举行的"春雨润新芽"少儿曲艺专场演出，12 月 21 日至 23 日在北京市房山区举行的第五届京津冀曲艺邀请赛等，都为推动曲艺的繁荣发展，发挥了积极作用，积聚了重要力量。

有关曲艺的对外交流活动，本年度也有开展。比如，10 月 9 日晚于法国巴黎举行的第十二届巴黎中国曲艺节演出在位于塞纳河畔的巴黎中国文化中心举行，演出的节目有乌力格尔《出战》、西河大鼓《绕口令》、山东快书《打针》和徐州琴书《小两口争灯》等。同时，由巴黎中国文化中心和中国曲艺家协会联合举办的"盛世牡丹——中国曲艺 70 年发展成就展"也于此间拉开序幕；再如，11 月 16 日在江苏省苏州市相城经济开发区举行的 2020 首届长三角戏曲·曲艺文化艺术周暨中日地方文化艺术交流活动，为长三角地区和日本曲艺在中国大陆的交流，搭建了平台。

可以看出，新冠肺炎疫情的冲击，未能阻止 2020 年度中国曲艺各项品牌及日常活动的正常开展。而这些活动的正常开展，并不意味着所有的活动都很正常。仔细检视上述的诸多活动，不难发现，包括第十一届中国曲艺"牡丹奖"评选和第九届全国少儿曲艺展演等权威性品牌活动中评选出的曲艺奖项及纳入的参演节目，依然有相当一个时期以来被误认是属于曲艺形式的所谓"曲艺小品"或者"小品"节目存在。而这些所谓的"曲艺小品"或者"小品"，实际上并非曲艺及曲艺节目，而是戏剧形态的"话剧小品"。不能因为自行贴上"曲艺"的标签，就会使本属戏剧样式的"小品"变成曲艺。理由很简单：曲艺表演是演员以第三人称统领进行的本色面貌的叙述式演出，而"小品"则是演员化装成故事中的人物亦即装扮成固定的角色进行第一人称的代言式演出。前者是"说法现身"，后者属于"现身说法"。从这个意义上讲，包括许多重要机构在内的许多人对于曲艺及其本质特征的认识，依然不很清楚；离开曲艺本体进行的曲艺创演及交流活动，由于对曲艺的认知存在此类缺陷，极易带来曲艺发展的实践走偏。前述有关曲艺界排演的称为"剧"的各种节目形式，之所以被有的人误认为是对曲艺的创新乃至发展，正是由于此类活动开展中，错将戏剧形式当作曲艺品种纳入和经营而推波助澜的结果。如果不在理论上加以明确和厘清，类似一个时期以来曲艺创演"戏剧化""歌舞化"和"杂耍化"的实践偏误，势必难以扭转。同时，此等状况的长期存在与积重难返，也从一个侧面表明：有关曲艺的基本知识普及和专业基础培训，亟待进一步加强。高校缺专业、进修无门径、人才难孵化、从业没门槛的缺憾与尴尬，是导致此类问题无法从根本上彻底解决的主要原因！而从完善现代学科制度和落实曲艺文化传承手段的角度切入，大力发展全面系统的曲艺文化传承教育特别是高等教育，才能从制度层面确保对曲艺认知的科学深入和曲艺创演的健康发展。

**三、艺术传承任务艰巨，人才培养有待推进**

随着全球化和现代化趋势的不断加快，作为传统文化重要组成部分的曲艺传承问题，变得日益紧迫。尽管多年以来，有关非物质文化遗产的保护工作，给包括曲艺在内传统文化的保存与传承增加了不小的动力。但社会文化生态的变迁，以及由此带来的曲艺业态的变化，使得曲艺的艺术文化传承和专业人才培养，愈加困难而又迫切。正因如此，"传承"便成为当今曲艺发展一个十分重要的时代主题。基于艺术文化传承的专业培训及人才培养工作，也便逐步开展起来。

2020年度的曲艺传承工作，应当说是形式多样且富有特色的。

首先，各种形式的曲艺人才培训纷纷举办和开展。尽管受到新冠肺炎疫情的影响，许多培训活动改为通过网络在线上进行，但培训的名目与频次还是丰富而又多彩的。比如，7月1日开始、历时10天、由中国曲艺家协会主办的第二期曲艺专家名家精品创作网络研修班，对西部12个省（自治区）的77名曲艺创演人才进行了网上云端培训。全部培训共安排视频授课5场，抖音直播1场，作品辅导2场。课程内容包括习近平新时代中国特色社会主义思想、艺术理论、曲艺创作与表演等。再如，8月21日，由江西省文化和旅游厅主办、赣南师范大学承办的2020年中国非物质文化遗产客家古文传承人群研修班在赣州开班。为期一个月的研修培训，分别邀请有关曲艺的专家学者和客家古文的代表性传承人进行授课，从理论和实践两个方面入手，为客家古文从业者、相关文化工作者及爱好者系统了解客家古文的基本知识、全面提升客家古文的创演能力、强力推进客家古文的保护传承、有效推动客家古文的文化传播，注入了丰沛的动力。又如，11月2日，由天津市文化和旅游局指导、天津艺术职业学院主办的中国非物质文化遗产传承人群研修研习培训计划之2020年曲艺表演（鼓曲）专业研修班在天津开班，来自天津、山西、山东、河北、河南、安徽、江苏、四川等地的曲艺类非遗传承表演（鼓曲）类传人及曲艺院团的管理人员共40人参加了研修培训。还如，有关方面于12月5日在江苏省南通市通州区举办的第四期全国曲艺自由职业者优秀人才培训班和12月15日在河北省张家口市举办的第十二期全国曲艺创作高级研修班，分别培训了来自全国各地、活跃在曲艺创作一线的优秀曲艺自由职业者代表和部分知名曲艺作家。这些培训活动的举办，对于曲艺的创演繁荣与传承发展，无疑具有深远的意义。另有一些地方举办的曲艺人才培训活动，不仅规模可观，宗旨尤其可贵。如河北省曲艺家协会于12月3—6日举办的河北省中青年鼓曲乐师提高班就很有特色，对平素不大为人所重视的伴奏乐师进行培训提高，对于全面优化曲艺从业者的人才结构与综合素质，整体拉升曲艺创演的实践水准，很有裨益，值得肯定和点赞。

其次，许多知名老艺术家传扬传统经典节目及收徒传艺的积极性比较高涨。著名北京评书艺术家刘兰芳、湖北评书艺术家何祚欢、湖北大鼓艺术家张明智等，本年度都广收门徒，积极传艺。11月1日，在山东省济南市文化和旅游局的立项资助下，由济南市曲艺团姚忠贤山东琴书老艺术家工作室于济南市文化馆的"曲山艺海星乐汇书场"举办的阶段性成果汇报演出专场，就集中展示了该工作室成立半年多来的教习传承成果。所展演的山东琴书经典名段《梁祝下山》《偷年糕》《吕洞宾戏牡丹》和《刘伶醉酒》等，不仅成就了许多徒弟的专业技能，也让市民群众集中欣赏到一台特色独具的"北路"山东琴书节目；2020年11月3日至5日，天津市曲艺团的单弦牌子曲艺术家刘秀梅应邀远赴山东省青岛市，为青岛老年大学举办普及单弦牌子曲的大讲堂式演示教学，同样来自天津的著名三弦演奏家、"荣（剑尘）派"单弦牌子曲再传弟子王毓书应邀加盟授课。其他各地的老曲艺家也都在各自的领域内，为曲艺的艺术文化传承默默努力。

同时，本年度湖南、福建、河南、天津等地，相继出台了本省贯彻落实文化和旅游部2019年7月发布的《曲艺传承发展计划》的各自"曲艺传承发展（实施）计划"。从总体上看，这些地方落实《曲艺传承发展计划》的相应计划，均依照《曲艺传承发展计划》并结合本省曲艺发展实际，严谨地进行了各自的相应细化，许多地方的实施细则都是可圈可点的。如《河南省曲艺传承发展实施方案》提出，到2025年，曲艺类省级以上非遗代表性项目的档案建设和省级以上代表性传承人的记录工作要基本完成；活化利用现有场馆，吸纳社会资源，增设曲艺演出场所，增加曲艺演出频次，全省固定曲艺演出场所要达到20个以上，并打造出5个到10个曲艺活动品牌；利用高校、曲艺团体等现有学术和教学资源，扩大并年轻化传承队伍，组织曲艺类非物质文化遗产传承人群参加研修和培训，累计培训500人次；开展曲艺"六个一"实施计划，即省级以上曲艺类非遗项目要实现一个保护规划、一套记录档案、一个传习计划、一个传承基地、一支传承队伍、一个传播平台的实施目标。应当说不仅切合实际，而且有所担当。

此外，虽然曲艺的高等教育尚未实现大的机制性突破，但由中国曲艺家协会和辽宁科技大学共同组织编纂的"全国高等院校曲艺本科系列教材",包括《中国曲艺发展简史》《中国曲艺艺术概论》《中国少数民族曲艺艺术》《相声表演艺术》《评书表演艺术》《快板表演艺术》《苏州评弹表演艺术》《山东快书表演艺术》和《中华曲艺书目内容概览》《中华曲艺图书资料名录》《中华曲艺艺谚艺诀和专业术语》《海外学者论中华曲艺》等共12种,本年度全部完成并在高等教育出版社出齐。因是初创,不一定十分完善,但作为一种努力和尝试,填补了中国曲艺高等教育教材资源的不足与空白,对推动曲艺高等教育的实施、完善曲艺学科的建设、传承传播曲艺的艺术文化,都有着积极的意义。

遗憾的是,本年度有多位著名老曲艺家去世,对于面临后继乏人窘境的曲艺界而言,可谓格外重大的损失。1月29日,上海的独脚戏(滑稽)名家李九松逝世,享年86岁;同一天,相声大师侯宝林的大弟子、相声名家贾振良逝世,享年87岁;7月20日,著名单弦牌子曲艺术家、"谭(凤元)派"单弦牌子曲艺术的代表人物赵玉明去世,享年91岁;9月11日,知名京韵大鼓女演员王金凤去世,享年96岁;11月7日,著名河南坠子表演艺术家、"乔(清秀)派"河南坠子第二代传人乔月楼在天津逝世,享年99岁;11月24日,著名曲艺作家和快板书表演艺术家、"王(凤山)派"快板传承人郑文昆在天津逝世,享年76岁。尽管这些老曲艺家大都高寿而终,但他们各自身怀的艺术绝技却无法再传后人,也是令人无限惋惜的事情!他们的艺术造诣,是曲艺发展的宝贵资源;他们的纷纷离去,是曲艺传承的巨大损失。

不难看出,尽管2020年度的曲艺传承工作形式多样且富有特色,但从曲艺曲种非常丰富、传承内容十分多样、人才培养需求巨大、教学机制缺乏保障、传扬任务异常艰巨、师资力量参差不齐,亦即目标需求与客观条件存在着巨大反差的现实状况去看,现有曲艺文化传承和人才孵化培养的一些努力及做法,远远无法满足应当具备的理想需要,必须通过国家层面的顶层制度设计及相关政策的充实完善,予以全面考量和系统推进。

**四、艺术传播遭遇疫情，网络助力减少阻梗**

作为表演艺术，演出传播是曲艺体现存在价值并发挥审美作用的重要而又唯一的途径。2020年度曲艺传播的一个最为重大的变化和十分突出的特点，就是为了防止新冠肺炎疫情的扩散，而无法进行正常的演出，进而倒逼形成的对于互联网络传播的特别依靠和特殊借重。

在此过程中，许多重大的全国性曲艺品牌活动，包括展演交流和人才培训等，如前所述，都被转移到了网上，而且效能异乎寻常。许多原本仅有数百上千人在茶馆、书场和剧场等传统的曲艺演艺场所演出的传播活动，一旦移到网上，观赏的人数及其频次，便呈几何级数的增长。如8月份在江苏省张家港市举办的第九届全国少儿曲艺展演，因同时在"国家公共文化云"和"今日张家港"等网络平台进行全程直播，据统计观看总人数达到将近60万人次；再如10月在浙江省宁波市举办的以"融入现代生活，弘扬时代价值"为主题的"2020全国非遗曲艺周"，于线上专设了"云上曲艺——2020全国非遗曲艺周优秀节目展播"的展演板块，并同时在文化和旅游部官网、中国非物质文化遗产网、光明网、优酷网等平台同步进行集中展播；又如原定于2月4—7日在河南省平顶山市宝丰县举办的第十五届马街书会优秀曲艺节目展演活动因新冠肺炎疫情的突然暴发而临时取消，为弥补遗憾，主办方随即策划了"第十五届马街书会优秀曲艺节目网络展播"的演出专题，将来自13个省（自治区、直辖市）包括了20个曲种的共24个入围节目，集中在网上进行展播，让马街书会从田间地头走向网络云端。凡此，也使相应活动的网络曲艺传播资源，成为永不落幕的网上曲艺盛会，可供观众随机即时地点击欣赏，极大地便利了广大观众的欣赏需求，也极大地提升了曲艺传播的现实效能，可谓大疫之年曲艺传播"转危为机"的重要转折。

除了演出，有关曲艺培训的实施，一旦将录制的讲座视频放到网上，也会形成可以随机即时点击听取的课程，培训的人员数量，同样便会无可限量。2020年度一些曲艺培训的网上开展，无疑为此类传播开启了全新的方式与可能。

除此之外，本年度曲艺传播的一个非常重大的革命性变化，就是随着手机短视频技术的迅猛发展，及所带来以个体性创演、网络化传播和自媒体发布为主要特征的曲艺创演模式及其网络传播途径的空前崛起与格局形成。不仅许多个人可以随时发布自己采用短视频创演录制的曲艺节目，而且相当数量的曲艺表演团体也开通了自己的短视频直播间，移师线上组织演出。前者如在"抗疫"期间，广大曲艺工作者纷纷通过网络发布了许多短篇节目，如浙江的翁仁康创作表演的绍兴莲花落《齐心渡难关》，北京的崔琦创作曲本的梅花大鼓《天使颂》，徐宁创演的湖北大鼓《不服周的湖北人》等，都在创作完成后的第一时间，通过网络进行了发布，成为本年度线上曲艺表演的组成内容。后者如上海评弹团不仅开通直播间组织直播演出，而且集成了"评弹与疫情防控""评弹与中医"等附带性的专题浏览内容，随同演出宣传防疫知识，服务网络受众。还有一些曲艺团体和演员个人，借此机会，转换思路，开拓进取，通过线上直播演出或播放录播作品，扩大艺术影响，增添演出收益。如上海说唱的著名青年演员陈靓，曾在距离地面 400 米的上海金茂大厦 56 层做了一次高空直播，以"地标建筑+海派文化+曲种知识"为核心内容，吸引网上观众，使观看的人数达到 5000 人次，远远超过了剧场演出的观众人数。[①] 此外，有些演出场所，由于疫情影响，无法开展正常的营业，改为网上直播后，观众人数也一路飙升。典型的例子如陕西榆林的榆阳书场，是一个专门演出陕北说书的曲艺演艺场，疫情前一直在线下演出，每场的听众数量仅一二百人，且大多为 60 岁以上的老年人。疫情期间被迫改为线上直播后，不仅赢得了男女老少各个年龄层次的观众，而且在线听众最多时达到了 4000 多人。

当然，现有网络传播的现实困难及问题也很明显。一方面，广阔无垠的网络空间，需要大批量优秀的曲艺节目及其相关资源去占领和充实；另一方面，相对沉寂和薄弱的曲艺创演现状，无力满足并自如驾驭功能强大的网络空间。

---

[①] 参见张小卫、胡玉强、炜熠《新冠肺炎疫情对当下曲艺演出经营实体影响调查分析》，《曲艺》2020 年第 5 期。

而那些个体化的短视频节目及直播间演出,由于种种原因,存在着节目创演的短平快、碎片化、娱乐化和炫技性弊端;同时,在经营上,充斥着跟风带节奏、单纯求流量、趋附蹭热点、迎合挣打赏的非艺术倾向,使得商业目的及粉丝文化反复冲淡甚至消解着原本该有的精神质地和艺术品格。而线上演出及欣赏,由于缺乏现场演出观演交流的直接互动和对面感应,致使网络演出及其传播的虚拟体验,因为"孤独"的弥漫和"温度"的消弭,呈现出"热闹"之外的"别样"悲凉,值得进一步审视和考量。

同时,网上演出的成本考量,也使过分依赖技术而忽视艺术的情形势必愈加严重。特别是伴奏手段伴奏带化的技术替换,因偷懒而对口型假唱的泛滥,演出仪式因缺乏实体空间的无意解除,以及因无观众直接面对而使表演激情丧失的心理状态,均使曲艺表演的网络传播隐藏着另一番已然凸显的堪忧弊端。如何摸索完善,将会是巨大的考验。

**五、学术探讨形式多样,传播载体实现突破**

由于受到新冠肺炎疫情的影响,2020 年度的曲艺学术研究及其交流和体现形态,也被迫进行了调整。许多现场会议形式的学术交流减少了,但对曲艺的研究与思考并未因此停歇。不同形式曲艺研究的学术成果,本年度普遍体现出更加鲜明的问题意识。长期缺乏专门刊发曲艺研究学术成果专业载体的学术传播困境,也于 2020 年度得以突破。

首先,2020 年度开展的学术性曲艺活动,数量也并不少,但因疫情的影响,大多集中在三、四季度举办。依时序的先后,主要有:9 月 11 日在江苏省张家港市举行的由中国曲艺家协会指导,江苏省张家港市、山西省长治市、辽宁省大连市西岗区、上海市嘉定区和四川省彭州市等五个中国曲艺名城联合发起的 2020 年中国曲艺名城发展战略联盟座谈会;9 月 11—14 日在江苏省扬州市举行的由中国艺术研究院曲艺研究所发起组织、全国各地各类曲艺团体和机构及其主要负责人积极参与的第八届中国曲艺团长高峰论坛,及中国艺术研究院曲艺研究所、中国说唱文艺学会、江苏省曲艺家协会、中共扬州市委宣传部和扬州市文化广电新闻出版局联合主办,主题为"网络时代的曲艺大书传播"的第二届中国扬州·全国曲艺大书发展论坛及全国曲艺大书扬州书会;10月11日在浙江省宁波市举行的由文化和旅游部非物质文化遗产司、文化和旅游部艺术司、浙江省文化和旅游厅、宁波市人民政府主办,中国艺术研究院曲艺研究所学术支持的2020全国非遗曲艺周"全国曲艺传承发展论坛";10月16日在江苏省苏州市举行并由第十一届中国曲艺牡丹奖组委会主办、作为第十一届中国曲艺牡丹奖颁奖系列活动之一的"坚持创造性转化和创新性发展——中华曲艺传承与发展研讨会";11月6—7日在河北省河间市举行的由中国艺术研究院曲艺研究所和河北省曲艺家协会等单位共同主办的第七届西河大鼓书会和西河大鼓传承发展论坛;11月10日在江苏省南通市通州区主办的由中国曲艺家协会及全国曲艺小剧场艺术指导委员会组织召开的后疫情时代曲艺小剧场如何转型发展研讨会;11月18日在江苏省无锡市举行的由中国曲艺家协会苏州评弹艺术委员会和江苏省曲艺家协会等单位联合主办的"2020（硕放）南北曲艺唱曲创作与发展学术研讨会"等。这些学术性的曲艺研讨及交流活动,要么聚焦创演实践,要么关切演出经营,要么紧扣传承保护,要么瞩目发展趋势,问题意识较强,担当情怀鲜明。有些学术性活动,还配套了艺术展演及创演交流,具有理论联系实际的良好学风;还有些学术活动立足国家需要和社会需求组织开展,具有学术服务社会的责任担当。当然,也有的所谓学术性活动,形式大于内容,名目不符其实,筹备不充分,交流不认真,属于打着旗号走过场的自娱自乐贴标签行为,当然也就缺少相应的成果与绩效。

其次,2020年度的曲艺学术研究,也出现了一批成果。其中,比较重要的著述按出版先后有:童李君于2020年3月由山西教育出版社出版的《近现代弹词通论》,杨冬梅于2020年4月由中国社会科学出版社出版的《河南濒危曲种声腔艺术传承保护研究》,徐大军于2020年5月由上海古籍出版社出版的《宋元通俗叙事文体演成论稿》,吴真于2020年6月由中华书局出版的《孤本说唱词话〈云门传〉研究》,侯会于2020年9月由中华书局出版的《银字〈水浒传〉：英雄谱里的历史擦痕》,胡胜、赵毓龙辑校并于2020年10月由上海古籍出版社出版的《西游说唱集》,纪德君于2020年10月由中国社会科学出版社出版的《民间说唱与古代小说交叉互动研究》，崔蕴华于2020年10月由中国社会科学出版社出版的《欧洲藏中国明清至民国俗曲唱本研究——以英、德、法为中心》等。这些著述，要么立足文献考述，要么着眼文化关联，要么关切传承保护，要么瞩目域外视角，选题较为新颖，视野较为开阔；一方面体现出曲艺研究的多学科交叉与综合性特点，另一方面也展示出中国曲艺历史存在的巨大时空与深远影响。特别是吴真所著的《孤本说唱词话〈云门传〉研究》和纪德君所著的《民间说唱与古代小说交叉互动研究》，或者通过对《云门传》进行"道教—地方社会—说唱曲艺—文献—小说"的"纽带式研究"即其流转经历、版本情况、地方道教语境、文本形成过程、说唱体制、语言特点与冯梦龙改编策略等的综合考察，为词话、道情、弹词、鼓词等的承接和转变关系提供了新的文本依据；或者从对唐五代以来民间说唱与小说之间的双向影响，揭示了二者间的联系与区别，阐释了说唱文学与小说在文体生成与发展演化方面的特殊动因及其嬗变规律，弥补了该领域研究的薄弱环节；从而在个案考察与关联追索方面，为曲艺的文化性研究，提供了较好的例证，拓宽了考察的空间。

再次，曲艺研究的学术文章，也有一些值得注意。比如，张延莉发表在《音乐艺术（上海音乐学院学报）》2020年第2期上的《城市音乐研究的区域化和地方性——以评弹的"海派"和"苏派"为例》一文，以城市音乐研究的视角，对比考察了苏州和上海两个城市的不同发展赋予苏州弹词艺术地域性特征的内在机理；刘雯和刘娟发表在《中国音乐》2020年第5期上的《京韵大鼓多声部音乐形态与乐人的音乐观》一文，通过对京韵大鼓表演中各个伴奏乐器与演唱者之间的配合考察，论述了其所具有的"多声部"音乐形态特征。同时通过对不同流派伴奏风格的比较研究，论述了不同套路伴奏手法和风格流派的各自体现变化与相应影响；吴文科2020年9月发表在《中国非物质文化遗产》创刊号上的《曲艺的活态传承和科学保护》一文，对非物质文化遗产保护语境下曲艺的活态传承与科学保护，提出了一些具有警示意义的见解，并着重论述了继承与创新、日常演出与活态传承之于曲艺传承保护的切实关系；张小卫、胡玉强和炜熠发表在《曲艺》2020年第5期上的调查报告《新冠肺炎疫情对当下曲艺演出经营实体影响调查分析》，通过大量第一手的问卷调查与田野考察，描述了新冠肺炎疫情对当下曲艺演出经营实体的影响情况，为观察和思考曲艺表演团体的创演经营及曲艺发展的现实走向，提供了较为丰富和鲜活的资料参考。同时，刊载在文化艺术出版社 2020 年 12 月出版的《曲艺学》第 1 辑和第 2 辑中的许多论文，包括第 1 辑里杨秀妹的《"常州宣卷"论略》、陈睿睿的《永康鼓词考述》、刘漫的《唱曲舞蹈的形态特征与功能特点》、唐力行的《走码头：江南水乡与说书先生——以常熟为中心的考察》、李静的《歌坛、音乐社、唱片与电台——20 世纪二三十年代的粤曲生态》、蒋慧明的《相声表演的艺术风格与"流派"辨说》、黄德和的《侯宝林缘何对"化装相声"不以为然？》，及第 2 辑里潘讯的《苏州评话和苏州弹词研究的历史、现状与前瞻——周良访谈录》、周琪的《20 世纪河西宝卷文献研究概论》、柯琳的《骆玉笙演唱京韵大鼓代表性音像节目版本考论》、邓雪晨的《非物质文化遗产保护语境下曲艺传承与发展的数字化路径——基于〈曲艺传承发展计划〉的实施解析》等文章，都是本年度出现的比较重要的学术成果。

此外，2020 年度与曲艺的学术研究乃至中国曲艺的全面健康发展密切相关的一个非常重要的文化事件，就是由中国艺术研究院曲艺研究所和中国说唱文艺学会合编、文化艺术出版社出版、专门刊载曲艺研究学术性成果的不定期学术刊物《曲艺学》集刊的创刊并连续推出了第 1 辑和第 2 辑。曲艺作为历史悠久又传统深厚的艺术门类，古往今来，不仅在世界范围广泛存在，而且在中国的发展尤其繁盛。迄今中国曲艺的可信历史，至少有 1500 年之久；已知的品种类型，也在 1000 个左右。长期以来，中国曲艺不仅是广大民众喜闻乐见的艺术样式，而且是文学体裁和戏曲剧种的孕育母体，同时也是"小传统"意义上各民族历史与文化的特殊载体。然而，世界范围有关曲艺的学术研究，一直比较薄弱；中国的曲艺研究虽在世界上居于前列且独领风骚，但全国范围一直没有一个可以专门刊载曲艺研究学术成果的公开出版物。为此，作为曲艺研究"国家队"的中国艺术研究院曲艺研究所，经过近 10 年的酝酿和筹备，终于在中国艺术研究院的大力支持和中国说唱文艺学会的通力协助下，成功创办了这一集刊。至此，曾在 1980—1990 年依托中国曲艺出版社不定期出版的学术刊物《曲艺艺术论丛》因中国曲艺出版社的被撤并而同时消失了整整30年以来，中国一直没有专门的学术性曲艺刊物的遗憾局面，借此终于又被打破。该刊第1辑"发刊词"里有关曲艺研究"需要客观、具体、理性和全面、深入、专精"的价值追求标示，和"为了言之成理，必须持之有据；既求翔实的证据，也求充分的理据"，从而"远离'空、疏、泛'、避免'野狐禅'"的学术操守宣示，以及在"'本学科'即'本体性'的研究之外，注重'跨学科'的'交叉性'研究乃至'去学科'的'融通性'考察"之宽阔视野设定，包括末页刊登的"稿约"中所列述的"曲种研究""历史考察""理论探索""创演评论""文献考述""美学鉴赏""文化探究""名家谈艺""学术演讲""口述访谈""人物述林""资料钩沉""序跋书评""传承传播""域外曲艺""商榷争鸣""学科建设""专题辑览""调研报告""文摘转载"等20个栏目，不仅包括了曲艺研究的所有范式，也涵容了曲艺研究的各个方面。且其"每篇字数一般不超过50000字"的长篇幅和大容量投稿框限，均使该刊具有全方位的容纳性，定能够为更好推动中国的曲艺学研究，提供学术交流的载体服务；也能为中国的曲艺学研究及其学科建设，做出自己应有的贡献。值得关切，也值得期待。

综上，我们对2020年度中国曲艺在节目创演、活动组织、传承保护、艺术传播和学术研究等方面取得的成绩与存在的问题，进行了力所能及和较为概略的回顾梳理与总结思考。冀望其中的成绩与经验，能给中国曲艺在未来的持续繁荣提供助益；存在的问题与遗憾，能对中国曲艺在今后的健康发展有所警示。同时，热切希望我们不尽成熟的梳理和思考，也能成为关心和爱好中国曲艺的读者朋友可资利用的一个思想支点。

山东曲艺现状调研与传承发展对策研究课题组

# 山东曲艺现状与传承发展对策 *

山东曲艺在历史上曾经显赫一时，特别是清末以来，省城济南南词北曲荟萃，名家大师云集，茶园、茶棚、书场鳞次栉比，使之有了"书山曲海"的美誉。当年业内流行的"北京学艺，天津练活，济南踢门槛"的说法，更说明了省城济南曲艺的盛况与地位。除济南外，大运河两岸的济宁、临清、聊城、古曹州（今菏泽地区）、郯城等运河城市集镇曲艺也是盛极一时，闻名遐迩。然而，历史只能说明过去，却代表不了现在，更保证不了将来。而且，从某种程度上来讲，历史越厚重，今人的责任就越沉重。据考证，山东土生土长连同外地传入但已地方化的曲艺形式曾达数十个之多，目前虽然这些曲种大部分仍在民间流传，但有些曲种已经消亡，有些曲种也岌岌可危，识者寥寥。山东曲艺是山东人民长期以来创造积累的文化财富，是山东人民智慧的结晶，具有文学、审美、社会学、民俗学等多重价值，对于保持民族文化独特性、维护世界文化多样性具有重大意义。所以，摸清山东曲艺的现状，采取相应的保护措施，保存、传承并使之发扬光大，是摆在我们面前刻不容缓的任务。

山东曲艺较为经典的研究资料，当数20世纪末出版的《山东曲艺史》一书，该书作者张军、郭学东两位专家以严谨的治学态度、翔实的学术资料，对

---

\* 本文为国家社会科学基金艺术学一般项目"山东曲艺现状调研与发展对策研究"的结项成果。课题承担人：郭学东、徐华云、王力、赵艳喜、王燕。

山东曲艺历史，尤其是明清至新中国成立初期的历史进行了系统全面的综合论述，为山东曲艺研究提供了一系列具体的资料和论据。不过，遗憾的是，由于各种条件的限制，该书主要针对的是明清至新中国成立初期曲艺兴盛时代的历史，而"文化大革命"以后的历史却鲜有涉及。近年来，省内外专家学者对山东曲艺的研究主要偏重于山东快书、山东琴书、山东大鼓等单个曲种的历史、节目、表演、艺术技巧等方面，对山东曲艺现状进行全方位调查研究，并提出前瞻性对策建议的寥寥无几，曲艺研究滞后于山东曲艺发展，未能充分发挥理论指导实践的作用。

为此，山东省艺术研究院戏剧曲艺类非物质文化遗产保护传承研究所于2013年申报了"山东曲艺现状调研与发展对策研究"这一国家级课题，旨在通过大量调查研究，深入掌握山东曲艺创作、人才、演出、经营与管理机制、理论研究等方面的现状，总结有益经验，找出问题所在，挖掘潜力资源，从而为山东曲艺的持续健康发展提供科学指导，进而为政府相关决策提出相应参考，以填补山东曲艺研究方面的空白，更好地满足人民群众的精神文化需求，使研究具备较强的现实意义。

2013年6月至2014年9月，课题组成员用一年多的时间，采取实地考察、发放问卷、组织座谈等方式对全省的曲艺现状、面临的困难及相关对策等问题进行了深入细致的调研，并对相关问题的解决方案进行了探索与思考，现将具体情况报告如下。

## 一、山东曲艺现状

山东是一个曲艺大省，历史悠久，名人辈出，是北方曲艺重要发祥地和流布地。据考证，山东土生土长连同外地传入但已地方化的曲艺形式曾达30种之多。1956年，山东省文化事业管理局开展全省曲艺艺人登记工作时，领到演出证的曲艺艺人有4000多人，曲艺演出团体130多个。除济南和青岛有曲艺演出场所80多处外，大部分县市也都建有曲艺场（厅），演出情况空前活跃。

1966年，"文化大革命"开始后，曲艺被视为"封资修"的一部分，山东境内曲艺正常演出均被停止，曲艺演出团体全部解散，许多有成就的演员、作家、干部被扣上"牛鬼蛇神""黑干将""三名三高"种种帽子，赶进了"牛棚"。著名老艺人邓九如、商业兴、谢大玉、刘泰清、王长志、吕震忠、左金魁等受到迫害，先后去世。这一时期，曲艺业余演出虽未间断，但形式单调。

"文化大革命"结束后，山东曲艺艺术获得复苏，专业与业余演出渐趋频繁，曲艺新作大量涌现，各种形式的曲艺演出也逐渐活跃。部分县市为保障艺人合法权益，重新进行了曲艺演员登记。济南、青岛两地很有影响的曲艺团也相继得到恢复。到20世纪80年代中期，山东曲艺又重出现兴旺景象。以说书为主体的农村曲艺演出多有恢复，据不完全统计，全省近半数县市重建了曲艺队，并能坚持演出。具有300多年历史的惠民县胡集灯节书会，年年有上百档曲艺演员应市，引起中国曲艺家协会等领导部门的重视。同时，在工厂、矿山，特别是广大农村中，业余曲艺演出活动蓬勃开展，广大曲艺艺人自发组织演出小分队，进村入户，广受欢迎。济南、青岛、淄博市工人文化宫、文化馆多次举办曲艺培训班，培养人才，组织演唱。菏泽地区举办的曲艺会演，仅山东琴书就有50余档。

20世纪90年代末，受多种因素影响，山东曲艺重又跌入低谷，县市级曲艺团队几乎全部解体，近30个地方曲种能坚持正常演出的不过三五个，老艺人所剩无几，演员队伍后继乏人，整个曲艺资源亟待抢救保护。

自2003年文化部牵头在全国范围内开展非物质文化遗产保护工作以来，作为中华优秀传统文化瑰宝的曲艺再次受到重视，迎来了一个新的发展契机。目前，山东曲艺现存曲种大都被列入了各级非物质文化遗产名录，得到了一些资金和政策上的扶持，社会民众对传统曲艺的态度也有了可喜变化。总起来说，与20世纪90年代低谷时期相比，近些年山东曲艺呈现出恢复之势。

**（一）曲艺演出团体基本情况**

1. 专业演出团体

（1）济南市曲艺团

济南市曲艺团始建于1959年，是目前山东唯一曲艺种类最齐全的专业曲艺表演团体，现有在职演职员 43 人，其中一级演员 9 人，二级演员 5 人，副高以上职称人员占演员比例达 25%。济南市曲艺团先后有 5 人获得中国曲艺最高奖"牡丹奖"，1 人获得文化部艺术节"优秀表演奖"。演员实力雄厚，艺术品质上乘，有"齐鲁曲艺第一团"之称。

济南市曲艺团拥有山东琴书、山东大鼓、山东快书、相声、山东评书、快板、河南坠子、西河大鼓等十几个专业，其中山东琴书（北路）、山东评书、山东大鼓为全国独有，在当今中国曲坛具有较大影响力。

近 5 年来，济南市曲艺团共演出 2000 余场，在省级以上大赛中获奖 100 余项。为了提升演出水平，曲艺团不断开阔思路，开拓创新，一是不断上演新节目，每年新上作品达 40 余个。二是不断创新惠民演出模式，举办了慰问农民工系列演出活动，分别在立泰混凝土有限公司、连城国际工地、大溪地二期工程、经十路连城水岸、济南成林工厂等工地为农民工朋友送去十余场精彩演出。为了方便农民工看演出，利用中午休息时间，将舞台直接安到楼前空地，演员们头戴安全帽演出，受到农民工的热烈欢迎。举办了非遗进校园活动，先后到山东师大、山东艺术学院、青年干部管理学院为在校师生演出 10 余场。三是创新演出形式。济南市曲艺团精心打造了"开心甜沫"周末公益剧场，推行惠民票价。对节目形式进行全方位包装创新，除曲艺节目的演出之外，还推出兼演民乐合奏、麻辣新闻、爆笑短剧等，受到市民观众热烈欢迎，成为济南最接地气的周末演出品牌。四是经营创新。与省旅游协会合作，推出文化旅游剧场《好客明湖》，于 2014 年 4 月 30 日揭牌演出，成为济南著名的文化旅游品牌。与各个银行联合推出"社区文化节"，与文化公司合作成立"曲艺团槐荫区实践基地"。五是创新群众参与模式。举办了"今天我登台"活动，面向社会选拔非专业曲艺演员和优秀节目，在明湖居"开心甜沫"剧场登台演出，让市民能在专业舞台上展现才华。表现突出的将成为曲艺团签约业务演员，并有机会参加曲艺团其他演出。

不难看出，济南市曲艺团在传统文化复兴的大背景下，抓住机遇，创新思路，演出市场日益兴旺，正逐渐从市民娱乐的边缘地带走向中心。而所有的这一切，都与济南市曲艺团雄厚的人才队伍和完备的硬件设施密切相关，足见曲艺专业团体对曲艺发展的重要。

我们也应该看到，济南市曲艺团为了开拓演出市场，增加演出效益，创演了不少不属于传统曲艺形态的节目，比如方言话剧、民乐合奏、麻辣新闻、爆笑短剧等，虽有"不务正业"之嫌，但在市场经济条件下，实属无奈之举。

（2）其他专业演出团体

我们在调研中发现，目前除济南市曲艺团外，山东还有青岛市歌舞剧院曲艺团、济宁市艺术团、德州市艺术馆、枣庄市群众艺术馆、山东新汶矿业集团、菏泽市群众艺术馆、济宁市群众艺术馆等十几个文化部门所属的团体与机构，有上百名专业曲艺演员常年从事曲艺演出，其中成就比较大者有济宁市艺术团的刘士福、高桂云，济宁市群众艺术馆的刘炳金、王明霞等。

2. 民营团体

目前山东尚有不少民间曲艺演出团体在坚持演出，其中比较著名者有菏泽山东琴书曲艺队、郓城县曲艺团、滨州阳信鼓书院、淄博"齐天乐"曲艺社、潍坊平民曲艺社团"鸣春社"、东明吉利营小曲子班等。

菏泽山东琴书曲艺队成立于2006年，由山东琴书省级传承人王振刚及其徒弟孔鲁顺、刘婷婷等20余人组成。常年坚持在菏泽各县区及周边地市流动演出，每年演出百余场，截至目前总共演出了有上千场（包场），深受群众欢迎，取得了很好的社会效益和经济效益。通过经常性演出，增强了徒弟们从事山东琴书演唱的热情和信心，提高了他们的演出技艺。同时，建立了新的观众群，营造了良好的社会氛围，扩大了山东琴书的影响，促进了山东琴书的传承和发展。

郓城县曲艺团由山东琴书省级传承人何淑玲领头，有演员上百人，能表演山东琴书、山东渔鼓、山东落子、坠子书等曲种，每年坚持在山东、河南、山西、河北、安徽等十几个省市的社区、敬老院、广场等地巡回演出，多达百余场。因为演员多，曲种丰富，有时能连演40多天不重样。

滨州阳信鼓书院由县文化馆馆长周和平召集成立于2009年12月，现有曲艺艺人52名，专业有西河大鼓、山东大鼓、东路大鼓、山东快书等，每年坚持在阳信县及周边地区演出达几十场。

淄博"齐天乐"曲艺社组建于 2013 年 9 月 16 日，团长是王长安。曲艺社拥有知名曲艺演员 30 余人，以中国传统曲艺表演为主，包括相声、快书、快板等多个曲种，演员阵容强大，将贴近百姓生活的素材融入曲艺，形成共鸣，创作表演的作品多次荣获全国级、省市级别大奖。

潍坊平民曲艺社团"鸣春社"于 2009 年 1 月 2 日揭牌成立，是潍坊市唯一一家集相声、快板、山东快书、评书、双簧等艺术形式于一体，群众自发组织成立的草根曲艺社团。经过几年努力，鸣春社成员已由当初的几个人发展到现在的几十人。

吉利营小曲子班演出、演奏者均为当地农民，平均年龄为 65 周岁，没有职业艺人，农忙务农，农闲演出，班社演唱、演奏水平较高，掌握节目较多的陈庆合自然成为组织者和召集人，没有额外收益。现在经常参加演出的人员有 12 人，其中伴奏 7 人，演出人员 5 人。

除专门曲艺演出团体外，还有潍坊安丘青云山艺术团等民营艺术团体中包含有一些曲艺演员，他们为了增强节目的丰富性、可观性，既演戏曲，又演曲艺，甚至还有现代歌舞、杂技等内容。

另外，山东各地尚有不少以曲艺为业的零散民间艺人。比如，我们在菏泽单县调研录像时，仅山东落子、山东渔鼓艺人就有十几档。济南、青岛、淄博等地有大量相声、快书、快板书艺人或爱好者，他们或者临时性地参加民间艺术团，或者独立演出，以参加红白喜事、开业庆典、赶集赶会为主，表演的主要为传统段儿书，偶尔说一点中长篇大书，演出收入较低。

（二）曲种基本情况

目前，山东仍有山东大鼓、山东琴书、山东快书、胶东大鼓、莺歌柳书、山东落子、山东花鼓、端鼓腔、山东八角鼓、鼓儿词、山东评词、山东渔鼓、东路大鼓、枣木杠子乱弹、俚曲、小曲子、临清时调、临清琴曲、四平调、谷山调、南城调、平调、岭儿调、山东清音、三弦平调、山东柳琴、宣卷等 27 个地方曲种，以及相声、坠子书、西河大鼓等多个外来曲种流布。自国家非物质文化遗产保护工作开展以来，我省的山东大鼓、山东琴书、山东快书、莺歌柳书、山东落子、胶东大鼓、端鼓腔、山东花鼓等 8 个曲种被列入国家级非物质文化遗产代表作名录，18 个曲种被列入省级非物质文化遗产名录。其中 8 项国家级曲艺项目中有 13 个保护单位，18 项省级项目有 40 个保护单位。

十余年来，各曲种责任保护单位在曲艺音像资料挖掘抢救、曲艺遗产理论研究、曲艺项目展览展演、曲艺图书音像资料编辑出版以及曲艺项目传承发展等方面，做了很多卓有成效的工作，许多珍贵的曲艺节目及传承人音像资料得到有效保存，国家级及省级传承人的传承活动有了一定的经费扶持，一些曲种日常排练有了固定的场所，曲艺遗产保护的社会氛围日益浓厚，传承人的职业荣誉感越来越强。

但就我省曲种自身的生存现状来说，却不容乐观。在现存的 27 个曲种中，只有相声、山东琴书、山东快书三个曲种发展较好，书目较为丰富，人才较为充足，梯队较为合理，市场较为兴盛，可以维持比较正常的演出。山东大鼓、莺歌柳书、山东落子、山东花鼓、端鼓腔、山东八角鼓、山东评词、山东渔鼓、东路大鼓、西河大鼓、小曲子、临清时调、坠子书等曲种能经常在景点、晚会、集市、社区等场所进行展示性演出，但因观赏价值低、节目单调、人才匮乏等原因，独自进行经营性演出比较困难。其余近半数曲种则极少有演出，掌握这一技艺的传承人绝大多数已步入老年，后继无人，濒临灭绝。

（三）曲艺从业人员基本情况

本次调研，我们共发放《山东曲艺艺人基本状况调查表》近 500 份，收回 455 份。调研的范围包括全省 17 地市各专业曲艺演出团体、民营曲艺演出团体及以曲艺为业的零散曲艺艺人。下面将调查结果汇报如下：

（1）曲艺艺人分布情况。从我们调查的情况来看，目前还能坚持演出的曲艺艺人多数集中在曲艺底蕴比较深厚的鲁西南菏泽、济宁，鲁西北滨州、德州、济南等地区，其他地区尚在从事演出的曲艺艺人较少。

（2）曲艺艺人年龄情况。目前曲艺艺人年龄普遍偏大，除去济南市曲艺团以及目前生存状况良好的相声、山东琴书、山东快书有着较多的青年演员外，其他的曲艺艺人均以中老年为主。像我们调查的滨州阳信县的曲艺艺人，年龄最大的 88 岁，最小的 49 岁，平均年龄 70 岁。目前曲艺艺人年龄偏大的原因，我们从他们的演出及收入情况一看便知。

（3）曲艺艺人演出和收入情况。演出和收入情况方面，除去济南市曲艺团等事业性单位的曲艺艺人以及目前生存状况良好的相声、山东琴书、山东快书艺人有着较多的演出场次和较高的演出收入外，其他的曲艺艺人演出收入普遍偏低。我们调查的曲艺艺人基本全都是基层演出人员，在 20 世纪八九十年代曲艺演出繁荣时期他们都是当地红极一时的优秀演员。现在受娱乐形式多元化的影响，曲艺市场越来越小，演出场次和演出收入逐渐降低。现在这些曲艺艺人完全以演出形式维持生计的已然不多，多数的曲艺艺人是一边务农，一边在农闲时节，或者是红白喜事、开业庆典、赶集赶会等场合进行演出，一般每场演出收入二三百元，仅能稍微贴补一下家用。

国家开展非物质文化遗产保护工作以来，对传承人开展传承活动进行扶持，2009 年至 2010 年，中央财政分别对每名国家级代表性传承人给予每年 8000 元的传习活动补助；2011 年至今，中央财政分别对每名国家级代表性传承人给予每年 10000 元的传习活动补助。2008 年至 2009 年，山东省省级财政对部分濒危、年老体弱的省级代表性传承人每人每年给予 3 万元的传习活动补助；自 2010 年开始，每年对每名省级代表性传承人给予 6000 元的传习活动补助。青岛等地的市财政也建立了对市级项目代表性传承人的传承活动补助制度，其他市、县（市、区）也都通过提供传承场地、为传承人参展参演提供专项补贴等方式，对传承人开展传习活动提供扶持。这些扶持措施使部分曲艺艺人的传承活动有了基本保障，极大增强了他们的传承热情。

（4）曲艺艺人的艺术水平情况。在调研中我们发现，目前从业的曲艺艺人中，年龄较大的擅演曲书目较多，艺术水平较高，青年演员擅演曲书目较少，艺术水平较低。像山东琴书省级传承人何淑玲（68 岁），经常演唱的传统节目有：《白蛇传》《游湖》《雷锋塔》《盗灵芝》《王定保借当》《白玉楼》《哭长城》《杜十娘》《樊梨花投唐》《杨八姐游春》《清官断》《刘秀落难》《拦花轿》《包公案》《大红袍》《王天保下苏州》等 50 多个；现代节目主要有：《夺印》《老王卖瓜》《送镰记》《借驴》《借迪迪》《女饲养员》《娶女婿》《千里送暖》等 20 多个。演唱曲牌以上河调、凤阳歌、梅花落等为主，熟练掌握 50 余个。演唱咬字真切，稳重大方，平易中求韵味；唱腔优美动听，声情并茂，富于变化。又如小曲子传承人陈庆合（71 岁），现掌握百十只曲牌和数十个节目，坠琴、扬琴、古琴都能拿得起放得下。由于现在长篇大书很少有用武之地，年轻曲艺艺人几乎没有学长篇的，多数只能掌握十个左右的小段，在各种晚会上反复演出。他们的艺术水平也普遍较低，不能完美展示出一些传统曲种应有的艺术魅力。

（5）曲艺艺人的传承情况。现在曲艺艺人在传承方面面临着一个普遍问题，就是后继无人，本次调研不止一位艺人对曲艺后续队伍的培养问题而担忧。我们调研的滨州地区的 33 个艺人中，收徒超过 5 人的只有 2 位，那就是无棣县民间艺人朱延安和东路大鼓艺人张宝廷，他们收徒均有 50 余个，但大部分是政府组织在无棣第二实验学校收的学生，真正坚持在一线常年从事曲艺演出的只有七八位；收徒 5 人以下的有 6 位，弟子基本可以演出，但从事本专业的不多；其余的 26 位艺人根本就没有传承人。而小曲子传承人陈庆合收授的陈印清、徐留军、陈忠善、陈喜庆、贤连修、薛二省、魏素兰、李兰芝等 8 位徒弟中，年龄最大的生于 1943 年，最小的生于 1963 年，现年平均年龄 62 岁。

年轻人不愿从事曲艺的原因主要是演出收入太低、无保障、学成之后出路不看好等，正像山东落子新编小段《特殊招聘》里所说的那样，想让现在的年轻人学曲艺不但不能收学费，还需给他们发工资才行。

**（四）曲艺演出情况**

演出方面，目前山东曲艺演出市场较 20 世纪曲艺繁盛之时已经是不可同日而语。不过，近些年与 20 世纪 90 年代后期相比，山东曲艺演出已有了较大的起色。

第一，先来看曲艺集市盛会"胡集书会"的相关情况。胡集书会，又称胡集灯节书会，是兴起并扎根于山东省惠民县胡集镇的一种曲艺集市盛会，是中国两大传统书会之一。胡集书会在清末民初时期兴盛，抗日战争时衰落，新中国成立前后再度兴盛，"文革"时基本停顿，20 世纪 80 年代再度繁荣，20 世纪90年代又陷入萧条。胡集书会最兴盛时期前来说书的艺人至少有三百余档，最少时仅有几档。2006年，胡集书会被评为首批国家级非物质文化遗产。

作为当时滨州市的唯一一项国家级非物质文化遗产，胡集书会受到了市、县、镇三级政府的共同重视。2007年，胡集镇政府开始实行"政府买单，送书进村"的新政策，由镇政府为群众请书买单。2008年，又成立了考察定价小组，在正月十一晚上根据参会艺人的表演水平进行打分定价，再将其分配到各村。艺人在各村表演结束后，回镇政府领取酬金。政府买单的举措实施之后，艺人收入有了保证，参会热情大大增加。从2007年至2013年，胡集书会一直保持几十到上百档的艺人参会，重现兴盛之态。

另外，曲种增加了，外地艺人也多了起来。由于胡集镇政府的广泛邀请，2007年之后，除本地的相声、山东大鼓、山东琴书、山东快书、西河大鼓、三弦书、山东渔鼓、山东落子等曲种外，二人转、乐亭大鼓、湖北渔鼓、江西春锣等曲种也现身胡集书会。过去因交通不发达，艺人需要考虑交通成本，外地较远的艺人通常不会过来，前来参会的艺人多是滨州、东营、德州等惠民周边的民间艺人，稍远的有河北沧州等地艺人。2007年以来，省内的多了些从潍坊、济宁、泰安、聊城、菏泽等市赶来的艺人，省外的则增加了部分山西、江西、湖南、黑龙江、内蒙古、河北、天津、辽宁等地的艺人。书会上来的曲种多了，艺人多了，当地百姓可看、可听的内容丰富了，书会更热闹了，政府买单带给书会的繁荣景象令人欣喜。

第二，随着传统文化的日趋回温和文化市场的日渐繁荣，专业固定的演出场所在济南、青岛、潍坊、淄博等城市重现，如济南明湖居"开心甜沫"剧场、"历山艺享汇"——周末相声俱乐部、济南晨光茶社、济南芙蓉馆——空中四合院曲艺大舞台、青岛劈柴院江宁会馆、潍坊山东茶人会馆、淄博中关村古玩城等曲艺演出场所声名鹊起。

济南明湖居"开心甜沫"剧场是济南市曲艺团倾力打造的时尚爆笑演出，于2013年12月28日登场，每周六晚演出一场，演出现场气氛热烈、场场爆满。演出中既有能展现传统曲艺魅力的相声评书、快板快书等内容，又穿插爆笑短剧、麻辣新闻等时尚节目，还加入了开场歌舞表演、迎宾乐队表演、现场互动游戏等，节目丰富，形式新颖，深受广大观众的喜爱和追捧，培养了广大的粉丝群，也开辟了济南本地演出市场运作的新路，已成为深受观众喜爱的曲艺演出新品牌。

"历山艺享汇"——周末相声俱乐部是历山剧院自2014年6月28日起推出的系列演出活动之一，每周六晚在历山剧院二楼小剧场演出。历山剧院小剧场每周六的演出中，不仅有《找五子》《戏曲杂谈》《训徒》等经典传统相声段子，还有《夫妻日记》《济南人济南话》《愿你成龙》等结合时下流行元素的现代相声段子，另有对口快板《花灯礼赞》《绕口令》等形式多样的精彩节目，更有创新段子不断推出，轮番上演，给泉城百姓带来了欢声笑语。

济南大观园晨光茶社是相声大家孙少林与他的恩师李寿增于1943年联合创办的，是一处专门用来从事曲艺表演的场所。晨光茶社从创建到辉煌，培育出了众多的曲艺爱好者，造就了许多相声表演艺术家，如李伯祥、赵振铎、赵文启、王文元、孙少臣、于春藻等。更重要的是晨光茶社作为书山曲海的金字招牌，在创建巩固闻名海内外的济南"书山曲海"美誉、繁荣发展全国曲艺事业方面，做出了开创性的卓越贡献。然而，随着"文革"的到来，晨光茶社也遭受了巨大冲击，难以继续维持，最终于1966年宣告歇业。

2006年7月，大观园晨光茶社在孙少林的儿子孙小林等人的积极奔走下，得以恢复。晨光茶社自恢复以来，为了培养相声观众和演员，一直坚持义务演出，为济南的相声爱好者提供了一个锻炼的舞台。经过努力，在晨光相声大会的舞台上培养出了一批有潜质的"小童星"。这些小演员经常参加中央电视台和省市的比赛，多次获得奖项与好评。为了给年轻人更多的锻炼机会，晨光茶社还多次举办大学生专场、年轻演员专场等演出，正是这些机会，让一批爱好相声的"90后"大学生加入了相声队伍；一些年龄更小的中小学生也加入了免费学相声的队伍，济南育英中学14岁的王滋浩就是一个典型的"00后"相声迷，从8岁起就在晨光茶社学相声，现在已经成了校园内外颇有名气的小明星。

济南芙蓉馆——空中四合院曲艺大舞台是由济南市曲艺家协会理事李涛筹资创办的，旨在振兴"曲山艺海"，弘扬曲艺文化，发展演艺事业，让相声、快板、山东快书等中华民族传统文化艺术通过芙蓉馆大舞台得以传播和发扬光大。芙蓉馆曲艺大舞台自开业以来，每逢周五、周六，芙蓉馆舞台上相声、快板、快书等形式多样的曲艺节目轮番演出，新段子层出不穷，容纳200人的大厅内掌声、笑声汇成一片。自芙蓉馆成立以来，已经接连推出圣诞节专场、母亲节专场、张存珠专场演出、大新专场演出、天津第三届相声节（济南专场）等专场活动。自2012年5月以来，每周日全天应邀在趵突泉公园民俗风情街"曲山艺海"场馆演出，每天演出10个小时不停场，再现了近百年前老济南曲艺兴盛时期的"推磨"绝活。

在芙蓉馆曲艺大舞台上泉城老中青少四代笑星汇聚一堂，有著名表演艺术家张存珠、刘广玺、米文举、马延泉、秦玉华，有杨派山东快书第三代掌门人罗广兴，曲艺"牡丹奖"得主大新、程刚，曲艺名家华青、佳佳、小荷花，以及泉城笑星李在利、段晓林、小老合、张俊杰，还有芙蓉馆小童星五龙，济南电视台著名主持人阿庆哥、小啰啰有时也会到芙蓉馆登台说上一段。演员们每次都是不畏辛劳，卖力演出，为的就是能让茶馆相声在济南赢得更多的观众。

青岛劈柴院早在1902年就修建于青岛中山路上，是集旅游观光、餐饮、娱乐于一体的一条百年老街。20世纪二三十年代劈柴院的娱乐休闲场所很多，特别是曲艺艺术尤为繁盛。著名相声表演艺术家马三立、刘宝瑞，山东琴书演员商业兴、关云霞，西河大鼓表演艺术家刘泰清，山东快书表演艺术家高元钧，著名评书艺人葛兆洪、王宝亨等都曾在劈柴院这块宝地上撂地卖艺，为岛城的曲艺发展奠定了基础。

2009年4月，历经百年沧桑的劈柴院修整一新开门纳客，并且在重要位置增设了江宁会馆这个专属戏曲曲艺的大戏台。自青岛相声俱乐部成立始，每周一至周日晚都会在江宁会馆上演精彩的曲艺节目。青岛相声俱乐部会集了一大批岛城知名的曲艺艺术家和演员。这里面有青岛曲艺团老团长耿殿生，著名相声表演艺术家侯耀文的徒弟李炳杰，著名相声表演艺术家唐杰忠的徒弟朱琦，著名相声表演艺术家冯巩的徒弟耿强，毕业于中央戏剧学院的莫宏、徐麟，山东快书第四代传人仵翔，著名快板书表演艺术家张志宽的徒弟赵乐平，山东快书表演艺术家高景佐的徒弟张起铭，山东大鼓演员赵倩，岛城曲艺演员季良，山东快书演员胡延杉，岛城知名相声演员董建成、李为民等。另外还有青岛曲艺新生代演员闫立飞、刘乃强、陈佳、刘炳耀、单良、刘宗琪、傅俊艺、梁峰、孙昊、乔俊等。他们秉承逗乐百姓、服务观众、弘扬曲艺、振兴传统的宗旨，吸引了来自四面八方的观众，每天劈柴院里都是人流涌动，笑声掌声不断。

潍坊山东茶人会馆自2001年建成开业，营业面积2600平方米，是中国国际茶文化研究会团体会员单位，以弘扬中国茶文化为经营宗旨。山东茶人会馆的规模和档次都可谓山东乃至江北第一大茶馆。山东茶人会馆自开业之日起，就注重以传统曲艺来营造古朴典雅的氛围。潍坊平民曲艺社团"鸣春社"最初的几名成员就是因为在这里演出才得以结缘，2009年鸣春社成立后，每周五、周六晚都在这里进行演出。经过几年的经营，目前已培养了大批高水平演员和忠诚粉丝。

淄博中关村古玩城是淄博地区最大的古玩市场，自2014年5月始，淄博齐天乐曲艺社入驻中关村古玩城融华艺术馆，坚持每周六晚为广大观众演出，为丰富群众文化生活做出了积极贡献。齐天乐曲艺社从最初9个人发展到如今29个人的团队，日渐受到市民的热爱。团长王长安介绍说："几乎每一场都是座无虚席，氛围非常好，很逗。"齐天乐曲艺社的演出很接地气，把很多段子和淄博融合在一起，不但应时应景，甚至连网上的流行语都能很好地穿插进去，年轻人看起来一点也不觉枯燥。

除以上几个演出场所外，济南的趵突泉、大明湖，潍坊安丘的青云山民俗游乐园、菏泽郓城的水浒好汉城等旅游景点也经常会有曲艺演出。

第三，随着非物质文化遗产保护热的持续升温，曲艺公益性演出的机会也不断增多，诸如曲艺进校园、进社区、进广场、进农村等活动多如牛毛，演出场地遍及工地、农村、社区、广场、学校、节会等各种场点，主要为惠民演出，演出内容多数为传统经典节目。

（五）曲艺教学情况

调研中我们发现，山东曲艺教学主要包括中等专业艺术学校教育、私立艺校教育及中小学普及教育三种形式。

新中国成立以来，山东省中等专业学校中有曲艺专业的共有山东省戏曲学校和济南艺校两处。1978年7月，山东省戏曲学校曲艺科经山东省文化局批准成立。科主任李声远，副主任张军、薛斌。学制三年。第一学年曾隶属山东艺术学院。共招收学生三十名（实到二十九名），并为菏泽地区代培学生两名。

山东省戏曲学校曲艺科本着"培养具有一定政治、文化水平，能演唱、会写作、懂音乐的又红又专的新型曲艺工作者"的教学宗旨，开设山东快书、山东琴书（南路、东路）、相声、河南坠子、西河大鼓、快板书、音乐等七个专业。设专业课、基础理论课和文化课。专业课按曲种分别传授，基础理论课为共同课，讲授曲艺概说、曲艺写作、曲艺欣赏、乐理（包括视唱练耳），形体训练及化装等课程。政治课（讲授中国共产党党史、哲学、政治经济学及时事学习）、文化课包括文学课（讲授中国文学史、古汉语及现代汉语常识）、历史课等。教学工作由张军主持，并负责教授曲艺概论、曲艺写作等课程。专业教师有李自爱（河南坠子）、陈修德（音乐）、李湘云、左玉华（山东琴书）、薛斌（相声）、杜盛茂（西河大鼓、音乐）。为提高教学质量与学生素质，还长期聘请著名演员杨立德、孙镇业（山东快书）、李若亮、胡化山（山东琴书）、袁佩楼（相声）以及李东水（快板书）等担任教学工作。文化课由学校统一安排。此外，先后来校讲学的还有著名演员马增芬、刘兰芳、邹环生、徐桂荣等。中国文联副主席、中国曲艺家协会主席陶钝，对曲艺科的开办特别给予关注和支持，开学不久即来校作了专题讲座。后又两次来校看望曲艺科师生。

1979年6月，曲艺科排练出五个节目参加山东省音乐、舞蹈、曲艺会演。其中王新玲演唱、郭学东等伴奏的河南坠子《好嫂子》，李东风演唱的山东快书《观察兵》，刘晖、薛斌（教师）演出的相声《吃糖》三个节目，获得优秀节目奖。同年刘影、孙玉萍演唱，赵晓山等伴奏的西河大鼓《两头牛》，张玉华、张志、李湘云（教师）等演唱的山东琴书《迎亲人》，以及《观察兵》在省电视台播出。副主任张军，在全国第二次曲艺工作者代表大会上，介绍曲艺科教学经验，作了"迎着困难，创出新路"的专题汇报。《大众日报》社记者来校采访，并发表曲艺科练功及排练照片，进行了专题报道。尔后，结合教学实习演出更为频繁，先后到济南驻军、学校、胜利油田等地进行慰问演出。1980年为配合宣传舍己救人的英雄朱文奇，创作出一台曲艺节目随报告团，在全省七个地市巡回演出，受到热烈欢迎。同时在三年教学期间，还先后有青岛市曲艺团、天津市曲艺团、菏泽地区曲艺队、淄博市文化馆等单位送来学员进行培训。1981年7月，第一期学生毕业后，曲艺科停办。如今，当年那批学生毕业已经30多年，绝大多数已成长为曲艺表演、理论研究、曲艺教学等方面的中坚力量，像曲艺理论专家郭学东，表演艺术家傅象波、李东风、赵荣娜、王新玲、魏务良等，为山东曲艺的传承发展做出了巨大贡献。

济南艺术学校是经山东省人民政府批准成立的济南市公办全日制普通中等专业艺校，其前身为济南正谊中学，创建于1913年，是一所具有悠久办学历史的齐鲁名校，从这里走出了季羡林、王幼平、孙思白等著名人士；鞠思敏、于丹绂、黄炎培、陶行知等著名教育家都曾在这里任教。多年来，学校继承发扬老前辈的严谨教风，为社会培养了大量优秀的艺术人才。济南艺校曲艺专业招收的首批学生（20余人）于1989年9月入校，1992年6月毕业，学制三年，之后近十年时间停办。自2000年开始，济南艺校曲艺专业每年都招收曲艺表演专业学生，为社会培养了几百名曲艺表演专业毕业生，曲艺表演专业还被评为济南市教学的骨干专业。

济南艺校曲艺专业长期聘请曲艺界知名专家任教，杨立德、吴萍、李鑫泉、刘广玺、王玉花、侯金杰、薛斌、张存珠、柴文起、张文惠、张春奎、侯庆华、李东风、李湘云、王振华、马延泉、王文喜、李洋等曲艺界名人都曾在此担任教师。

济南艺校曲艺专业在教学中以培养"一专多能"的社会实用型人才为目标，以教授学生打好坚实的说唱功底为起点，在分析研究每个学生不同特点基础上开设专业曲种，小班授课。开设的课程有相声、山东快书、快板、山东琴书、器乐、戏曲身段、声乐、视唱练耳、乐理等。学生在校期间经常参加社会演出活动，丰富舞台实践经验。本专业开设以来为部队、高校及专业艺术团体输送了大批优秀曲艺人才，如济南市曲艺团的罗晓静、闫磊、刘红梅、薛晓东、王斌、刘昊、闫雯，齐鲁电视台《啦呱》主持人张勇（小么哥），山东电视台《八点听书》主持人郭培鑫（大新）等。

私立艺校教育方面比较知名者为山东快书的高派盛世教育机构，包括河南杨氏父子山东快书义校、山西长治刘松林艺术工作室和江苏徐州连城学堂三个学校。

河南杨氏父子山东快书义校成立于1993年，为山东快书艺术大师高元钧先生的徒弟杨明扬成立，旨在弘扬山东快书艺术，所有初学者均免费。在杨老和他的儿子杨建国老师的努力下，如今的义校已经培养了上万名山东快书演员，获得过全国大奖省内大奖不计其数，是山东快书的一个重要培养基地。

山西长治刘松林艺术工作室常年培训少儿节目，屡屡在全国少儿大赛上获奖，在山西这一片天地搞得有声有色。还有江苏的徐州连城学堂，开设了包括山东快书在内的传统艺术班，由曲艺家王连成先生亲自执教，为山东快书的后备力量做了很多的储备。

中小学普及教育方面，随着非物质文化遗产保护意识的逐渐深入人心，很多中小学都已将当地的曲种纳入了音乐教学课程，教学内容包括经典节目赏析、曲种历史渊源介绍、艺术特色、代表性传承人等内容。这种教学虽不会多深入，但至少让学生接触到了当地传统曲艺的无穷魅力，在学生幼小的心灵中播下了民族艺术的种子。

高等教育中，曲艺教学普遍缺失。我们调研得知，大学本科中只有菏泽学院音乐系开设了山东琴书选修课。2004年9月，在李巧莲、孙明祥、冯晓群等人的发起下，山东琴书被定为菏泽学院音乐系的选修课，正式聘请李巧莲和孙明祥两人为山东琴书班教师。每周两次课，每次三节，一个月只有24节课。教授的内容包括曲艺基础理论知识、乐器、唱腔等，为了弥补课时上的不足，李巧莲和孙明祥老师总是加班加点地上课，为的就是将山东琴书更好地传扬下去。

自2004年至今，山东琴书进大学已经十个年头，共招收学生八届，共培养180余名学生。十年来主要传授的曲艺节目包括：传统段子山东琴书《断桥》《水漫金山》，莺歌柳书《偷师》《花缘》等；现代段子《送金匾》《亲上亲》《拔毛》《上山》《菏泽学院再创辉煌》《小两口走亲戚》《留守儿童》《好事多多》

《新村新事》《夸丹阳》《巨变》等。

2008年6月，随着山东琴书被评为国家级非物质文化遗产，菏泽学院音乐系获评为"山东省非物质文化遗产研究基地"。十年来，学生们演唱的琴书在省、市各种活动中屡获大奖，为学校争得了荣誉。目前，菏泽学院的领导正准备打报告申请批准山东琴书为必修课，山东琴书在大学终于有了一块自己的培训基地。

### （六）曲艺类非物质文化遗产保护情况

山东曲艺当前的回温之势与曲艺类非物质文化遗产保护工作有着非常紧密的联系，所以，了解山东省曲艺类非物质文化遗产保护情况，对于了解山东曲艺现状显得尤为必要。为此，我们本次调研专门针对这一方面做了详细了解。

自国家开展非物质文化遗产保护工作以来，山东省的惠民胡集书会被评为第一批国家级非物质文化遗产，山东大鼓、山东快书、山东琴书、莺歌柳书、山东落子、胶东大鼓、端鼓腔、山东花鼓等8个曲种被列入国家级非物质文化遗产代表作名录，18个曲种被列入省级非物质文化遗产名录。其中包括惠民胡集书会在内的9项国家级曲艺项目中有14个保护单位，19项省级项目有41个保护单位。（见表1、表2）国家级代表性传承人8人（1人去世），省级代表性传承人34人（2人已去世）。

表1 山东国家级曲艺类非物质文化遗产项目及其保护单位

| 序号 | 项目名称 | 国家级非遗名录批次 | 项目编号 | 保护单位 |
|---|---|---|---|---|
| 1 | 胡集书会 | 第一批 | Ⅹ-59 | 滨州市惠民县文化馆 |
| 2 | 山东大鼓 | 第一批 | Ⅴ-4 | 山东省艺术研究院 |
| 3 | 胶东大鼓 | 第一批 | Ⅴ-11 | 烟台市群众艺术馆 |
|   |   | 一批扩展 |   | 青岛市歌舞剧院曲艺团 |
| 4 | 山东琴书 | 第一批 | Ⅴ-21 | 山东省艺术研究院 |
|   |   | 一批扩展 |   | 菏泽市艺术研究所 |
|   |   | 一批扩展 |   | 郓城县文化馆 |
| 5 | 山东快书 | 第一批 | Ⅴ-39 | 山东省艺术研究院 |
| 6 | 莺歌柳书 | 第二批 | Ⅴ-65 | 菏泽市艺术研究所 |
| 7 | 山东落子 | 第二批 | Ⅴ-85 | 单县文化馆 |
|   |   | 四批扩展 | Ⅴ-85 | 金乡县 |

续表

| 序号 | 项目名称 | 国家级非遗名录批次 | 项目编号 | 保护单位 |
|---|---|---|---|---|
| 8 | 端鼓腔 | 第三批 | V-114 | 东平县非物质文化遗产保护中心 |
|  |  |  |  | 微山县非物质文化遗产保护中心 |
| 9 | 山东花鼓 | 第四批 | V-122 | 菏泽市 |

表2 山东省省级曲艺类非物质文化遗产项目及其保护单位

| 序号 | 项目名称 | 省级非遗名录批次 | 项目编号 | 保护单位 |
|---|---|---|---|---|
| 1 | 惠民胡集书会 | 第一批 | X-2 | 滨州市惠民县文化馆 |
| 2 | 山东大鼓 | 第一批 | V-1 | 山东省艺术研究院 |
|  |  |  |  | 济南市曲艺团 |
|  |  | 一批扩展 |  | 夏津县文化馆 |
| 3 | 山东琴书 | 第一批 | V-2 | 山东省艺术研究院 |
|  |  |  |  | 济南市曲艺团 |
|  |  |  |  | 菏泽市艺术研究所 |
|  |  | 一批扩展 |  | 枣庄市山亭区文化馆 |
|  |  | 一批扩展 |  | 郓城县文化馆 |
| 4 | 山东快书 | 第一批 | V-3 | 山东省艺术研究院 |
|  |  |  |  | 济南市曲艺团 |
| 5 | 胶东大鼓 | 第一批 | V-4 | 烟台市群众艺术馆 |
|  |  |  |  | 青岛市歌舞剧院曲艺团 |
|  |  | 一批扩展 |  | 栖霞市文化馆 |
| 6 | 山东八角鼓 | 第一批 | V-5 | 胶州市文化馆 |
|  |  |  |  | 聊城市东昌府区非物质文化遗产保护中心 |
|  | 山东八角鼓（青州八角鼓） | 一批扩展 |  | 青州市非物质文化遗产保护中心 |
| 7 | 山东落子 | 第一批 | V-6 | 单县文化馆 |
|  |  | 一批扩展 |  | 金乡县文化馆 |
|  |  | 一批扩展 |  | 巨野县文化馆 |
| 8 | 山东花鼓 | 第一批 | V-7 | 菏泽市艺术研究所 |
|  | 山东花鼓（山头花鼓） | 一批扩展 |  | 邹城市文化馆 |
| 9 | 莺歌柳书 | 第一批 | V-8 | 菏泽市艺术研究所 |

续表

| 序号 | 项目名称 | 省级非遗名录批次 | 项目编号 | 保护单位 |
|---|---|---|---|---|
| 10 | 端公（鼓）腔 | 第一批 | V-9 | 东平县曲艺团 |
| | | | | 微山县文化馆 |
| 11 | 鼓儿词 | 第一批 | V-10 | 枣庄市市中区文化馆 |
| 12 | 评词 | 第二批 | V-11 | 济南市曲艺团 |
| 13 | 山东渔鼓 | 第二批 | V-12 | 汶上县非物质文化遗产保护中心 |
| | | | | 单县文化馆 |
| | | 二批扩展 | | 平阴县文化馆 |
| 14 | 东路大鼓 | 第二批 | V-13 | 安丘市非物质文化遗产保护中心 |
| | | | | 滨州市滨城区文化馆 |
| | | | | 沾化县文化馆 |
| 15 | 西河大鼓 | 第二批 | V-14 | 无棣县文化馆 |
| | | | | 阳信县文化馆 |
| 16 | 小曲子 | 第二批 | V-15 | 东明县文化馆 |
| 17 | 枣木杠子乱弹 | 第二批 | V-16 | 广饶县文化馆 |
| 18 | 临清时调 | 第二批 | V-17 | 临清市文化馆 |
| 19 | 坠子 | 第三批 | V-18 | 济南市曲艺团 |
| | | | | 鄄城县文化馆 |
| | | | | 郓城县文化馆 |

为了有效保护好这些宝贵的曲艺类非物质文化遗产，我省各级文化主管部门和曲艺保护单位围绕曲艺项目的挖掘抢救、调查记录、保护传承和传播发展做了大量卓有成效的工作，对于促进曲艺的传承和发展发挥了巨大作用。主要体现在以下几个方面。

1. 科学管理，制定保护规划

为了有效保护好曲艺类非物质文化遗产，我省各非物质文化遗产名录项目的保护单位首先从组织与管理上着手，科学规划，加强管理，成立相关的保护机构，建立保护长效机制，制定科学保护规划。如在机构方面，山东省艺术研究院专门成立了戏剧曲艺类非物质文化遗产保护传承研究所，调配有经验的老专家和年轻的高学历人才，初步形成了依托全院科研服务团队，以老带新，中青年为骨干的健康合理的专业人才梯队，具体负责山东大鼓、山东快书、山东琴书等项目的保护工作。

在规划方面,我省国家级、省级非物质文化遗产名录项目的保护单位均制定了曲艺项目的保护规划,其中包括保护措施、预期目标、长效保护机制和"十二五"期间的保护规划。各项目保护单位按照制定的保护计划,积极筹措资金,认真落实保护措施,从资料的抢救记录、传承人的保护、曲种的传承和传播等方面做了大量具体工作,有力促进了曲种的传承和发展。

2. 积极做好抢救性保护

各曲艺项目的保护单位一方面对现藏曲艺图书、音像资料进行整理、保存,另一方面抓紧挖掘抢救现存曲艺艺人音像资料,对曲艺项目的濒危流派或节目开展影像资料录制工作,为曲艺项目经典文献的保存做了扎实的工作。很多曲艺项目的代表性传承人年事已高,体弱多病,对他们演唱节目及个人影像资料的录制机会,可以说是稍纵即逝。如山东省艺术研究院克服诸多资金、场地、设备等困难,抓紧挖掘抢救山东大鼓、山东快书、山东琴书的曲艺艺人音像资料,对三个曲艺项目的濒危流派或传承人代表作节目开展了影像资料录制工作。几年来,陆续录制完成山东快书于派传承人赵光晨的《全本武松传》,山东快书杨派传承人高绍清的《武松打虎》《十字坡》等节目,山东琴书南路代表性传人刘士福《夫妻争灯》《吕洞宾戏牡丹》《辞曹》《捣灶》《观灯》《姜子牙卖面》等13个节目,山东琴书北路代表性传人姚忠贤《梁祝下山》《吕洞宾戏牡丹》《刘伶醉酒》《断桥相会》等8个节目,以及李湘云、徐玉霞、杨兰芬、高洪胜、朱丽华等20多位艺人的录像、录音工作,保存了大量珍贵的影像资料。此外,山东省艺术研究院还整理出版了《山东琴书大全》、山东快书于派传承人赵光晨作品集、《全本武松传》、山东琴书南路传承人刘士福作品专辑、山东快书杨派传承人高绍清作品专辑等书籍和光盘,为三个曲艺项目的保护奠定了良好基础。2013年,山东省艺术研究院整理出版《山东省艺术研究所非物质文化遗产保护成果音像集》,共五十余盘,汇集了该艺术研究院近年来的非物质文化遗产保护成果。

3. 以人为本,重视传承人的保护与培养

与文物、历史建筑等物质文化遗产相比,非物质文化遗产最显著的一个特点就是活态传承。人存艺存，人亡艺绝。因此传承人应是非物质文化遗产保护工作的核心。作为表演类艺术，曲艺的传承更是完全倚赖于有特定表演技能的传承人来实现。因此，传承人保护是曲艺类非物质文化遗产保护工作的重中之重。近年来，我省曲艺项目的保护单位在这方面做了很多工作，如积极推荐、举荐传承人申报代表性传承人；为传承人录制影像；积极组织举荐曲艺传承人参加社会活动，提高传承人的传承积极性；积极物色后备人才，提供传承场所，多方面支持传承人开展传承工作；与研究机构密切合作，利用历史保存的珍贵资料和专家的力量，帮助传承人恢复作品和技艺等。

如果说传承人是确保非物质文化遗产在当下得以有效传承的关键，那么优秀的传习人则是确保非物质文化遗产将来能否传承的关键。只有既保护好传承人，又培育好传习人，既有传，又有承，我们的非物质文化遗产才能保有长久的生命力。我省的曲艺保护单位在积极保护曲艺项目现有传承人的同时，也十分重视对后备人才的培养。在这个过程中，各保护单位探索出了多种模式。一是沿用传统的师徒传承方式，为传承人和学员举办拜师收徒仪式，充分发扬传统师徒传授的优势，积极培养接班人。二是与院校合作建立传承基地，通过现代学校教育培养传承人。如山东省艺术研究院与济南市曲艺团、济南艺校、山东工会干部管理学院、青岛滨海学院等单位合作，建立了院属项目传承基地，选取有潜力的学生进行培养。目前已培养出了闫雯、金雪等多位有实力的传承人，教授了《菜园段》《大西厢》《战马超》等多段传统大鼓经典节目。菏泽市山东琴书传承人王振刚、胡化山积极配合菏泽学院曲艺选修班，培训指导了大批曲艺学员。三是从娃娃抓起，积极推动曲艺进校园活动。无棣县文化馆以非物质文化遗产进校园为重点，确立无棣县第一实验学校和无棣县小泊头镇中心小学为滨州市首批非物质文化遗产传承教学基地，多年以来坚持在重点中小学校培养曲艺人才，传承传统曲艺文化。每年正月十二的胡集书会，无棣县曲艺艺人朱延安都会带着自己培养的小泊头镇中心小学学生去表演，赢得了一片掌声。四是采取依团代传模式，即借助其他艺术门类的专业表演院团传承曲艺术。如滨州市滨城区在滨城区吕剧团加挂东路大鼓书院牌子，选拔吕剧团演员跟随省级代表性传承人周金山学唱东路大鼓。2013 年，由这些学员演出的东路大鼓《太师训徒》参加了第十届中国艺术节全国曲艺优秀节目展演，获得群星奖。

4. *举办形式多样的展演活动，以演出促传承，以演出促传播*

如果说民间文学类非物质文化遗产的生命体现在人们的口口相传中，民间美术和传统技艺类非物质文化遗产的生命体现在不断运用于人们的生活生产中，那么曲艺等表演类非物质文化遗产的生命应是体现在不断表演中。曲艺如果不能再表演，即意味着它生命的结束。保护曲艺类非物质文化遗产，需要让传承人有机会展现技艺，通过与观众的不断互动来提高技艺。为此，很多保护单位举办了多场规模不一的演出活动，积极创造各种展演机会。如济南市曲艺团常年坚持在明湖居、茗曲阁、南丰戏楼等演出阵地演出山东快书、山东琴书、山东大鼓、山东评词、坠子等非物质文化遗产，深受广大观众欢迎。再如阳信县文化馆作为省级非物质文化遗产西河大鼓的保护单位，召集一批曲艺老艺人成立了阳信鼓书院。每年"梨乡新春大联欢"春节文艺晚会、民间艺术展演群众文化活动等各类公共文化活动中，县文化馆会支持鼓书院积极参与演出，使其每年都有百余场的演出机会。这不仅大大调动了曲艺艺人的积极性，使艺人不断创作新作品，提高表演技巧，而且也有力地扩大了曲艺项目的影响力，丰富了百姓的文化生活，形成了良好的综合保护效应。

5. *加强社会合作，做好传播工作，搭建曲艺项目和传承人宣传的平台和网络*

非物质文化遗产保护工作的原则是"政府主导、社会参与，明确职责、形成合力；长远规划、分步实施，点面结合、讲求实效"。曲艺保护也不能仅依靠保护单位自身的努力。只有充分调动社会各界资源，形成保护合力，才能实现对曲艺项目的有效保护。为此，我省曲艺保护单位在做好资料的抢救性保护、传承人保护、组织各项曲艺演出之外，也积极与社会各界尤其是媒体合作，搭建曲艺保护的公共宣传和传播平台。比如，与电视台联合对艺人的表演、传唱进行摄制、录像，积极把曲艺搬上地方民间文艺舞台和地方荧屏；在报纸、电视、广播、网络等各种媒体上积极宣传，与媒体合作组织各项展演活动等，有效传播了曲艺艺术，提高了人们保护曲艺、热爱曲艺的文化自觉性，营造了良好的保护氛围。

此外，我省还重视曲艺对外传播和交流工作，积极利用各种文化交流机会，推介曲艺，宣传曲艺，让山东曲艺更加为外所知。如我省近些年举办的齐鲁文化赴港、澳、台文化交流活动中，都有山东快书、山东琴书的身影。2014年6月，山东省艺术研究院还举办了"欧洲摄影家看非遗——山东省非物质文化遗产巡礼摄影采风活动"，邀请来自德国、西班牙、爱尔兰等国家的四位欧洲摄影家对山东快书、山东琴书、山东大鼓、莺歌柳书等曲艺项目进行摄影采风，采集到了传承人的日常生活、演出、雅集、教学、拜师、创作等各方面的第一手资料，并精心挑选照片结集出版，在中国及欧洲进行展览，以此提高山东曲艺在国际上的知名度和影响力。

6. 加强理论研究，搭建学术平台，有效实现科学保护

曲艺项目的传承离不开理论的保驾护航。我省在开展曲艺类非物质文化遗产保护的过程中，充分重视相关的理论研究工作。围绕着曲艺项目的渊源、历史、节目、流派、艺术特色、审美等方面进行了深入研究。一是保护单位积极组织专业人员进行相关理论研究，如山东省艺术研究院、菏泽市艺术研究所等机构本身承担着艺术科研职能，近些年更是加强了对曲艺的研究工作，推出了一系列研究成果。如郭学东《齐鲁非物质文化遗产丛书·曲艺卷》《山东曲艺研究·音乐篇》《山东曲艺研究·曲种篇》《山东曲艺研究·曲书目概要》《山东快书综论》《孙少林与晨光茶社》、韩克顺《胡集书会》等。二是积极配合社会尤其是高等院校师生的相关调查，为他们的理论研究提供各种帮助。由此，近些年出现了一批关于山东曲种的学位论文。三是召开各种学术座谈会，加强曲艺项目的理论研讨。如济南市曲艺团通过召开研讨会、民间艺人座谈会及人才培训班等把山东评词的研究引向深入。再如，山东省艺术研究院利用自身优势，组织承办两届全国曲艺类非物质文化遗产保护成果展演，其间举行了四次展演活动和两次大型学术论坛，邀请了全国近30个有地域特色的曲种、10余名国家级曲艺代表性传承人参加展演，吸引了70多个曲艺表演团体、曲艺研究机构、曲艺保护机构和相关曲艺家协会参加学术研讨。活动融学术研讨、经验交流、艺术展演、节目评奖为一体，以学术促艺术，以艺术助学术，以评奖激发展，艺术实践与学术研讨互为促进、融为一体，有效促进了曲艺类非物质文化

遗产保护工作的科学推进。

随着一系列保护工作的开展，我省曲艺类非物质文化遗产保护工作取得了显著效果，一批有价值的曲种资料得到抢救性整理和保存，曲种的生存现状明显好转，演出场次增多，传承人积极性提高，后备人才得以有效补充，曲种影响力与日俱增，有力促进了山东曲艺的传承发展。

## 二、山东曲艺发展面临的问题

不过，山东曲艺在整体回温的表面现象下，却隐藏着诸多隐忧，这些问题如果不能得到很好的解决，将会导致曲艺发展后续乏力，难以持久。调研中我们发现曲艺发展面临的问题主要有以下几点。

### （一）曲艺演出团体匮乏与职责定位不准

曲艺演出团体匮乏是山东曲艺衰败的重要表现，同时也是山东曲艺衰败的重要原因。我省曲艺兴盛时曲艺演出团体达到了130多个，目前却仅存济南市曲艺团一个专业比较齐全的曲艺演出团体。专业曲艺演出团体的大幅度砍削导致绝大多数曲艺艺人失去了基本的生活保障，靠演出维持生计又难以为继，不少曲艺艺人为此选择了转行。由于出路不被看好，愿意踏入此行业的年轻人更是少之又少。因此，曲艺演出团体的匮乏进一步导致了人才匮乏、艺术水平差、曲书目更新慢等一系列问题。

另外，在现存的曲艺演出团体中，还存在着职责定位不准的问题，使很多曲艺演出团体在创作表演过程中跑偏了方向。曲艺演出团体是传承曲艺艺术的专业大本营和繁荣曲艺创演的重要工作母体。在当今保护和弘扬曲艺类非物质文化遗产的历史潮流中，更是扮演着延续曲艺血脉、孵化曲艺人才、创演曲艺节目和传播曲艺文化的重要角色。

近些年来，各级党委政府及其文化主管部门对于曲艺演出团体的生存与发展给予了热情关怀和大力扶持，但由于全社会对曲艺演出团体的功能认识和职责定位还局限在过去传统的窠臼之中，没有在保护"非物质文化遗产"的历史语境下重新确立其作为传承曲艺血脉和保护曲艺文化核心机构的全新地位。所以,在现实中出现了是完全被推向市场还是相应扶持保护的不同对待与两极思考,出现了是属于事业发展中坚还是产业发展对象的迷茫与尴尬。这些问题如果不从政策层面到实践环节予以明确和厘清,则曲艺演出团体势必无法真正承担起传承曲艺血脉的核心重任。

调研中我们注意到,一些曲艺演出团体由于一味趋向产业化定位和市场化经营,在创作演出曲艺节目较难养活自己的情况下,不同程度地排演了一些不属于曲艺艺术形态的戏剧和歌舞节目。这对增加演出团体的经济收入、展示曲艺家一专多能的艺术风采并无不可,但对曲艺艺术的传承和曲艺文化的传播却很不利。许多采用曲艺手段创作演出的戏剧和歌舞节目,因为是"化我为他"而非"化他为我",致使艺术活动的"手段"和"目的"在经济效益上实现了统一,却给艺术的认知带来了混乱,给曲艺团的发展蒙上了阴影。如果不采取相应的措施稳住曲艺的创演阵脚,迫使曲艺团为了"养家糊口"纷纷改行经营,传承和保护曲艺的这些核心阵地就会逐渐"失守"。观众如再想去欣赏优秀地道的曲艺节目,就会成为一种无法实现的梦想。这种为短期的经济效益考虑而放弃自身经营本分并牺牲自身艺术传统的做法,对于当下的生存或许有益,但对曲艺的艺术传承和文化保护却是十分不利的,也是极其危险的。

**(二)曲种濒危形势严峻**

山东现存曲种数量虽然不少,但绝大多数曲种生存现状不容乐观,濒危形势严峻。主要表现在以下几个方面。

1. 传统曲艺赖以生存的文化生态环境改变,观众流失严重。传统曲艺源自民间,是农耕社会的产物。那时,因娱乐形式单调,生活节奏缓慢,看戏听曲几乎是百姓茶余饭后首选的娱乐方式,因此需求非常大。而现在,随着现代化进程的加快,人们的生产方式、生活方式日新月异,工作生活节奏加快,思维方式发生了变化,传统曲艺难以适应现代人的审美趣味,自然备受冷落。另外,随着人们物质生活水平的提高,电影、电视、网络等主流媒体普及到千家万户,人们获取娱乐的渠道日趋多元,娱乐内容逐渐多样,挤压了传统曲艺的生存空间。所以，传统曲艺如何在新时期背景下求得合适的生存发展空间，无疑成为当下迫切需要解决的问题。

2. 普遍存在专业人才匮乏问题。"人"始终是曲艺传承发展的关键要素，调研中，我们发现人才匮乏已成为曲艺发展面临的最大问题。曲艺的传承发展不仅需要演员，还需要编创人员、保护人员等各方面的人才。

前面我们已经提到过，目前曲艺艺人年龄普遍偏大，我省的曲艺从业人员呈现出青黄不接的状态，技艺成熟的艺人大都年龄偏大，崭露头角的青年艺人寥寥可数。仅以我省健在的国家级代表性传承人来说，7人中有1人50多岁，5人都为六七十岁，1人年过八旬。健在的省级代表性传承人中80岁以上的有5人，70岁以上的有8人，60岁以上的有6人，50岁以上的有3人，50岁以下的有2人。市县级代表性传承人的年龄结构要相对年轻些，但也基本以中老年艺人为主。

其次是曲艺表演收入低，专业人才流失严重。在鲁西北，现在普通的农村青年出去打工，一天可以有100—300元的收入，而民间唱大鼓书的曲艺艺人唱一天书可以获得三五百元，但不是天天有演出，有的甚至一年只有几次演出机会。曲艺艺人总的收入远不及一个普通的打工者。因此，很多曲艺艺人纷纷外出打工，或转行做其他工作，如此情况下再找愿意专职从事曲艺表演的徒弟自然很难。

曲艺表演人才还存在一个难寻搭档的问题。我省的许多曲种如山东大鼓、山东琴书、东路大鼓、西河大鼓等都为两人以上搭档演出，这决定了演员不仅要自身技艺精，还要找到合适的搭档才行。比如，东路大鼓唯一的省级代表性传承人周金山现在和其女儿搭档演出，他说唱，女儿弹奏。女儿跟着他学了一些大鼓节目，也能唱，但却因找不到琴师伴奏而无法演出。伴奏人员的匮乏已经成为制约我省曲艺发展的一个要素。

在曲艺表演人才流失的同时，困扰各曲艺发展的还有一直以来创作和经营等方面人才的匮乏。创作人才的匮乏是曲艺界面临的共性问题。新中国成立初期，我省曾有张军、王之祥、李自爱、于舟、李凤琪、刘金堂、刘拥政、丁书东、毕士臣、彭中岳、陈洪岭等一大批新文艺工作者从事曲艺的创作和研究，新创作和整理改编的曲艺作品，有着很高的艺术水平。"文革"后，这支队伍基本没有恢复起来。如目前专门从事山东琴书创作的人员屈指可数，大多数是琴书演员自创自演，导致山东琴书新作品少，而能及时反映时代新风尚、紧贴百姓生活的作品更少，严重制约了山东琴书的发展。

再次，年轻艺人成才率低。曲艺表演收入偏低，导致曲艺无法成为人们谋生的手段。随着非物质文化遗产保护意识的深入人心，主动向曲艺艺人拜师学艺的年轻人多了起来，由保护单位物色的青年学员也有不少，但这些学员基本都是作为兼职学习。由此，学员学习几个小段都没有问题，偶尔地向人展示一下学习成果也没有问题，但要完整的传承曲艺艺术还相差太远。此外，近些年非物质文化遗产进校园活动的开展，也在校园内培养了一批中小学的学员。但传承人普遍反映由于学习曲艺与升学不相关，低年级学生还有学习的兴趣，升入高年级后往往就停止学习，导致培养的曲艺学生成才率很低。

最后，专业的保护人才太少，未能实现对曲种的科学保护。曲艺的保护工作需要懂曲艺的专业人才进行科学规划和组织实施。我省目前的曲艺类非物质文化遗产保护单位中，有众多单位缺乏从事或研究曲艺的专业人才。由于在具体的保护工作中对曲艺的核心内容和特色认识不清，很多单位在保护工作中出现有数量无质量，甚至无从下手等各种问题。

3. 节目单调，缺乏创新。受演出市场的影响和编创人才匮乏的制约，山东曲艺目前经常上演的曲（书）目单调，新创作曲（书）目非常稀缺。曲艺艺人掌握大量曲（书）目的演员本来就不多，又多是传统老旧书目，不符合现代观众的审美习惯，几乎没有演出市场。绝大多数曲艺艺人都是靠着几个比较受欢迎的小段在多种场合来回演出，这样虽然能够保证一时的演出效果，但长此以往，一个曲种可能就仅剩下那么几个小段可演了，显然不是曲种发展的长久之计。

### （三）曲艺演出场所稀少，市场机制不健全

山东曲艺在繁盛时期，专业固定的演出场所可谓星罗棋布，比比皆是，单是济南和青岛两地就有80多处，其他大部分县市也都建有曲艺场（厅），演出

情况空前活跃。"文化大革命"中，山东省的书场、茶社等曲艺演出场所或撤销或查封或挪作他用，"文化大革命"结束后，所剩无几。现在，虽然曲艺总体形势趋向回温，有些曲艺场所重新开张，但总体来说目前曲艺演出场所仍是太过稀少。

城市固定化演出场所的出现对曲艺的发展有着非常重要的作用。首先，它的出现，给曲艺艺人提供了更多的演出机会。其次，众多身怀绝技的曲艺艺人会聚一堂，为了吸引随时流动的观众观看自己的表演，不得不在技艺上下功夫，因此造就了一批又一批优秀艺人，无形中推动了曲艺艺术的发展。最后，很多曲艺场所汇集了不同种类的曲艺、戏曲演员，在共同的演出中，艺人间彼此相互影响、互相切磋，促进了曲种艺术水平的提高。而现在，曲艺演出场所寥寥无几，自然会使曲艺的生存与发展受到不利影响。

在当前的曲艺演出中，还存在着严重的市场机制不健全的问题，再以胡集书会为例。传统的胡集书会上，说书人与请书人自由交易，说书水平高，书价就高；水平低，书价就相对低。请书的人多，来说书的人也多。请书的人少，来说书的人就自然减少。书会上的说书价格与说书人数量，都靠看不见的市场之手自然调节着。书会的维系和运转完全依靠简朴的市场机制，胡集镇附近村庄的负责人承担着选书、请书的任务。政府买单后，政府成为主办方，主导着书会的举办形式和整个过程，提供强大的资金支持。政府决定着书会邀请哪些嘉宾，给艺人登记、评分（这一工作通常由政府指定的考察评定小组完成），派村，发钱。村里听书的主动选择权基本旁落，原先艺人与村民的密切关系被政府—艺人—村民的关系取代。说书人与听书人长久形成的互动与制约关系大大减弱。政府买单后，村里不用再花钱买书，但仍要负担艺人吃住费用，有些不富裕的村并不愿意接待。由于送书的范围仅限于胡集镇所辖村庄，胡集之外的魏集、清河等镇有些村想听书却无处可请。

政府买单是用政府采购的方式取代了胡集书会原先自发形成的市场机制，却并未解决好说书与听书之间的供需平衡关系。市场机制的破坏将会从根本上改变书会中说书人与听书人的互动关系，进而改变书会的性质和特质。长期关注和研究胡集书会的韩克顺先生指出："胡集书会基本是由两部分人构成的，说书的和听书的，说书的多听书的多，书会就兴旺发达，反之，书会就衰落萧条，两者互为依赖，互为生存，互为促进。"书会的繁荣是说书人与听书人共同造就的。对于书会来说，源源不断的说书人固然重要，但拥有浓厚而热烈的听书土壤同样重要，因为这是能够吸引说书人欣然而往的精神动力。没有了听众，相信再多的经济补偿都不能让表演者持久地坚持下去。而政府买单未能改变的恰恰是锐减的听众和日益流失的听书土壤，这无疑是胡集书会再度繁荣能否长久持续的隐忧所在。就胡集书会的传承发展现状来看，政府买单是在市场机制衰落之后的不得已而为之。它让书会再度兴盛，但兴盛之下却不乏隐忧。应该说，政府买单仅是对书会进行了外部的输血治疗，而书会内在的造血功能不仅未能改善，还在逐步退化。政府买单不能解决书会传承与发展过程中的根本问题。如果书会赖以传承的文化生态不重新建立，群众的文化需求不恢复，仅靠政府持续买单式的保护终究不能长久。

目前广泛存在的曲艺惠民演出跟胡集书会一样，也是靠政府或者责任保护单位出资，邀请曲艺艺人到校园、农村、广场、社区、节会等地演出。这些演出对于丰富群众文化生活、扩大非物质文化遗产的影响力、营造非物质文化遗产保护的社会氛围、给曲艺艺人创造演出机会等方面有着不容置疑的重要作用，但这种人为营造的演出"市场"与原先曲艺自由竞争的演出机制有着天壤之别，无法发挥有效的市场调节作用。如此，曲艺对政府的依赖只会愈来愈强，独立生存的能力只会愈来愈弱。

**（四）曲艺教学缺乏专门教材和完整体系**

目前山东曲艺没有一个曲种有专门的教材，学校让曲艺艺人去讲课，讲一两个课时不成问题，如果说真正纳入一个学科里去，学校就要求教学大纲、教程、教义、课时、教学目标等各方面的详细内容，艺人往往难以提供。所以，曲艺教学要想步入正轨，就必须有针对各个曲种的专门教材。

另外，山东曲艺教学一直缺乏系统完整的体系，高等教育尤其是本科教育"缺位"严重。在现代社会，任何专业技能的传承与培养，都有建立自身高等级系统化学校教育机制的必要。这不仅是社会进步和教育发展的结果，也是专业技能在现代社会有效传承和持续弘扬的客观需求。作为一门综合性很强的舞台表演艺术，曲艺艺术的文化传承与知识传播，从曲种、地域、层级布局到专业设置，都应适应整个行业与事业的发展需要。但我省绝大多数曲种远未进入现代高等教育的层级与视野。

与曲艺高等教育体系的不够健全相关联，曲艺的学术研究和学科建设状况同样很不乐观。由于历史原因，我国1997年颁布的《授予博士、硕士学位和培养研究生的学科专业目录》和1998年颁布的《普通高等学校本科专业目录》，都没有将曲艺列入"文学"学科门类中"艺术类"属下的二级专业目录。这就使得曲艺从制度层面上没有获得合理发展的"户籍"名义，曲艺的学科建设无法纳入国家总体的相关规划并予以规范和指导，导致有关曲艺的高等教育和学术研究不能在制度层面得到关注与认可，有志于从事曲艺创演与研究的人才也无法找到发展的路径。

高等教育尤其是本科环节的"缺位"与学科目录中"曲艺学"的"缺户"，严重制约着这门传统艺术在现代社会的正常传承与有序发展。

**（五）曲艺类非物质文化遗产保护工作中存在的问题**

当前，山东省的曲艺类非物质文化遗产保护虽然取得了很多成效，但也存在着一些问题，如果不加以解决，将会直接影响曲艺类非物质文化遗产的保护成效。调研中我们发现的问题主要有以下几点。

（1）保护中存在重量不重质的问题。曲种资料的抢救性挖掘、整理和保存工作，是保护曲艺类非物质文化遗产的首要工作。我省各个保护单位在这方面也做了大量工作，取得了显著成绩。但在看到成绩的同时，我们也发现部分单位存在着做表面文章的问题。比如，虚报资料的数量，将整理的资料数量片面夸大，或将前人整理的文献资料重新印制充作保护成果；片面重视前人的资料，忽视对现存传承人和节目资料的整理保存；抢救的节目多短篇小段，少长篇大书；不以价值高低而以工作难易决定抢救资料的先后等。由此，尽管抢救性保存下的资料数量看似很多，但真正有价值的、对曲种发展有重要作用的资料却相对不足。

（2）部分曲艺项目的核心内容未能进行有效传承。非物质文化遗产项目的保护要保护好其核心技艺和特色，保护好其最有价值的内容。一种说唱艺术，正是因为形成了区别于其他曲种的代表性节目、表演技巧和艺术特色，才得以独立为一个曲种。因此，保护曲种，尤其需要保护好每个曲种的代表性节目、表演技巧和艺术特色。目前，全省的曲艺类非物质文化遗产保护工作中在这方面做了大量工作，有的保护单位做得很好，比如系统挖掘抢救了曲艺项目的代表性节目、各个艺术流派的拿手节目，也有意识培养不同流派的传承人等。但我们也发现也有一些曲艺项目受制于经费、人员等方面的因素，在保护曲艺项目核心内容和特色技艺方面做得差强人意。比如，普遍存在着曲艺项目的短篇节目保护和传承得较好，而长篇节目不仅乏人传承，甚至连最基本的抢救性记录保存也都没做，让人不禁为曲艺项目能否有效传承而忧心。

（3）未能进行整体性保护。曲艺项目的生成发展离不开一定的生态环境。当代曲艺发展受到的巨大冲击，很大程度上来自生态环境的改变。曲艺和生态环境的关系如同鱼和水的关系。水质变了，鱼也难以生存。因此，如果不对相关的生态环境进行保护，曲艺的传承和发展终究难以实现。如胡集书会原是在农闲时节农民用来娱乐的内容，其赖以生存的文化生态是基于农耕文明基础上形成的。在我国已经普遍迈入工业文明和现代化社会以后，书会原有的文化生态已经瓦解。2007年以来，尽管当地采取了"政府买单，送书下乡"的模式，为保护胡集书会做了很多努力，也让书会实现了一定程度上的兴旺，但依然难以扭转书会日趋没落的趋势。

（4）保护投入不足和保护经费使用不当。非物质文化遗产的保护工作是一项复杂的系统工程，需要大量的人力和物力做保障。尽管我省已经在非物质文化遗产保护工作中设立了省级专项经费，但市县级并没有进行相应的配套支持。重申报轻保护的现象在各地还普遍存在着。当下，我省的曲艺类非物质文化遗产保护单位大多面临着缺乏经费保障、人员不足、设备短缺等困难。另外，近年来国家和省里向保护单位下拨的专项保护经费也部分存在或被上级部门截留，或被保护单位挪用，未能真正全部用于保护工作；部分存在被保护单位滥用，未能充分发挥保护经费的有效作用等，严重制约了我省曲艺类非物质文化遗产保护工作的开展。

### 三、对当前山东曲艺发展的对策性建议

针对山东曲艺现状及存在的问题，我们认为山东曲艺目前虽有恢复之势，但除了相声、山东琴书、山东快书等少数几个曲种发展较好，市场较为兴盛（纯粹依靠市场生存也是步履维艰）外，其他绝大多数曲种都不具备独立生存的能力。如果我们坐视不管，任由其自生自灭，那么顶多再过上二三十年，现存90%以上的曲种都将消逝得杳无踪迹。所以，我们谈山东曲艺发展问题，就必须也只能将其放在"非物质文化遗产保护"的特殊历史语境下来谈，山东曲艺发展问题，目前就几乎等同于曲艺遗产保护问题。

曲艺类非物质文化遗产保护工作开展十余年来，取得了很多成效，但也存在着很多问题。为了使非物质文化遗产保护工作更为科学，更为合理，有必要研究制定具有针对性、可操作性、科学性的曲艺类非物质文化遗产保护标准，从而进一步使我省的曲艺传统文化得到有效保护、良好传承和合理利用。因此，2013年年底，我们在省文化厅的委托下，开展了"山东省曲艺类非物质文化遗产保护标准基础性研究"这一课题，对山东省曲艺类非物质文化遗产保护标准从保护规划制定、记录保存、传承传播、非遗项目生态建设评估、奖励问责等五个方面进行了详细策划，可以说是对山东曲艺发展的最好建议。每个部分的具体内容如下。

#### （一）保护规划制定标准

| 条目 | 具体要求 |
| --- | --- |
| 保护规划制定的原则和方针 | 1. 坚持"保护为主，抢救第一，合理利用，传承发展"的非物质文化遗产保护方针，坚持真实性、整体性和传承性的保护原则，科学规划，整体保护，传承发展<br>2. 坚持全局观念，与全省经济社会发展和文化艺术创作等规划相衔接，统筹规划曲艺项目的保护工作<br>3. 规划中应分阶段提出目标、任务和要求，循序渐进，逐步实施 |

续表

| 条目 | 具体要求 |
| --- | --- |
| 保护规划的内容要求 | 1.应有具体的总体和分阶段规划目标<br>2.保护内容应以曲艺项目的历史、节目、表演、艺人、习俗、演出场所等为保护对象，进行调查研究、抢救性记录保存、传承、传播等不同保护方式的规划，并明确各项工作的具体内容以及相关成果<br>3.应明确具体的实施机构和工作人员，并将保护任务分解到人，确保每项工作有专人负责<br>4.应明确规划实施所需的经费及其来源，并确保经费能够到位 |
| 保护规划的质量要求 | 1.应在曲艺项目的省级非物质文化遗产名录申报书中保护规划基础上，进一步制定该项目具体详细的保护规划，并提交文化主管部门备案<br>2.时间上应以三年或五年为一个时间段，做好二十年内的分期推进方案<br>3.保护目标应具可实现性<br>4.保护措施应具体，可操作性强 |

## （二）记录保存标准

| 条目 | | 具体要求 |
| --- | --- | --- |
| 记录与保存的内容要求 | | 1.保护单位应采取文字、图片、录音、录像等方式，全面记录和保存该项目和代表性传承人的相关资料，有计划地征集并保管项目的代表作品，建立档案<br>2.项目的相关资料应包括曲种的基本信息（历史沿革、流布区域、节目情况、艺术特色、流派人物、文化价值等）、代表节目、演唱表演、传承人口述、道具、习俗、演出场所等文字、影音、影像、实物等资料<br>3.项目的调查、记录工作应在专家指导下进行，有相关领域专家进行审核把关，确保相关资料的准确性和权威性 |
| 记录与保存的媒质要求 | 文本 | 1.应达到文通字顺、内容完整、逻辑条理清晰的基本要求，纸质文本需进行装印，并进行档案备份<br>2.应将历史性资料及时进行数字化整理，整理过程要求准确无误，需忠实于原作，如作改动需进行标记 |
| | 图片 | 1.拍摄的图片应内容准确、画质清晰、主体突出、色彩逼真、画面无眩光鬼影、严重噪点、失真变形、红眼等其他质量问题<br>2.建议使用专业数码单反相机进行拍摄，并尽可能使用无压缩格式存储，如果使用胶片，要妥善保存，并进行数字化处理，并备份多套，以防损坏 |

续表

| 条目 | | 具体要求 |
|---|---|---|
| 记录与保存的媒质要求 | 录音 | 1.音频文件应确保主要访谈对象声音清晰、环境噪声少<br>2.建议采用专业录音设备采录，并采用同期录音<br>3.音频文件宜采用通用格式、无压缩格式存储，同时刻录光盘或硬盘多备份存录 |
| | 录像 | 1.针对实际场景大小，设置合适的机位，应至少有一台全景机位。条件允许时，采集正式演出节目时应采用多机位，同期录音方式<br>2.录像效果应画质清晰、主体突出、色彩准确、节奏流畅、图像平稳，宜优先使用三脚架。运用恰当的镜头移动方式表达主题，镜头移动速度应保持均匀慢速，出画入画应保持一致<br>3.现场环境光线不能满足录像最低要求时，宜使用辅助照明灯光设备进行拍摄，如现场环境光线满足录像最低要求但与真实场景存在偏差时，可调节灰板级别来控制画面亮度<br>4.除有特殊要求外，现场采集应采用高清模式进行采集，确有条件限制的才用不低于PAL制式标清分辨率模式进行拍摄，高清影像可根据实际需要转换为标清影像<br>5.不宜使用视频处理软件对录像资料进行深度加工，可在保证内容真实、完整的前提下，对视频进行剪辑、加减光、调整色调等处理。可在后期制作中为录像资料加入字幕或解说 |
| 记录保存资料的信息标注要求 | | 文字类资料需注明①名称；②著作者（口述人）、记录者（或整理者）；③字数；④写作或记录时间；⑤写作或记录地点；⑥印制或出版时间等 |
| | | 图片信息包括①名称；②主题；③内容描述；④拍摄者；⑤拍摄时间；⑥拍摄地点等 |
| | | 录音信息包括①名称；②主题；③表演者或讲述人；④录制者；⑤录制时间；⑥录制地点；⑦时长等 |
| | | 影像信息包括①名称；②主题；③编、导、演等主创人员信息；④拍摄者；⑤拍摄时间；⑥拍摄地点；⑦时长等 |
| 资料保存管理要求 | | 1.保护单位应设有专门的资料保存和展示场地，条件允许的应建立专业的资料库和档案室。资料保存场地应达到资料保存的温度和湿度要求，有利于资料的长久保存<br>2.保护单位应指定专人负责相关的保存管理工作，并制定严格完善的规章管理制度<br>3.保护单位应将记录、保存的相关资料进行相关数字化转化，形成有效的项目资料数据库 |

## （三）传承传播标准

| 条目 | 具体要求 |
|---|---|
| 基础设施要求 | 保护单位应设有曲艺项目的传承场所，配备基本的表演和教学用设备和乐器。在此基础上，鼓励各单位设立曲艺项目的排练和演出场地 |
| 传承活动要求 | 1. 每个保护单位应积极为传承人传授活动提供物力、财力、人力等方面的支持，并对所属传承人的传习活动进行监督管理<br>2. 保护单位所属的代表性传承人应积极开展形式不同的传承活动，每年至少应有12次以上的针对高水平传习人的专业传授活动，教授时需兼有代表性的短篇节目和长篇节目；每年应有10次以上的针对初学者或一般群众的曲艺项目普及与传播活动<br>3. 保护单位应为曲艺项目建立合理的传承梯队，保证曲艺项目的传承代际有人。保护单位可采取多种措施帮助老一代传承人物色、培养新的传习人，每个曲艺项目应有3人以上的年轻传习人，每5年内至少应有1人能熟练掌握曲艺项目的代表节目和表演技巧<br>4. 保护单位应在挖掘整理传统节目的同时，帮助传承人不断磨炼曲艺表演技艺，不断丰富曲艺项目的表演节目，提高曲艺项目的传承发展能力 |
| 演出活动要求 | 1. 坚持演出是曲艺生存之根本。保护单位应为曲艺项目建立常态化的演出活动，每年应有不少于30场的公开演出，以保障传承人能在演出实践中不断熟悉和磨炼技艺，提高专业水平，有效促进曲艺项目的传承和传播<br>2. 演出需兼有短篇节目和长篇节目，每年至少能完整表演1~2部长篇节目<br>3. 应公益性与营利性演出活动并重。保护单位一方面应积极将节目的演出活动融入当地的公共文化惠民演出中，另一方面应积极鼓励和帮助传承人开拓演出市场，促进曲艺项目的独立良好运营<br>4. 保护单位应积极支持曲艺项目参加国家级和省级高水平演出活动，帮助曲艺项目不断与同行业进行交流提高 |
| 传播活动要求 | 1. 保护单位应制定有曲艺项目的专业宣传材料，每年需举办10次以上与曲艺项目保护相关的宣传、展览、展演、讲座等活动<br>2. 保护单位应积极配合上级部门组织的相关非物质文化遗产宣传、展演、展览等工作<br>3. 保护单位应积极与媒体合作，进行相关的宣传推广活动<br>4. 保护单位应积极与教育部门、社会相关机构进行合作，共同推进曲艺项目的普及和传播工作<br>5. 保护单位应积极举办或参加曲艺的评奖比赛或对外交流活动，搭建曲艺项目专业交流和宣传的平台 |

## （四）非遗项目生态建设标准

| 条目 | 具体要求 |
|---|---|
| 曲艺项目相关习俗保护标准 | 保护单位应注意挖掘整理好曲艺项目相关的行业习俗和演出习俗，在保护传承工作中充分尊重各种传统习俗，并结合相关习俗做好曲艺项目的传承传播工作 |
| 曲艺项目相关的创演环境保护标准 | 1.保护单位应积极利用好传统的节庆活动举办各种曲艺活动<br>2.鼓励保护单位利用好一些新创设的文化、庆典活动，积极开拓曲艺项目新的生存空间<br>3.鼓励保护单位紧密结合国家和时代发展需求创排节目和组织演出<br>4.保护单位应积极培养和维护曲艺项目的观赏群体 |
| 曲艺项目相关的政策扶持标准 | 1.保护部门应为曲艺项目积极争取上级部门的相关扶持政策，并协助上级部门制定科学合理的非物质文化遗产保护政策和措施<br>2.保护单位应积极申报上级部门的非物质文化遗产专项保护、艺术创作等各项扶持经费<br>3.保护单位应积极利用好公共文化服务产品采购政策，积极参加公共文化服务体系建设<br>4.保护单位应为曲艺项目制定科学合理的保护规划和扶持措施，确保曲艺项目的有效传承和发展 |
| 曲艺项目相关的整体生态培育要求 | 1.通过各种传承和传播活动，努力使曲艺项目为更多人所认知和喜爱<br>2.积极弘扬优秀传统文化，不断提高民众的文化自觉和文化自信，使其主动参与到曲艺项目的保护工作中来，营造曲艺项目保护的良好社会环境和氛围 |

## （五）奖励和问责标准

| 条目 | 具体要求 |
|---|---|
| 曲艺项目需保护的核心要素 | 1.一批珍贵的曲艺项目资料得以有效保存<br>2.代表性节目得到有效传承<br>3.传承人能主动进行传承<br>4.主要艺术流派有良好的传承梯队<br>5.曲艺项目能坚持常年演出 |

续表

| 条目 | 具体要求 |
| --- | --- |
| 奖励标准 | 1. 保护单位的曲艺项目及其传承人获得国家级专业评比奖和省级专业评比三等以上奖次，文化主管部门应给予表扬，颁发一次性奖金，并在非遗保护和艺术创作等经费申报方面进行优先推荐<br>2. 曲艺项目传承人获得国家级或省级相关称号或奖励，并积极从事传承工作，保护单位应给予表彰奖励，文化主管部门可在非遗展演和艺术交流等活动进行优先推荐<br>3. 保护单位积极挖掘整理曲艺项目资料，取得重大成果；或积极组织曲艺项目传承工作，培养后备人才成果突出，建立良好的传承梯队；或积极组织曲艺项目参加非物质文化遗产展演展示、媒体宣传、重大学术交流、对外文化交流等活动，有突出贡献，获得省级部门或嘉奖良好社会反响。文化主管部门可给予授牌表扬，或颁发一次性奖金，并在非遗保护和艺术创作等经费申报方面进行优先推荐 |
| 保护单位失职认定标准 | 1. 曲艺项目的珍贵资料未能及时抢救和科学保存，造成不可弥补的文化损失<br>2. 代表性节目未能有效传承<br>3. 未能为曲艺项目的传承及相关活动提供必要条件，导致该项目的传习活动未能持续进行，并且传习效果差<br>4. 主要艺术流派传承中断<br>5. 曲艺项目不能演出<br>6. 未向当地文化行政部门及时报告曲艺项目保护实施情况，未接受当地文化行政部门的监督 |
| 代表性传承人失职认定标准 | 1. 经后续考核，不具备该项目的全面专业技能，或丧失该曲艺项目的相关技能<br>2. 未能有效开展传承活动，培养后继人才<br>3. 未能妥善保存曲艺项目的相关实物、资料<br>4. 阻碍甚至破坏曲艺项目的传承发展<br>5. 不服从责任保护单位管理，或未能配合文化主管部门和其他有关部门进行曲艺项目的调查、抢救和公益性宣传 |
| 相应的过失问责标准 | 1. 曲艺项目出现"保护单位失职认定标准"中所列2个以上问题时，即应认定保护单位保护不力。文化主管部门可给保护单位警告处分，令其限期整改。当出现3个以上问题时，即应认定保护单位严重失职。文化主管部门可取消其保护单位资格，收回其非遗名录项目标牌，重新认定该项目的责任保护单位<br>2. 曲艺项目的代表性传承人出现"代表性传承人失职认定标准"中1个以上问题时，文化主管部门可对其进行诫勉谈话，限期整改，不予发放下年度传承活动补助经费；出现2个以上问题时，即应认定代表性传承人未能有效履行相关义务，文化主管部门可取消其代表性传承人资格，并取消其所享受的一切待遇，重新认定该项目的代表性传承人 |

《山东省曲艺类非物质文化遗产保护标准基础性研究》一表从保护规划制定、记录保存、传承传播、非遗项目生态建设评估、奖励问责等五个方面对保护单位和传承人的责任和义务进行了详细研究和策划，如果这一标准能够得以实施，相信必会对山东曲艺发展发挥巨大作用。

而对于曲艺演出团体匮乏与职责定位不准及山东曲艺教学缺乏专门教材和完整体系问题，则需要政府有关部门来解决。

前面我们已经提到过，曲艺演出团体是传承曲艺艺术的专业大本营和繁荣曲艺创演的重要工作母机。在当今保护和弘扬曲艺类非物质文化遗产的历史潮流中，更是扮演着延续曲艺血脉、孵化曲艺人才、创演曲艺节目和传播曲艺文化的重要角色，所以有必要也应该得到一定的扶持。现在有些民营曲艺演出团体虽然没有政府财政支持，却实际承担着与专业演出团体一样的职责任务，像菏泽的山东琴书曲艺队，每年演出山东琴书几百场，还经常参加一些全国性的赛事，获得过山东省泰山文艺奖、"群星奖"等多个重量级奖项。但由于这个演出团体没有基本的工资保障，所有收入全靠演出，收入普遍偏低，有些非常优秀很有培养前途的年轻人在生活的重压下选择了转行，人才流失严重，不禁令人扼腕痛惜。如果政府能采取一定的措施，将这些有一定基础又对当地文化事业做出过重大贡献的年轻人"收编"，就可以免除他们的后顾之忧，不再为生计疲于奔命，而是有更多时间进行艺术创作和提高。而且，如果他们受到了这种待遇，对当地从事曲艺事业的年轻人来说将会是一个极大激励，会吸引更多优秀人才从事这一行业。

退一步讲，即便我们没有条件将这些曲艺艺人"养"起来，但至少可以对他们所从事的曲艺活动给予经济补贴、给他们提供从事曲艺活动的场所、帮他们购置演出活动所需器材……这些举措不仅能解决曲艺艺人的生活问题，还能增强他们从事曲艺事业的自尊心和自信心，有利于他们更好地从事曲艺活动。

应该强调的是，我们政府支持曲艺团体针对的是曲艺事业，而不是个人，是为了让曲艺事业得到更好的发展，而不是单纯为了让艺人过上更好的生活。因此，在财政支持的同时，也要对曲艺团体功能和职责予以规定和监督，不能对有些曲艺团体打着曲艺的招牌却排演不属于曲艺艺术形态节目的现象坐视不管，坚守住传承和保护曲艺的这些核心阵地。

至于曲艺教学缺乏专门教材和完整体系的问题，则更需政府有关部门联合文化、教育部门等协调解决，我们相信，只要政府将曲艺摆在了合理的地位，这些问题自会迎刃而解。曲艺一直以来都被称为文艺的轻骑兵，在中国革命和现代化建设过程中发挥了十分重要的作用，是当代社会广大人民群众不可或缺的精神食粮，而目前它们所处的地位，显然与它们在社会文化生活中扮演的角色很不匹配。

## 四、结语

山东曲艺历史悠久，底蕴深厚，"书山曲海"美誉响遍全国。在过去漫长的历史过程中，曲艺不仅以其独特的艺术魅力成为老百姓茶余饭后最为热衷的消遣形式，而且以其深厚的文化底蕴成为章回体小说、戏曲等多种文艺形式的母体，具有文学、审美、社会学、民俗学等多重价值。保护和发展山东曲艺，对满足人民群众日益增长的精神文化需求、更好地弘扬民族文化、保障人民的基本文化权益、促进文化强省建设具有重要意义。然而，正如其他省市的曲种一样，在经济全球化和文化多元化的大背景下，山东曲艺也在经受着巨大的冲击，生存和发展面临严峻挑战。近些年，在非物质文化遗产保护的大背景下，山东曲艺虽然呈现出恢复之势，但也存在曲种发展失衡、演出团体匮乏、人才流失严重、演出市场欠活跃、教学系统不完整等大量问题，其发展前景令人担忧。

总之，山东曲艺的传承发展，是一项长期而精细的工作。保护山东曲艺，既要研究共性问题，还应细细揣摩病症成因，有的放矢，精耕细作，这样山东曲艺才有薪火相传的希望。

# 文摘转载

车锡伦

# 什么是宝卷*

## ——中国宝卷的历史发展和在"非遗"中的定位

**【内容提要】**怎样解释宝卷的基本概念,是进行宝卷研究的前提。通过总结和补正前辈学者郑振铎、李世瑜和泽田瑞穗的研究,重新梳理和归纳宝卷的命义、宝卷的历史发展,特别是清及近现代民间宝卷的发展及其特点。以此为基础,对当代仍在流传的宝卷和宝卷演唱活动(宣卷)在"非物质文化遗产"活动中的定位和发掘、保护等问题,提出讨论。

**【关 键 词】**宝卷　宣卷　民间文学　曲艺　非物质文化遗产

中国宝卷形成于宋元时期,流传至今,已近800年。宝卷进入现代学界的视野,也已90余年。[1]20世纪80年代的"文化热"中,人文社会学界大都觉得宝卷可与自己研究的课题沾边,因而掀起一股"宝卷热";中国大陆、中国台湾地区的学者和出版界开始编辑、出版宝卷集。21世纪初,宝卷被纳入国家级非物质文化遗产名录,仍存有民间宝卷演唱活动地区的地方政府文

---

\* 本文转载自《民族艺术》2016年第3期。

[1] 现代学者中最早将宝卷推荐给学术界的是顾颉刚先生,他于1924—1925年在《歌谣周刊》(北京)发起和主持孟姜女故事讨论时,全文刊载了《孟姜仙女宝卷》,并指出"宝卷的起源甚古"。参见车锡伦《现代中国宝卷研究的开拓者》,载《中国宝卷研究论集》,台北学海出版社1997年版,第247—261页;又《现代中国宝卷研究的历史回顾》,《东南大学学报》2001年第3卷第3期,是删节稿,曾被多处转载;车锡伦《中国宝卷研究》,广西师范大学出版社2009年版,第617—635页。

化部门，均投巨资"发掘、整理、出版"大型宝卷集，申报各级非物质文化遗产名录。但是，由于基础研究没有跟上，也缺乏科学的田野调查，因此，对各地宝卷和宝卷演唱活动（宣卷）在非物质文化遗产中的定位，各地宝卷的搜集、整理、出版和推广，便出现许多问题。这些问题，笔者虽然在一些场合提出过①，但至今没有展开讨论，借此机会与大家座谈。

## 一

什么是宝卷？这似乎不是问题。但是，认真阅读宝卷研究不可回避的三位前辈学者郑振铎（1898—1958）、李世瑜（1922—2010）和泽田瑞穗（1912—2002）的论述，便会发现很多问题。

郑振铎在1927年发表的《研究中国文学的新途径》中称"佛曲"（宝卷）、弹词、鼓词，"不类小说，亦不类剧本，乃有似于印度的《拉马耶那》、古希腊的《伊利亚特》《奥特赛》诸大史诗"；同刊发表的《佛曲叙录》小引中称江南地区的宝卷，"为流行于南方的最古的民间叙事诗之一种"。②1938年出版的《中国俗文学史》是中国俗文学史研究的奠基之作。③对俗文学的分类，提出了"讲唱文学"一大类："这种讲唱文学的组织是，以说白（散文）来讲述故事，而同时又以唱词（韵文）来歌唱的，讲与唱互相间杂。""他们也不是叙事诗或史诗；虽然带着极浓厚的叙事诗性质，但其以散文讲述部分也占着很重要的地位，决不能成为纯粹的叙事诗。"变文是"讲唱文学的祖祢"，"当'变文'的讲唱者离开了庙宇，而出现于'瓦子'里的时候，其讲唱宗教故事者成为'宝卷'，而讲唱非宗教故事的，便成了'诸宫调'"。本书并将"宝卷"列作专章（第十一章），指出"后来的宝卷，实即变文的嫡派子

---

① 车锡伦：《中国宝卷研究》，广西师范大学出版社2009年版，第377—380页。

② 郑振铎：《研究中国文学的新途径》（第八节"中国文学的整理"），《小说月报》之《中国文学研究专号》，商务印书馆1927年版，现有影印本。

③ 本书1938年商务印书馆作为"中国文化史丛书"第二辑之一的初版，今有上海书店影印本和多种再版点校本。本文引文据影印本，以下引文分别见上册第10、11页，下册第307页。

孙,也当即'谈经'等的别名"。

李世瑜是现代中国民间宗教研究的开拓者、社会历史学家。1957年发表《宝卷新研——兼与郑振铎先生商榷》[①],反对郑振铎"宝卷是变文的嫡派子孙"说,指出"变文是为佛教服务的,而宝卷则是为流传于民间的各种秘密宗教服务的"。将宝卷分为"演述秘密宗教道理的""袭取佛道教经文或故事以宣传秘密宗教的""杂取民间故事传说或戏文等的"三大类,指出明清秘密宗教的宝卷主要是前两类。李世瑜在文中认为"宝卷"之名始见明正德初年罗清所著《五部六册》。20世纪90年代,在《"宝卷辑本"》导论提出建立"宝卷学"的动议时则提出:"宝卷是开始于南宋,历经元、明、清等代的白莲教及其各种支派所编制所使用的经卷。"[②] 他认为:

> 《五部经》中所说的"宝卷"就是"宝贵的经卷"的简称。……后来各教派所编经卷就也采用了"宝卷"一词,当然也有少数不采用的。既经被多数采用,遂成为指称白莲教各个时期各种支派经卷的专用名词,就是说不论在正德以前(1506年以前)还是以后,不管书名叫不叫宝卷,都可称之为宝卷。[③]

《五部经》即罗清所著《五部六册》。2008年李世瑜在所著《宝卷论集·前言》中提到他研究"宝卷"的计划时,也体现了这种观念:

> 宝卷学方兴未艾,我今后的打算首先是就我手边有的抄本前期宝卷进行研究,它们是《定劫宝卷》《白花玉篆》《普明禅师牧牛图》《东明历》《推背图》。再以《涌幢小品》所载88种不叫宝卷的宝卷为线索,按图索

---

① 李世瑜:《宝卷新研——兼与郑振铎先生商榷》,《文学遗产》(增刊第4辑),作家出版社1957年版。
② 李世瑜:《宝卷论集》,台北兰台出版社2007年版,第38页。又,收入陈平原编《中国俗文学》,北京大学出版社2011年版。按:《宝卷辑本》系李世瑜主编,因为某种原因,1994年山西人民出版社出版本书时改作《宝卷初集》,李世瑜先生未署名,也删去此"导论"。
③ 李世瑜:《宝卷论集》,台北兰台出版社2007年版,第54页。

骥，继续搜寻，我想是会有结果的。①

把宝卷定义为宋元以来"白莲教及其各种支派②所编制所使用的经卷"（包括各式各样的民间宗教性通俗读物），不管"书名叫不叫宝卷"，同郑振铎定义的宝卷是一种讲唱文学形式，不论从文体形式还是从内容的角度，都不可能整合在一起。比如，李世瑜上文中提到的《推背图》是一部预言奇书，传说是唐代初年李淳风、袁天罡编写。现存明代以下多种抄本和刊印本，一般有60种奇特的图像，每一图像下各有一句描述语，诗一首。这些诗文用隐晦的语言，预言唐代及未来中国历史上将要发生的重大事件。

泽田瑞穗是现代研究中国俗文学、民间宗教、民俗学等的著名学者。他的《增补宝卷研究》是第一部系统研究中国宝卷的专著。③他是结合宝卷历史发展（"古宝卷"和"新宝卷"，见下）对宝卷做出解释的。在本书第一部分"宝卷叙说"第二章"宝卷的系统"中，也反对郑振铎"宝卷是变文的嫡派子孙"说，认为罗清《五部六册》中引用的宝卷"大多数是正规的面向大众讲道用的佛典讲义及属于坛仪的书"④，"唐宋以来，科仪和忏法的题材及其演出法，是经过各个时代平行的传承、制作、实地表演而来的，而古宝卷就直接继承了它们的体裁和演出法。为了进一步面向大众和把某一宗门的教义加进去，而插入南北曲以增加其曲艺性，这就是宝卷及演唱宝卷的宣卷"⑤。如此，他也不笼统地把宝卷归入"讲唱文学"，所以在第四章"宝卷的分类"中，将宝卷分为"科仪卷""说理卷""叙事卷""唱曲卷""杂卷"五类。

---

① 李世瑜：《宝卷论集》，台北兰台出版社2007年版，第5页。
② 对宋元以来的各种民间宗教的历史发展，中国民间宗教学界有分歧：李世瑜认为它们是白莲教的多种支派，并习惯用"秘密宗教"来概括各种民间宗教；马西沙认为它们是各种不同的民间宗教（民间教派），参见马西沙、韩秉方《中国民间宗教史》，上海人民出版社1992年版。
③ 日本东京国书刊行会1965年初版，1975年出版《增补宝卷研究》。车锡伦、佟金铭合译"增补"本第一部分"宝卷叙说"、第二章"宝卷的系统"、第三章"宝卷的变迁"，题作《宝卷的系统和变迁》，《曲艺讲坛》1997年第3期；后附录于车锡伦《中国宝卷研究论集》，台北学海出版社1997年版。
④ ［日］泽田瑞穗：《增补宝卷研究》，日本国书刊行会1975年版，第266页。
⑤ ［日］泽田瑞穗：《增补宝卷研究》，日本东京国书刊行会1975年版，第269页。

## 二

中国宝卷已有七八百年的历史发展进程，自然有其发展的阶段性。郑振铎对宝卷发展的历史过程没有明确的论述，但他也发现各个时期宝卷有些不同："宝卷是'变文'的嫡系子孙，……其讲唱的故事，也以宗教性质的东西为主体，像《香山宝卷》《鱼篮观音宝卷》《刘香女宝卷》等。到了后来，也有讲唱非宗教故事的，像《梁山伯宝卷》《孟姜女宝卷》等"①；明代"宝卷的写作，盛行一时，被视作宣传宗教的一种最有效力的工具"②。

李世瑜1959年在《江浙诸省的宣卷》③一文中正式提出"前期宝卷""后期宝卷"之别。"前期宝卷"指宋元明清时民间秘密宗教的"宝卷"（李世瑜认为早期不存在"佛教宝卷"）。在清同治、光绪年间（1862—1908）出现"后期宝卷"：

> 从清同治、光绪年间开始，以上海、杭州、苏州、绍兴、宁波等城市为中心，宝卷又以一种新的面貌出现，它是前期宝卷的变体，可以称作后期宝卷。即宝卷已由布道书发展为民间说唱技艺的一种，名字就叫"宣卷"（"宣卷"这个词在宝卷一发生时就有，当时只是用为"宣讲宝卷"④一语的简称），宝卷也就成为宣卷艺人的脚本。这种宝卷的内容以演唱故事为主，多数已经是纯粹的文学作品，少数还有宗教气息，其专门用为讽颂的宗教经典式的宝卷则是个别的。光、宣年间以至民初为其极盛时期，直到今天江浙诸省的某些城市和乡间仍然残留着。⑤

---

① 郑振铎：《中国俗文学史》上册，商务印书馆1938年版，第12页。
② 郑振铎：《中国俗文学史》上册，商务印书馆1938年版，第16页。
③ 李世瑜：《江浙诸省的宣卷》，《文学遗产》（增刊）第7辑，中华书局1959年版。
④ 将"宣卷"说成是"宣讲宝卷"不确。宣卷之"宣"是"宣扬"之义，来自唐宋佛教俗讲。这一术语在现代吴方言民间宣卷中仍保留。
⑤ 李世瑜：《江浙诸省的宣卷》，《文学遗产》（增刊）第7辑，中华书局1959年版，现收入车锡伦《宝卷论集》，台北兰台出版社2007年版，第20—21页。

该文中详细介绍江浙民间宝卷的分类、体制（形式），写作技巧，民间宣卷艺人活动的地区、家数等。

泽田瑞穗在《增补宝卷研究》第一部分"宝卷序说"第三章"宝卷的变迁"中，将宝卷的历史分为"古宝卷时代"和"新宝卷时代"两个大的发展阶段。古宝卷时代又分为"原初宝卷时代"[明正德四年（1509）罗清《五部六册》刊行以前的佛教宝卷]、"教派宝卷盛行时代"[明正德四年至清康熙三十至四十年代（1691—1710）]、"宝卷衰弱时代"雍正、乾隆至嘉庆十年平定白莲教）。"新宝卷时代"中嘉庆十年（1805）到清末（1912 年前）是"宣卷用、劝善用宝卷时期"，民国（1912）以后是"新创作读物化宝卷时期"。"新宝卷时代"宝卷的特点：

> 这一时期具有教派色彩的宝卷并非完全没有创作，而是同佛教居士和地方乡绅的善书热合流。一部部新的说理宝卷不断产生，然而所说的内容，都是大同小异、劝善惩恶的调子，专门宣讲某一教派教义的宝卷几乎看不到了，同时宝卷的内容大多是叙事的故事，总之，从宗教的宝卷向文学的方面倾斜，小说、戏曲、弹词、民间传说等大家熟知的故事都被编为宝卷；这又使宣卷职业化和艺能化，两者互为表里。从宣卷的体裁和文体来看，突破了古宝卷复杂定型的格式，不再插入曲子，而是单纯地用七言句、十字句的韵文和讲说的散文组成，采用劝世文等的多种形式，为了强调这些作品而称作宝卷……
>
> 古宝卷的时代，宝卷的作者除僧侣、道士、尼姑外，很多都是某一教派的教祖或教派的宗教家；进入新宝卷时代，职业的宣卷人从事宝卷的传抄、改编、创作。①

李世瑜和泽田瑞穗两位学者同时都是宝卷收藏家，他们的结论是在大量阅读宝卷的基础上提出来的。他们一致认为，在清末出现了与前期宗教宝卷

---

① 译文参见车锡伦《中国宝卷研究论集》，台北学海出版社 1997 年版，第 273—274 页。

不同的"后期宝卷"或"新宝卷",特点是宝卷文学化、宣卷"艺能化"、宣卷艺人"职业化"。

三

笔者近 30 年持续研究宝卷的过程中,阅读了各个时期的大量宝卷、有关宝卷的历史文献和前人的研究成果,同时又亲自进行了广泛的田野调查,所以对前辈研究的疏漏有所补正。

首先,对宝卷的概念和范围,笔者有一个认识过程。在 2009 年出版的《中国宝卷研究》第一编第一章"宝卷概论"中最后对宝卷的定义是:

> 什么是宝卷?简单地说,宝卷是一种十分古老的、在宗教(主要是佛教和明清各民间教派)和民间信仰活动中,按照一定仪轨演唱的说唱文本。这也使宝卷具有双重的特质:作为在宗教活动中演唱的说唱文本,演绎宗教教义,是宗教的经卷,这类宝卷大部分不是文学作品;另一方面,大量的宝卷是演唱文学故事,因此,宝卷又是一种带有信仰色彩的民间说唱文学形式。由于演唱宝卷都是"照本宣扬",所以中国宝卷不仅以口头形式流传,同时留下来大量卷本。①

上述论述是基于对宝卷历史发展中宗教宝卷和民间宝卷内容和社会文化功能的不同以及宝卷演唱仪式化特点的认识提出的。对照前述郑振铎、李世瑜、泽田瑞穗先生的论述,其间的异同,不必多说了。其中有一点要强调的是,笔者不同意李世瑜"宝卷是开始于南宋,历经元、明、清等代的白莲教及其各种支派所编制所使用的经卷"的定义。在 2009 年发表的《中国宝卷新论》中提到宝卷研究的困难时说:

---

① 车锡伦:《中国宝卷研究》,广西师范大学出版社 2009 年版,第 1 页。

首先遇到的问题是作为研究对象的"宝卷"的范围问题。宝卷与宋元以来的民间秘密宗教（民间教派）有密不可分的关系。但民间宗教研究学者多将宋元以来所有的民间宗教经卷都视作"宝卷"，包括清末以至当代民间教团编制的难以数计的"坛训"（有的研究者称作"鸾书宝卷"）和宣传宗教的通俗读物。从民间宗教史研究的角度来说，这是必要的。但是，有些民间宗教经卷和读物既不以"宝卷"为名，形式也多种多样……将它们掺和在一起，作为特殊的说唱形式的"宝卷"，便无法进行研究了。许多初涉宝卷的研究者，觉得"宝卷"作品庞杂无序，难以入手，这也是一个原因。①

上述论述，就是对李世瑜意见的回应。

其次，笔者认为宝卷历史发展可划分为"早期的佛教宝卷"（即泽田瑞穗称作"古宝卷"中的"原初宝卷"）、"明清民间教派宝卷"和"清及近现代的民间宝卷"（或可称作"世俗宝卷"，即李世瑜"后期宝卷"，泽田瑞穗"新宝卷"）三个阶段，前两种又可合称为"宗教宝卷"。对"民间宝卷"的出现时间，本人考察，远早于泽田所说的清嘉庆十年（1805）或李世瑜所说的同治、光绪年间（1862—1908）。它们的出现有一渐进的过程；同时，在南北各地都有民间宝卷的出现，带有地域性的特色。

据现存宝卷文献，北方民间宝卷的流传区域以山西为中心，包括河北、山东、河南，往西一直发展到甘肃的河西走廊地区。北方民间宝卷与明代民间宗教有密切的关系，在明末（1643年以前）可能已经出现，如发现于山西的明末抄本《佛说王忠庆大失散手巾宝卷》，讲的是一个家庭伦理和因果报应的故事，它是有民间教派背景的民间艺人编唱的台本。② 北方民间宝卷演唱的故事多来自明代说唱词话、话本小说和清代鼓词、梆子腔剧目，既有世情故事，也有英雄传奇故事。

---

① 车锡伦：《中国宝卷新论》，载《东亚人文》（第一辑），学林出版社2008年版，第436页。
② 已故周绍良收藏。据先生对笔者言：发现于山西某地一个小庙中。参见车锡伦《中国宝卷研究》，广西师范大学出版社2009年版，第528—536页。

南方的民间宝卷主要流传于江苏省和浙江省的北部吴方言区。它们的发展与世俗化佛教宣卷关系更密切一些。本人最早发现，明末陆人龙编话本小说集《型世言》中，便有明万历十八年（1590）苏州昆山县的"香客"在去杭州天竺寺进香的"香客船"上"宣卷念佛"的描述文字。这种香客船上的宣卷活动一直延续到当代。同时，吴方言区本来就有杂祀鬼神的民间信仰传统，在祭拜乡土社会中的各种"菩萨""老爷"的仪式上演唱相应的宝卷或"赞神歌"。现存吴方言区最早的一部民间宝卷是清康熙二年（1663）黄友梅抄本《猛将宝卷》，便是在传统的"猛将会"上演唱的。[①] 与北方民间宝卷不同的是，吴方言区民间宝卷有大量改编自弹词曲目和流传于民间的昆曲及"滩簧"（锡剧、苏剧、沪剧等）传统剧目，题材多是世情故事。

南北各地民间宣卷和宝卷也互相流传，如上述《佛说王忠庆大失散手巾宝卷》，吴方言区民间宣卷艺人传抄本一般名《斋僧宝卷》。许多著名的民间传说故事和俗文学传统故事南北各地都有改编演唱本，如改编孟姜女故事的宝卷。

笔者既将宝卷分为三个发展阶段及其差别，同时又提出它们之间的继承性和累积性。[②] 如直到清及现当代，个别佛教僧团和民间佛教徒仍然在演唱和刻印某些早期的佛教宝卷和科仪卷，如《金刚科仪》《阿弥陀经宝卷》和《香山宝卷》等。同时，民间宝卷中也有宗教宝卷的积淀。在吴方言区，早期佛教讲唱因缘故事的《香山宝卷》《刘香女宝卷》等，也进入后期民间宣卷的口头演唱传统；明末还源教的《销释明证地狱宝卷》（简称《地狱宝卷》）是当代江苏省常熟、昆山、张家港等地区"做会宣卷"荐度亡灵法事（佛事）中必唱的仪式卷。清末及现当代的民间宗教，不仅传抄、刊印明代的民间宗教的宝卷，也大量编写新的宝卷，清道光年间长生教陈众喜撰《众喜宝卷》、先天道（青莲教）彭德源编《观音济度本愿真经》（据《香山宝卷》故事改

---

① 参见车锡伦《中国宝卷研究》第四编第二章、第五章《猛将神歌》和《猛将宝卷》。
② 详见车锡伦《中国宝卷研究》第四编"中国宝卷的历史发展"。检验的论述可见车锡伦《中国宝卷新论》。

编）①，都是影响至大的宣传民间宗教的宝卷。

前期的宗教宝卷是宗教经卷，宗教经卷是宗教活动的组成部分。清及近现代民间宝卷虽然"已由布道书发展为民间说唱技艺的一种"，"宣卷职业化和艺能化"。清末上海等大城市出现了模仿弹词说表、"出脚色"的"书派宣卷"，在苏州地区出现宣卷艺人的行会组织"宣扬公所"（简称"宣扬社"）等。但是，民间宣卷仍然是民间信仰活动的组成部分。在吴方言区这种民间信仰活动称"做会"（或"佛事""斋事"），宣卷（演唱宝卷）穿插其中。"做会"是一种有复杂的仪式化、综合性的民间信仰活动；"做会宣卷"是融合了民间信仰、教化、娱乐为一体的民俗文化活动。民间宣卷保留听众"和佛"的传统，不可能离开它所存在的信仰活动（"做会"）的特定场合，进入公共娱乐场所（书场、舞台）做舞台化的演出。下面可以谈一下当代宝卷和宣卷在非物质文化遗产中的定位、发掘和推广问题了。

根据联合国教科文组织大会于2003年11月通过《保护非物质文化遗产公约》，2006年5月20日中国国务院已经批准文化部确定并公布的"第一批国家级非物质文化遗产名录"中，甘肃的"河西宝卷"被列入"民间文学"项下；2008年6月14日公布的"第二批国家级非物质文化遗产名录"中，浙江"绍兴宣卷"被列入"曲艺"项下。此后在扩展名目项下，吴地宝卷（苏州及其周围地区的宝卷）归入民间文学类，上海青浦宣卷归入曲艺类。

2011年2月25日，第十一届全国人民代表大会常务委员会第十九次会议正式通过《中华人民共和国非物质文化遗产法》，其中第二条提出"本法所称非物质文化遗产"包括：（一）传统口头文学以及作为其载体的语言；（二）传统美术、书法、音乐、舞蹈、戏剧、曲艺和杂技；（三）传统技艺、医药和历法；（四）传统礼仪、节庆等民俗；（五）传统体育和游艺；（六）其他非物质文化遗产。

首先，从宝卷历史发展过程来看，作为口头文学传统的宝卷（及其演唱

---

① 本卷最早是清道光三十年（1850）刊本。这部宝卷郑振铎误作《香山宝卷》，许多研究者仍沿袭其误。

活动），和作为宗教经卷的宝卷和宗教活动的宣卷，在内容、形式、传播和社会文化功能诸方面，都有不同。列入"非遗"名录的宝卷和宣卷应当是李世瑜所说的由宗教"布道书发展为民间说唱技艺"的"后期宝卷"、泽田瑞穗所说"从宗教的宝卷向文学的方面倾斜"的"新宝卷"，"职业化和艺能化"的宣卷，即笔者所说的"清及近现代的民间宝卷"和"民间宣卷"。自然，它也包括进入民间口头传统的前期佛教宝卷和某些民间教派宝卷。根据笔者的考证，这种具有信仰、教化、娱乐特色的民间宝卷及其演唱活动（宣卷、念卷），在明末清初已经在南北各地产生了。

其次，将进入"传统口头文学"，并以特殊的语言（讲唱宝卷均用方言，有些宝卷文本是用宋元以来形成的记录口头演唱文艺作品的"白话"记录）为载体的民间宝卷归入"民间文学"类，没有问题，将演唱宝卷活动同民间戏剧、舞蹈、杂技等行动的表演艺术，归入"曲艺"，也说得过去。但是问题在于：苏州宣卷同绍兴宣卷、青浦宣卷有什么差别？苏州宝卷同绍兴宝卷、青浦宝卷有什么差别？这样将宝卷和宣卷分别列入"非遗"名录的不同类别，实际上是把一种口头语言传统的文学形式和其演唱行动硬行割裂开了。从理论和实践方面都说不通。

再次，2000年后，现存有宣卷（念卷）活动的地区投入巨资，搜集、整理和出版本地区的宝卷，陆续出版了一批各地区的宝卷总集，对"非遗"的发掘和保护，有着重大作用。但也存在一些问题：由于缺乏对宝卷历史发展系统的基础研究和对本地区宣卷规范的深入田野调查，而是多按照郑振铎关于"宝卷是变文的嫡派子孙"的推论，宣称本地区的宝卷是"变文的嫡派子孙"，个别地区甚至将本地宝卷的源头扯到南朝佛教的"唱导"上去。对本地区宝卷的搜集，不注意对20世纪50年代以来中国学者和旧书业人士抢救性收藏的宝卷文本（数量极大，多收藏于各高校和研究机构图书馆）的研究、鉴别，多是对本地区现存宝卷采取"捡到篮子里就是菜"的态度，把某些未进入民间口头传统的民间宗教（道会门）的经卷"搜集整理"的宝卷，有的甚至是"搜集整理"者的改编创作，不加说明。

最后，把各地宝卷的演唱活动（宣卷）作为表演性的"文化产品"展示，做舞台化的演出，如上电视广播，举办各地宣卷"会演"评比，个别地区让小学生们演唱宝卷（偈子）"传承"等。这样做，实际上将宝卷和宣卷活动离开它所生存的民间信仰活动基础，违背了作为民间宝卷及其演唱活动（宣卷）的发展规律。从长远来说，可能加速本地宝卷和宣卷的消亡。

以上诸问题是笔者对宝卷发展历史和田野调查得出的认识，欢迎大家讨论。

（车锡伦　扬州大学中国俗文学研究中心名誉主任、研究员）

尚永琪

# 宝卷讲唱技艺的起源*

唐宋以后兴起并遍布大江南北、韵调各有特色的宝卷讲唱，是在讲经文、因缘文、变文等早期说唱文体和转读等歌咏技艺的漫长演变中产生的说唱文学。

宝卷讲唱之渊源，与梵文佛经译为汉语后的讲说形式密切相关。1600多年前，鸠摩罗什在将梵文佛经译为汉语时说，梵文文本"宫商体韵，以入弦为善"，读经犹如唱歌，音调优美。但是译为汉语后，则完全没有了优美的歌体韵味。鸠摩罗什当年所言的这个缺憾，是其后的讲经说法者一致努力弥补的目标。在一定程度上，宝卷就是经典歌咏化努力的一种演变结果，是佛教讲经中的"讲故事"传统与对佛经转读的"歌咏化"传统相结合演变的结果，也是佛经讲唱方式与世俗教化宣扬手段相融合的结果。

佛教讲经的"讲故事"传统，是变文和宝卷的滥觞。在佛教的传统义学讲经中，经义、因缘（佛教故事）是并行而讲的，其大概程序是先由经师读一段经文，然后由讲师来讲说这段，讲完后，再由经师读一段，然后讲师再解说，如此循环往复，这样就将经义哲理与因缘故事一并在讲说中随经文讲完。但是随着佛经讲论的发展，讲因缘故事逐渐适应化俗的需要，在两晋之际从佛教的僧讲中分化了出来。按《高僧传》的说法，僧人法事集会至夜疲倦时，就另

---

\* 本文转载自《光明日报》2019年7月22日13版。

请法师说法以调节气氛，缓解困顿，所说内容主要是"杂序因缘"或"旁引譬喻"，就是只讲故事，而不是以故事从属于经文，离开讲经义疏的讲因缘故事的文本和手段由此而生。

而与讲因缘故事密切相关的文体就是变文。如果说因缘文仅仅是僧人讲经过程中的一种调节性的故事讲述，那么，变文就是在此基础上产生的一种图文相配、歌咏相杂的生动讲故事方式。饶宗颐先生在《从"唊变"论变文与图绘之关系》中指出：变的意义从化身而来，神变是佛经中关于佛的神通变化的特殊名称。从现存的标有"变"字样的与佛经有关的变文卷子来看，"变"主要是讲神（佛）的历史的，讲神的种种变异以追溯教的历史、道的历史。那么，怎样达到这一目的呢？方法有二：一为画图，一为讲述。前者即是壁画变相，后者即可目为变文。从变的意义和功用来讲，变相与变文的关系是并行的，其目的都是为了表变——即讲述佛的事迹。实际上，图传与讲说并行是佛教宣扬教旨教义的一贯形式，如唐释道宣在《关中创立戒坛图经序》中说："图传显于时心，钞疏开于有识。或注或解，引用寄于前经；时抑时扬，专门在于成务。"道宣所说之"图传"，即是以图画配合讲说以宣扬佛教教义，是与"疏钞"对举而言的。并且前者是应俗的，而后者是开启"有识"之士的。

就现存的变文卷子来讲，在内容上，既有讲世俗故事的，又有讲佛教故事的；在形式上，变文包含了文体不同的故事卷子，就是说，被称作变文的文本不一定就运用讲唱的方式来进行宣扬。如敦煌文书 P.3645 卷子就是这样一个典型文本，它通卷是用白话来讲述的，卷首题"前汉刘家太子传"，卷尾却标以"刘家太子变一卷"。对这个卷子，前贤们往往以"文体与变文不同"来处理，实际上就等于把它排除在变文之外，是不太妥当的。"变"是佛教传入中土后对佛教故事的一种特称，是指其内容为"神变"而言的，不论采取何种方式进行宣扬讲述，讲述的这种故事都可以称作"变"。据晋人谢敷在《安般守意经序》中所言，安世高传教的时代，就已经"表神变"与"演道教"并行。显然，当时的"表神变"并没有运用讲唱的方式，仅仅是一般的讲述佛教故事。因而，"变"这一名称既然在汉代已经产生，那么，其含义与宣扬方法就没有什么必然的联系。今天我们见到的典型的变文——即以讲唱方式宣扬的变文，是在因缘文的影响下产生的。

当然，仅仅有讲故事的传统，还不足以成就因缘文、变文、宝卷成为一种宣扬思想和教化众生的重要手段。讲唱技艺与故事内容的完美配合，才是此类古代民间文学瑰宝生命力不衰的秘诀。

宝卷类说唱文学的歌咏传统，是由对佛经的唱导和转读发展而来的。这两种声乐技艺的应用，才是成就其文学特色的关键所在。

唱导的出现，与因缘文有着密切的联系。《高僧传·唱导论》云："唱导者，盖以宣唱法理，开导众心也……夫唱导所贵，其事四焉，谓声、辩、才、博。非声则无以警众，非辩则无以适时，非才则言无可采，非博则语无依据。"按《高僧传》的说法，唱导起初仅仅是用来宣唱佛名的，后来发展到用来说法。如现藏日本龙谷大学图书馆敦煌卷子《悉达太子修道因缘》开篇即云："凡因讲论，法师便似乐官一般，每事须有调置曲词。"此处讲因缘者便称法师，并且言其要像乐官一样调置曲词，可见唱导这种讲因缘故事的方式是声情并茂的。

转读是读经文的一种技艺，其方法，就是当用汉语讽诵经文时，在汉语单音节后加以各种梵语发音，以解决汉语与梵音之间不和谐的矛盾，以发扬梵音的悠扬韵味。当然这种转读起初是顾不了文句的连贯的，是就汉文译本"或破句以合声，或分文以足韵"。到魏晋南北朝时期，由于经文翻译已基本固定成四言句的格式，自然转读时不可能再破句或连句。《高僧传》卷13曰："天竺方俗，凡是歌咏法言，皆称为呗。至于此土，咏经则称为转读，歌赞则号为梵音。"既然转读与梵音有关，那么它的操作就是相当专门化的。转读至迟在曹魏时就已经应用于诵读经文，至宋齐之间就已经相当成熟，它其实就是一种对经文的优美唱读。在唐代声乐文学中，"转"即"啭"。罗隐《春旦》："卫娘清转遏云歌。"张祜《歌》："不知新弟子，谁解啭喉经。"皆其证也。

佛教的义学讲经制度，源于传统的儒家讲经，即由都讲、讲师合作讲说。都讲读一段经文之后，讲师就进行讲说，如此循环交替进行。二者的不同之处在于，佛教义学讲经中的都讲，是用转读这种特殊的方法读经的。在当时，这样专门以转读为业的僧人称作经师，他们转读时，"梵响干云，有乖穷声韵"，往往"每清梵一举,辄道俗倾心……行路闻者,莫不息驾踟蹰,弹指称佛"。正是由于转读这种使"道俗倾心"的悠扬韵调,才使经师成为一种专门的职业,也使转读渐渐独立了出来,成为一种化俗的手段。

敦煌文献中的讲经文正是在这种背景下产生的,它不但以一种优美的歌咏形式读经文,而且其解说也已经是由唱导僧将经文大意用中华韵文唱出来。事实上,唱导僧作为经文的解说者,既要以韵语唱经文大义,还要用散文表白对经师转读的经文进行解说。要而言之,讲经文的讲说是以转读、表白、唱导这样一个顺序递相进行的,罗振玉《敦煌零拾》所载《文殊问疾第一卷》就是这样一个典型文本。

转读和唱导是变文、宝卷类讲唱文学得以产生的讲唱技艺基础,而魏晋时期是此两种佛教化俗宣扬方式形成与发展的重要阶段。梁释慧皎在《高僧传·唱导论》中谈及该书类目时说:"昔草创高僧,本以八科成传,却寻经道(导)二技,虽于道为末,而悟俗可崇,故加此二条,足成十数。"慧皎《高僧传》共分十例,为译经、义解、神异、习禅、明律、遗身、诵经、兴福、经师、唱导,只有后二科是他所认为的悟俗末技。这也是当时佛教界的普遍看法。所谓经师是以转读为业者,唱导是以宣唱为业,二者虽同为悟俗之技,但其渊源关系、宣扬方式是不一样的。当时以经义研讨为主的义学僧人对这些化俗的技艺颇有异议。从慧皎的记载来看,他之所以将前代草创高僧的八科增益为十科,也正说明佛教经过魏晋的发展,已经由前期译经阶段走向了宣扬普及阶段,开始重视"悟俗"的宣教方式。魏晋时期以经论为主的翻译、研讨经典的风气开始发生变化,那么,变文、讲经文等化俗文本的完全形成与成熟,应当是在这一时期。这一时期也正是后世的宝卷之所以产生并壮大的重要积淀时段。

综上所述,因缘文至迟在两晋之际就从义学讲经的"正序因缘"中分化了出来,运用唱导这一宣唱方式进行化俗;变是中国僧人对佛教故事的一种特称,约在东晋末年受因缘文的影响而成为一种以唱导为主的说唱文体。转读早期主要应用在义学僧人的讲经中,而唱导则主要用来讲因缘。到齐梁之际,寺院的讲经文将转读与唱导结合了起来,以成熟的讲唱方式迅速突破佛经讲说的寺院范围，在唐代中叶形成了讲说佛教故事和世俗故事、宣扬教化的讲唱文学样式变文。在此基础上，内容丰富、风格多样的宝卷方得以大量产生。

（尚永琪　宁波大学人文与传媒学院教授）

王明博　李贵生

# 敦煌变文与河西宝卷[*]

敦煌变文是中国讲唱文学的滥觞，其后进一步衍生出鼓子词、诸宫调、词话、宝卷等。中国的讲唱文学一直流传于民间，无论是口传心授还是以书面形式流传，其创作与传承都具有程式化的特征，这一特征可以依据"口头程式理论"进行分析。

"口头程式理论"，又称"帕里-洛德理论"，是20世纪美国民俗学的重要理论流派之一，它的核心是程式（formula）、主题或典型场景（theme or typical scene）以及故事范型或故事类型（story-pattern or tale-type），三者构成了口头程式理论体系的基本框架。"口头程式理论"现已广泛运用于我国的民俗学等研究领域。朝戈金先生认为程式的功能是口头传统的基本法则，程式的基本属性就是重复，没有重复就没有程式。

讲唱文学的典型形式是散韵相间、说唱结合，表演时说一段，唱一段，然后再说一段，唱一段，循环往复，直到结束。我们把一段散说与一段演唱的组合称为一个说唱结构，一个完整的讲唱文学故事就是若干个说唱结构的反复组合，因此，讲唱文学的说唱结构具有程式的属性，可称为说唱结构程式。

纵观讲唱文学的说唱结构，它经历了从简单到复杂，再从复杂回到简单的过程，这一演变在敦煌变文与河西宝卷中得到了很好的体现。

---

[*] 本文转载自《光明日报》2019年7月22日第13版。

### 一、敦煌变文的说唱结构程式

敦煌变文是中国讲唱文学成熟的标志。车振华《清代说唱文学创作研究》认为:"变文在中国文学史上的价值在于,它以具体的文学文本说明有说有唱、交替使用散文和韵文描述故事的叙事文学的文体——说唱文学——的正式形成。"

敦煌变文有"说""唱"和"说唱"三大类,项楚先生在《敦煌变文选注》(增订本)"前言"中说:"(敦煌变文)有的是纯韵文,有的是纯散文,有的则是韵散合用。"张鸿勋先生在《敦煌讲唱文学韵例初探》中说:"(敦煌讲唱文学)体制多样,既有说唱兼行的变文、讲经文,又有只唱不说的词文,或只说不唱的话本,还有介于说唱之间韵诵体的故事赋,等等。"敦煌变文中的"说唱"类占了大多数。张鸿勋《敦煌讲唱伎艺搬演考略——唐代讲唱文学论丛之一》说:"敦煌讲唱伎艺,基本上是歌唱和表白轮流相间表演。"本文的论述只涉及敦煌变文中的"说唱"类。

敦煌变文的说唱结构比较简单,其散文和韵文的句式与句数也是程式化的,散文以四六对句为主,韵文以七言为主,杂以"三、三、七"句法或五言、六言。

敦煌变文《双恩记》[参见项楚的《敦煌变文选注》(增订本)]中的一个说唱结构,其中韵文以七言为主,间杂了一个"三、三、七"句式。如:"我今入海求珠宝,普向阎浮济孤老。大把忧煎与改移,广将贫困令除扫。日不遥,人满道,除(随)分行装便应到。特故朝参辞父王,愿王今去无忧恼……稍宽日月时通信,暂假恩情莫系怀。想得父王闻譜(者)语,大应不乐也唱将来。"

关于敦煌变文说唱结构程式中的韵文,学者们多有论述。郑振铎的《中国俗文学史》认为变文的韵文全以七言为主而间杂以三言,仅有少数杂以五言或六言。周绍良先生在《敦煌变文汇录·叙》中认为变文的韵文大致可以分为长偈、短偈两种。短偈一般是七言八句,近于七律之体。长偈的上章,一律为七言,或间或用"三、三、七"句法,或叠用"三、三、七"句法。长偈的下章,句法与上章相同。张鸿勋、王重民等先生对敦煌变文韵文的句式也有论述。

敦煌变文的散韵相间、说唱结合体制及其说唱结构程式对宋元以来的诸宫调、宝卷等讲唱文学的形成发展产生了深刻的影响。张鸿勋认为:"变文散韵组合、说唱兼行演述故事的体制,影响到宋元以后诗赞系、乐曲系讲唱文学,如鼓子词、诸宫调、词话、宝卷等的形成和发展。"尤其是宝卷,它不但继承了敦煌变文的说唱内容,而且还在说唱结构上创新发展,变得更加灵活多样,深受民众喜爱。

### 二、河西宝卷的说唱结构程式

宝卷产生于宋元时期,早期佛教宝卷如《目连救母出离地狱生天宝卷》等就沿袭了《销释金刚科仪》的说唱结构程式。明代产生的民间教派宝卷,其说唱结构程式在继承佛教宝卷的基础上又有所发展,在每个唱段的末尾(或开首)加唱"小曲",主唱段除七言外,又大量使用十字句。

现存河西宝卷中,佛教宝卷的说唱结构没有保存下来,民间教派宝卷的说唱结构在《敕封平天仙姑宝卷》与《护国佑民伏魔宝卷》中保存完整,其说唱结构的基本程式是:(1)小曲,(2)散说,(3)七言二句诗赞,(4)主唱段十字句,(5)四五言长短句,(6)五言四句诗赞。

宝卷研究大家车锡伦先生认为,河西宝卷是明末从内地传入的,这从河西走廊宗教宝卷说唱结构程式的保存情况来看是有一定道理的。康熙以后,教派宝卷衰落,民间故事宝卷大量产生,说唱结构程式趋于简化,简化过程在河西宝卷中有清晰的轨迹可循。先是"小曲"的消亡,然后是"四五言长短句"的消失。

现存河西宝卷的说唱结构程式基本上扬弃了"小曲"和"四五言长短句",同时"七言二句诗赞"和"五言四句诗赞"也可有可无,且句式和句数也不再有严格的限定,从而形成了河西走廊民间宝卷的三种说唱结构程式——四段式、三段式和两段式。

四段式说唱结构程式为：(1) 散说，(2) 五七言诗赞，(3) 主唱段十字句（偶或七字句），(4) 五七言诗赞。

三段式说唱结构的基本程式为：(1) 散说，(2) 五七言诗赞，(3) 主唱段十字句（偶或七字句）。

两段式说唱结构的基本程式为：(1) 散说，(2) 主唱段十字句。

据尚丽新的研究，山西民间宝卷的说唱结构程式有三段式、两段式两种，据李豫的研究，山西介休宝卷的说唱结构程式以"散说+十字句"的两段式为主。

讲唱文学的说唱结构程式先后经历了四个阶段：敦煌变文的两段式，佛教宝卷的五段式，民间教派宝卷的六段式，以及民间宝卷的四段式、三段式和两段式。这一演变过程基本上可以通过敦煌变文和河西宝卷勾勒出其清晰的脉络。

（作者王明博、李贵生　均为河西学院文学院教授）

刘永红

# 西北民间宝卷：仪式与叙事*

西北地区现遗存 500 余种宝卷，现存最早的是河西地区的《敕封平天仙姑宝卷》，此部宝卷于清康熙三十七年（1698）刊印于甘肃张掖，也是目前所见在西北最早刊行的宝卷。据此可以断定，至迟在明末清初宝卷已经流传到西北地区。

西北地区的宝卷流布区域包括河西走廊、洮岷地区和河湟地区，这三个地区既是中国三大民族走廊中的西北民族走廊和藏彝走廊的重要组成部分，也是多民族聚居区，由此形成了围绕青藏高原东缘的一个宏大的宝卷民俗文化区。河西走廊是中国丝绸之路的重要组成部分，也是历史上民族迁徙与流动的大通道。就当前的行政区划来说，河西走廊包括武威、张掖和酒泉三个地级市。宝卷念卷民俗活动和宝卷文本在以上三个行政区域内都有遗存。河湟地区包括甘肃临夏州和青海东部的海东市和西宁市，宝卷在这三个行政区域内都有分布。洮岷宝卷流传区域为古岷州和古洮州所辖地域，包括今甘肃岷县、漳县、临潭、卓尼、宕昌等地。洮岷地区的宝卷保留了明清以来宝卷念卷的原始形态，数量最为丰富，接近 300 种，以手抄本为主，大经折装，装帧精美。河西宝卷被列入第一批国家级非物质文化遗产名录，河湟宝卷和洮岷宝卷被列入省级非物质文化遗产名录。河西走廊为中国民族走廊的重要组成部分，也是历史上丝

---

* 本文转载自《光明日报》2020 年 2 月 3 日第 13 版。

绸之路的重要通道。洮岷地区是中国民族走廊——藏彝走廊的组成部分，也是青海、甘肃通往西南的重要交通要道。河湟地区亦为西北民族走廊的重要组成部分，同时还是历史上丝绸之路的南道。以上三个地区历来是多民族交往、交流、交融地带，特别是藏汉边际和交汇区域。围绕青藏高原东缘，河西宝卷、洮岷宝卷和河湟宝卷形成了跨越数千公里的宝卷民俗区。

宝卷是在唐五代"俗讲"等佛教世俗化和民间宗教活动过程中，结合中国说唱传统而形成的民间讲唱，念卷自然带有浓厚的仪式特征。西北民间宝卷的念卷包括了请神、焚香、开经、发愿、回向、送神等仪式。在整个念卷仪式中，运用多种科仪文本，如"香赞""开经偈""灯科""土地咒""净口咒""十报恩""十二愿"或"十二报恩"等，这些文本与念卷仪式紧密结合。在整个仪式中最有特色的是"和佛"。在宝卷念唱中，"和佛"是念卷人讲唱，在场听众齐声念唱"佛号"，形成念卷人和在场听众之间的互动。仪式塑造了念卷语境的神圣性，同时也成为念卷者和听众互动的纽带。

西北地区的宝卷讲唱中，保存了明清以来流传的多种俗曲和民间小调。洮岷宝卷《灵应泰山娘娘宝卷》中就包括了【上小楼】【驻云飞】【耍孩儿】【金字经】【桂枝香】【皂罗袍】【画眉序】等18首明清俗曲。除了这些俗曲之外，西北宝卷中也加入了当地流行的一些民间小曲，包括【十二月调】【十字歌】【五更调】【酒曲】等，这样就形成了丰富多彩的音乐文本。在庄严的信仰情境中，通过一系列的仪式和音乐共同完成宝卷念唱，如奠酒、奠茶、燃放鞭炮以及神灵祭拜仪式，并在每个仪式环节中配有相应的音乐。因此，音乐文本与仪式文本二者构成了宝卷念卷的重要内容，也是宝卷念卷完成的主要途径。在念卷中，不同的仪式与俗曲和小调相互配合，或肃穆庄严，或凄怆悲凉，或喜庆愉悦。仪式、叙事与音乐是宝卷讲唱活动的三要素，通过三者的结合形成了宝卷念卷的多元艺术特色。

西北宝卷继承、借鉴了唐宋以来的多种民间文艺体裁，并融合了当时民间文化和民间艺术的元素，使之成为宋元以后一种受大众欢迎的，集信仰、娱乐和教化为一体的民间文类。近代以来，随着民间故事、传说、戏曲等文类融入西北民间宝卷之中，宝卷念卷仪式开始简化，宗教性仪式也相应减弱。念卷以韵散结合的方式进行，并加入了地域化的俗曲，文学性和音乐性随之增强。西北民间宝卷念卷既保留了历史的因素并有所变异，又吸收了地域化的信仰，特别是河湟宝卷吸收了藏传佛教的文化因子，并不断进行自我调适以便适应当地的文化生态。

叙事是人类最古老且最基本的话语方式。西北民间宝卷的叙事内容丰富而广泛，我们可以分为生活叙事、历史叙事、信仰叙事和女性叙事。有关生活叙事的宝卷文本展现了不同时代社会生活的方方面面，是西北民众社会记忆和集体记忆的集中呈现。历史叙事是西北民间宝卷较为常见的一种叙事，民间社会的历史知识多来自口头传统、民间戏曲等，西北民间宝卷是民众历史观的重要载体。其中的《伍子胥过昭关宝卷》《昭君出塞宝卷》《唐王游地狱宝卷》《岳飞宝卷》以及"说唐故事"和"乾隆故事"系列宝卷，与正史的话语叙事不同，表达的是民众的历史观和历史话语体系。与其他民间文类不同，由于宝卷有较强的信仰特质，西北民间宝卷中出现了大量的信仰宝卷，展现了当地的多元信仰，如《目连宝卷》《观音宝卷》的系列版本。女性修行主题的宝卷是西北民间宝卷中文学性与生活性突出的宝卷类型。《秀女宝卷》《妙英宝卷》《修真宝卷》《黄氏女宝卷》等十多部宝卷讲述了明清社会女性对于封建禁锢的反抗，亦是女性自我觉醒的体现。

西北民间宝卷的叙事有多种特定的主题和母题。如"游地狱"是其中常见的一种主题，在《目连宝卷》《观音宝卷》《唐王游地狱宝卷》《张四姐大闹东京宝卷》《劈山救母宝卷》《刘全进瓜宝卷》和《葵花宝卷》等宝卷中都出现了这一主题。宝卷的故事范型传承了民间故事、传说中的"劫后团圆型""才子佳人型""大团圆型"等传统故事模式。不同时期、不同种类的民间文本之间互相影响、借用、融合，于是在不同文类中出现了相同或相似的故事母题、主题、程式，这也是民间文学创编的基本规律，西北民间宝卷也不例外。在宝卷的编创过程中，对于其他民间文类主题、母题和情节的借用、复制与组合，形成了不同宝卷文本的"异文"；同时在宝卷中也融入了民间戏曲和地方传说，并受当地其他民间讲唱影响，诸如"贤孝""道情"等，于是形成了文本的互文性。在不同的历史和文化背景中，由互文性而形成了大量的异文，从而形成了数量极多的宝卷文本网络。

宝卷一个很明显的叙事特点是先用散文体来解说故事，再用韵文来重复散文所讲述的故事，如此循环，韵散结合敷衍故事。在叙事中西北民间宝卷运用多线索的情节结构、全知全能的叙事视角以及二元对立的人物形象塑造等多种形式展开叙事。程式化是民间诗学的一种重要表达方式，在西北民间宝卷叙事中，主题的运用，文本结构，引入语、结束语、切换语，情景和人物描写等方面都体现了这一特点。这些叙事特色是几百年来宝卷积淀形成的一种自足的叙事范型。

与其他的文学文类有所区别，宝卷文本和宝卷念卷承载着重要的文化功能。首先，宝卷是对传统文化的传承。宝卷所蕴含的生活知识、民俗传统、地方性知识在宝卷讲唱中一代代传承下来。其次，宝卷念卷是地方社会教育的一种重要方式。西北民间宝卷讲唱多在家中举行，家中老少都要聆听，宝卷叙事内容中对于传统美德的讲述、孝道的弘扬，通过宝卷讲唱，影响着年青一代。再次，宝卷还有娱乐的功能。西北民间宝卷中一些具有诙谐、幽默内容的宝卷，为民众所喜闻乐见，这类宝卷对于调整紧张的劳作节奏、舒缓情绪具有重要作用。

西北民间宝卷上承唐宋以来的佛教文学和变文等民间文学和俗文学的故事题材、叙事范式和讲唱结构，在历史发展中形成了一种富有特色的地域性口头传统。在念卷的语境中，宝卷文本、念卷者和听众在较为严格缜密的仪式规范下，宝卷叙事文本成为家庭孝道以及其他传统文化教育的载体。同时，宝卷中的历史故事讲述成为民众构建民众史观的叙事文本。宝卷是一种文化文本，宝卷既有文学叙事与生活娱乐的属性，也具有宗教信仰的属性，同时还包含了口头艺术、音乐、图绘等艺术元素。概而言之，西北民间宝卷是集文学叙事、民间信仰、仪式活动、民间音乐、文本图绘、口头传统的一种复合文化文本。

（刘永红　贺州学院南岭民族走廊研究院教授）

尚丽新

# 山西民间宝卷与民间文艺*

明清以来，山西一直是中国宝卷流布及其演唱活动的中心地区，且有着极为丰富的民间文艺资源。山西民间宝卷与山西民间文艺交互影响，二者的关系极为密切。

从清道光年间一直到民国时期，山西的世俗故事宝卷极度繁荣。这些世俗故事宝卷，除了少量的新编时事宝卷和从教派宝卷转化而来的民间宝卷之外，其余均改编自其他民间文艺。北方民间宝卷与鼓词和梆子戏的关系最为密切，而山西民间宝卷最为典型。明确改编自鼓词的有：《金锁记宝卷》（改编自《聚仙炉鼓词》）、《蜜蜂记宝卷》（改编自《蜜蜂记鼓词》）、《红灯宝卷》（改编自《红灯记鼓词》）、《双钗记宝卷》（改编自《绣像双钗记》鼓词）等。金戈铁马的历史演义、英雄传奇是大鼓书和梆子戏的传统题材，自然也会被移植到宝卷中，永济宝卷中的《唐王访贤宝卷》《杨门忠烈宝卷》《杨宗保征西宝卷》《八郎送饭宝卷》《天门阵宝卷》即是实证。山西世俗故事宝卷改编自明清通俗小说的也不少。介休《佛说忠良仁义贤孝宝卷》改编自清初惜阴堂主人的小说《二度梅全传》，介休《鹤归楼宝卷》改编自李渔的拟话本小说集《十二楼》中的《鹤归楼》。永济宝卷中有五种是改编自《今古奇观》的，《白衣庵宝卷》据"崔俊臣巧会芙蓉屏"改编，《寒山寺送子宝卷》据"宋金郎团圆破毡笠"改

---

\* 本文转载自《光明日报》2020年2月3日第13版。

编,《香山寺还愿宝卷》据"刘元普双生贵子"改编,《颜三娘教子宝卷》据"徐老仆义愤成家"改编,《鸳鸯谱宝卷》据"乔太守乱点鸳鸯谱"改编。鼓词、梆子戏、通俗小说之外,山西世俗故事宝卷也有搬演道情曲目的,如《卖道袍宝卷》《忠孝贤宝卷》;也有照搬民间善书《宣讲拾遗·爱女嫌媳》的《佛说爱女嫌媳宝卷》。大致来说,山西介休宝卷与鼓词、小说的关系密切,永济宝卷受道情影响较大,二者都与梆子戏有密切关系,且与宝卷同一地域内的最为流行的曲艺、地方戏是最有可能被改编的。

以上所谈的"改编"是从文本的相似度来做判断的。其实山西的世俗故事宝卷与民间文艺的关系不仅表现在文本的改编上,还体现在音乐和表演艺术的借鉴上。不可否认,虽有仪式音乐的规约,但宣卷是建立在方言和地域音乐的基础上的,不可能不体现地域特色。对当地流行的民间音乐和其他曲种表演艺术的借鉴是非常自然的。插唱流行小曲是宣卷的一个传统,到了民间宝卷时期,虽不像教派宝卷时期那样固定在每一部分都唱小曲,但【哭五更】【莲花落】之类几乎在每部民间宝卷里都要唱。而且作为宣卷附赠品的"小卷",在民间宝卷时期极为活跃,更是将当时最时兴的小曲小调带入了宝卷。某地的宣卷必然与当地最盛行的民间文艺发生深刻的关系。在山西永济,宝卷是在道情班社中宣演的,宣卷是由河东道情艺人来操作的,除了遵循宣卷的仪式规程之外,完全使用了道情的表演方式。伴奏乐器有渔鼓、简板、三才板、竹笛、四弦、木鱼、三弦、碰铃、梆子,中间插唱【耍孩儿】【皂罗袍】等道情常用曲牌,还会在七字句或十字句韵文唱段中间插入器乐演奏。事实上,永济宝卷被纳入河东道情之中,在民俗信仰里发挥着与河东道情相同的作用。在山西吉县,宣卷名为"搬卷","搬卷"的音乐有文、武之分,配合艺人"表卷"的文场音乐由梆子、二胡、板胡等乐器演奏,吸引观众注意的武场音乐使用声音洪亮的唢呐、鼓、锣、镲、简板、快板、梆子演奏。

善恶报应既是民众的基本信仰,也是民间教化的中心思想。在宝卷里,这种信仰和教化达到了高度统一。可以说,抛开信仰特质,宝卷自身也是一种说唱艺术和说唱文学,自然会在文本、音乐、表演艺术上与当地的其他民间文艺发生相互影响。但是,宝卷是在宗教和民间信仰活动中按照一定仪轨演唱的说唱文本，这种特点决定了宝卷在性质和功能上圣凡兼备的二元性。故事宝卷表面看来是文学的说唱文本，但宣卷这种说唱活动其实是仪式语境之下对信仰的践履。明清时期在三教合一的背景之下展开了由上而下且社会各个阶层都积极参与的劝善运动，并且形成了对善恶报应的普遍认同。宝卷中的世俗故事虽是从其他民间文艺形式中改编、搬演过来的，但当这些故事被置于宝卷的仪式语境之下时，它们的艺术性和娱乐性受到了限制，反而表现出更多的信仰教化特征。在山西介休、吉县非常流行的《双金钗宝卷》，讲述的是才子佳人历经磨难夫妻团圆的故事，改编者在序言中申明"虽是小说，而其中甘苦悲乐可醒愚昧，多多有益。善男信女而讽此卷者务宜诚心洁净，方是正理。不如积德延寿，醒世无疆"，在最后的结卷偈中又将主题提炼为"善恶报应"和"忠孝"。改编自小说《二度梅全传》的《佛说忠良仁义贤孝宝卷》在开卷中一再强调"内有忠良仁义兴，贤孝贞节烈女卷内明""宝卷内中分善恶，劝君莫当等闲文""自古行善天加护，作恶之人总受灾"。而且，较之普通民间文艺，世俗故事宝卷更强调神灵的作用，诸多世俗故事宝卷都套用了神灵救助和升仙复位的模式，走投无路的受难之人总会被神灵搭救，而在故事结尾大多会交代故事主人公是天上的什么星辰，如今因果圆满可以升仙复位了。例如同治二年（1863）山西抄本《佛说牧羊宝卷》中朱春登上吊自尽之时，玉帝差太白金星下凡搭救。朱春登一家人本都是天上星宿，他的父亲是月德星，母亲是扫地女，朱春登本人是金童，其妻赵锦堂是玉女，其堂弟朱春科是天真星，其叔母宋氏是破败星，这些星宿在凡劫满后都要复归本位。这类宝卷以神灵救助和升仙复位模式暗示神灵是善恶报应的操控者，是公平正直的执行者，人的善行迟早会得到神的褒奖。更何况置身于香烟缭绕的"众位菩萨降临来"的神圣氛围之中，沉浸在请神、献供、送神、回向、发愿等系列仪式中，一个普通的世俗故事在宣卷这种特殊的仪式语境下被神化了，能令虔诚的信众相信自己收获了积累功德、消灾免难的福报。同样一个世俗故事，放在书场或其他娱乐场合中，就必须通过提高娱乐性和艺术性来征服听众；但在仪式语境下，听众变成了信众，信仰的满足远远超过了对审美愉悦的追求。

　　沿着民间信仰这条主线，也可以解释永济宝卷与河东道情的关系。永济宝卷存在于道情班社中，由道情艺人来宣演，从文本上看是宝卷文本，但在实际的表演中很大程度上被道情化了。河东道情与当地民众的信仰活动密切联系在一起，适用于庙会、红事、白事、老人过寿、小孩满月、立碑等正式的仪式性场合。作为河东最为兴盛的民间文艺形式之一，道情在其发展壮大过程之中自然会吸纳其他的民间文艺形式，之所以会吸纳永济宝卷，那是因为二者在民俗信仰之中发挥着相同的功用。

显而易见，山西民间宝卷在文本、音乐、表演艺术上对当地的其他民间文艺大加借鉴，提高了艺术水平，消减了宝卷的神圣性，走上了世俗化、娱乐化、艺术化的道路；但也不可否认，宝卷不是纯民间文艺，它的演变规律不同于普通民间文艺，受到各种社会因素的影响，在凡圣互构中呈现出多元的演变态势。从山西民间宝卷与民间文艺的相互影响可以看出，这种交互影响表面看来仅仅是一个形式问题，实际上背后的深层原因仍然是社会变迁引起的信仰、教化、娱乐方式的变迁。

（尚丽新　山西大学文学院教授）

车锡伦

## 新发现的山东地区民间宝卷孤本 *

《草墩宝卷》《嫌贫爱富宝卷》是山东地区新发现的两部孤本民间宝卷，尚未引起学术界的重视。《草墩宝卷》卷末题"宣统元年（1909）山东莱芜黄家营刘明则抄"，《嫌贫爱富宝卷》卷末题"宣统二年（1910）菊月山东莱芜黄家营刘明则新编宝卷一部"，可见两部宝卷均出自刘明则之手。《草墩宝卷》讲述的是明洪武年间的一个家庭伦理、孝养老人的故事。寡妇赵氏将卖祖宅所得的银两藏在随身所带的草墩之中来考验三个女儿是否孝顺，结果三个女儿都将她扫地出门。李天良收留了赵氏并认赵氏为母，极尽孝道。李天良孝行感天，玉皇大天尊送元宝给他，洪武帝给他全家都赐了封号。不孝之人都受到上天的惩罚，女儿女婿都遭了报应。《嫌贫爱富宝卷》讲述康熙年间安徽省徽州陈天保在父亲死后，家业凋零。岳父黄大富嫌贫爱富欲要悔婚，但未婚妻黄秀英执意嫁到陈家。在黄秀英的鼓励下，天保发愤用功，考中进士当了官。最终天保一家富贵双全，黄大富遭报应家产败光。这两部宝卷应是改编自民间故事而来，《中国民间故事集成·山东卷》所载的故事类型中有"枕头计"和"三婿拜寿"，《草墩宝卷》与前者相似，《嫌贫爱富宝卷》类似后者。

与南北民间宝卷中常见的故事宝卷相比，《草墩宝卷》《嫌贫爱富宝卷》在

---

\* 本文转载自《光明日报》2020年2月3日第13版。原标题为《新发现的山东孤本》，转载时据作者意见补正为现标题。

形式上和内容上有明显不同。从形式上来看，虽然正文都是散韵结合，且韵文为七字句、十字句唱词，但二者都没有普通民间宝卷必备的开卷偈、结卷偈。《嫌贫爱富宝卷》以七言诗开卷，《草墩宝卷》直接以白文开卷，二者都以白文结卷。《草墩宝卷》的形式是民间唱本的常用形式。《嫌贫爱富宝卷》的白文上方还有几处残留着"讲"字，大多数"讲"字都被挖去，痕迹相当明显。在白文上方标出"讲"字，在韵文上方标出"宣"字，这其实是民间宣讲善书的文本形式。从内容上来看，它们比南北故事宝卷更重教化，不惜余力地宣扬善恶报应，说教意味非常浓厚。这种刻板说教的方式是善书宣讲的标准模式。虽然普通民间宝卷也极重教化，也宣扬善恶报应，但相对要灵活得多，艺术得多。

为什么《草墩宝卷》《嫌贫爱富宝卷》与善书相似呢？显然是在基层社会都极为流行的善书宣讲与宣卷发生了密切的关系。随着清代中晚期的社会变迁，宣讲圣谕制度在基层社会执行的过程中又生发出能被民众接受的故事性较强的善书宣讲。这种民间的善书宣讲逐渐脱离官方色彩，以宣讲通俗易懂的教化故事为主，渗透到基层社会的日常生活中。基层社会中的乡绅、士人、工商富裕阶层、教团人士和普通民众都参与到善书的制作、宣讲、印售、改编、聆听等各个环节之中。清代中晚期，善书和宝卷同时流行于基层社会。二者能产生交集的根本原因是受了明清劝善运动的影响。明代开始大兴的劝善运动席卷了社会各阶层，建立起全社会对善恶报应的普遍认同。尤其是到了清代，劝善运动更为成熟。官方的圣谕宣讲趋于完善，由上而下的劝善制度更有秩序；基层社会的精英阶层（乡绅、士人及工商富裕阶层）成为民间社会劝善的主导力量；嘉庆以后，许多民间教团隐没了政治上的危险性，以温和的劝善面貌公开出现，善恶报应成为教理、教义中的重要内容，行善是信仰践履的主要方式；民众的劝善活动则以宣卷等多元的、寓教于乐的方式自然生发。在基层社会中，大致存在着三种比较强大的劝善力量：第一种是由乡绅、士人及工商富裕阶层组成的劝善共同体；第二种则是民间自发自为的介于有无组织之间的普通民众的集合体；第三种力量——民间教团——灵活地游走、渗透于两种力量之中。三种力量在基层社会中交汇交融，相互影响。受善恶报应观念影响，民众在宣卷活动中自觉加入了更多教化、劝善的因素。而乡绅、士人及工商富裕阶层

（他们中的很多人也是教团中人）看到了宝卷在民间社会的强大作用，也想借宝卷来劝善，于是也编写起宝卷来。他们编写的宝卷以劝世为目的，可称之为劝世文宝卷。劝世文宝卷中有《太上感应篇宝卷》这类改编自经典劝善文的，也有《孔圣宝卷》《潘公免灾宝卷》《醒心宝卷》《针心宝卷》此种新编的。这些劝世文宝卷使用教派宝卷或民间宝卷的形式，内容上多是说教，即使有故事情节也极为薄弱，绝大多数没有留下被宣演的记录，它们主要是通过具有教团背景的善书房刊刻流通。在看到宝卷的强大作用的同时，他们也看到了民间宣讲善书的强大作用，对民间宣讲也进行了改造，并冠以宝卷之名来扩大影响。大致来说，有两种改造方式，或是用善书形式编写宗教祖师传记名之为"宝传"，或是改编善书故事或民间故事而名之为"宝卷"。这两种改造方式有一个共同特点——在形式上或内容上乃至形式和内容上都模仿善书，而且都造成了宝卷与善书的混淆和合流。一些"宝传"综合使用了宝卷和善书的形式，既可称为"宝传"，又可称为"宝卷"。更有甚者，仅仅是把宝传改名为宝卷，例如《草墩宝卷》《嫌贫爱富宝卷》的抄写人刘明则是教团中人，他抄写的《马玉祥成仙宝卷》实则是抄袭善书形式的《成立宝传》而来，仅是将主角成立替换成了马玉祥。改编善书故事或民间故事的除了《草墩宝卷》《嫌贫爱富宝卷》之外，还有改编自女善书《闺阁录》的《稽山赏贫宝卷》，改编自著名善书《宣讲拾遗》的《爱女嫌媳宝卷》，改编自"杀狗劝夫"故事的《佛说赵妻借端宝卷》等。它们的形式多是善书形式，但去掉"宣""讲"后就摇身变为宝卷。正是民间社会中的精英阶层——乡绅、士人及工商富裕阶层（他们中的很多人也是教团中人），促成了善书和宝卷的合流。

宣卷的盛行是民间社会自为性发展的结果，善书侵入宝卷造成二者的合流则体现出民间社会中的精英阶层对基层社会的控制和引导。善书侵入宝卷后产生的一批善书型宝卷总体上内容单一，数量不多，艺术上比较粗糙。《草墩宝卷》《嫌贫爱富宝卷》之类就是善书型宝卷中最生动的，也是艺术成就最高的了。

（车锡伦　扬州大学文化研究所特聘研究员）

陶立璠

# "河西宝卷"田野考察的几点思考*

2020年9月23日至28日，10月9日至14日，中国民间文艺家协会"中国民间文学大系出版工程社会宣传推广活动——河西宝卷田野调查活动"分两个阶段，组团前往甘肃武威、金昌、嘉峪关、酒泉、张掖，考察"河西宝卷"的传承和文本收藏、传抄现状，为《中国民间文学大系·甘肃宝卷卷》的编辑出版提供田野参考。本人有幸作为专家组成员参与其事，走进家乡"宝卷文化"的宝库河西走廊，尽管沧桑巨变，这一文化仍以顽强的生命力进行着活态传承。

## 一、甘肃——宝卷文化传承的宝地

2006年，甘肃"河西宝卷"首批进入国家级非物质文化遗产代表作名录，这也许并没有引起许多人的关注。十多年过去了，在非物质文化遗产的保护中，这一流传千年的文化，像祁连山的雪水一样，仍然滋润着生活在这块土地上的民众的心。在这次宝卷文化考察中，我们采访了众多宝卷传承人，在武威至张掖，张掖至酒泉、嘉峪关的广袤土地上，绿洲隐蔽着村庄，宝卷的吟唱像涓涓溪水静静流淌。在每一位传承人的家中，都可以发现大量

* 本文转载自《文艺报》2020年11月27日第6版。

的宝卷文本收藏。在张掖甘州区花寨乡花寨村"宝卷传承世家"代兴位家中,就收藏有上百种宝卷文本。代兴位是国家级"河西宝卷"的代表性传承人,至今已传至四代。他的儿子代继生是省级宝卷代表性传承人。像他这样的传承人,在河西走廊星罗棋布,覆盖面很广。在甘肃的洮河流域、陇南地区也有宝卷传承。仅甘肃岷县地区,目前发现的宝卷文本就有几百部。如此看来,甘肃全境从南到北,宝卷传承不仅历史悠久,覆盖面广,而且活态传承,延续至今。由此认定甘肃是宝卷文化传承的宝地,并不为过。

## 二、关于宝卷文化的传承人

这次考察,我们访问了不少"河西宝卷"代表性传承人。如武威的李作柄、李卫善、赵旭峰,金昌的范积忠,嘉峪关市李义广,酒泉市郑会,张掖的代兴位、代继生等。在各地召开的座谈会上,听当地负责非物质文化遗产保护的政府官员介绍和传承人的发言,大家普遍谈到宝卷文化的传承和传承人危机问题。在传承人问题上,长期以来有一个误区,即各地重视国家级、省级、市级代表性传承人的申报,而忽视了非代表性传承人和传承群体在传承中的作用。其实,"河西宝卷"是不乏传承人的。在宝卷传承过程中,代表性传承人和非代表性传承人形成一个传承群体,他们是相辅相成的关系。许多传承人的经历也说明了这一问题。比如武威地区的国家级代表性传承人李作柄,他的儿子李卫善最初是以非代表性传承人出现的,后来李卫善成为省级代表性传承人;同样,张掖地区"河西宝卷"的国家级代表性传承人是代兴位,他的儿子代继生受其影响,由非代表性传承人成为省级代表性传承人。实际上,在宝卷演唱中,那些"接佛"的人,也都是非代表性传承人。也许有一天,这些热衷于宝卷文化的听众中,也会涌现出新的传承人。这符合联合国科教卫组织《保护非物质文化遗产公约》关于传承人和传承群体的规定。所以不能把眼光只盯在代表性传承人身上,而忽视了参与宝卷传承的非代表性传承人和包括听众在内的传承群体。避免传承危机的唯一办法,是在关注代表性传承人的同时,还要关注传承群体,创造良好的传承生态环境。

这次考察中我们还看到了宝卷文化新的网络传播方式，另外还有宝卷文化的研究者、爱好者也参与到宝卷文化的创作、传承中来，如张掖地区以任积泉为代表的宝卷研究者，参与了《战瘟神宝卷》的创作和念唱，这对规范宝卷的创作和传播是有意义的。

### 三、关于宝卷文本的编辑出版

此次"河西宝卷"田野考察的目的，一是宣传"中国民间文学大系"（以下简称"大系"）出版工作，二是通过田野考察摸清"河西宝卷"的传承历史与现状，为编辑"大系"说唱类《甘肃宝卷》的编辑出版探索经验。这次考察中看到，"河西宝卷"的民间蕴藏量是十分丰富的。有学者考证，甘肃全省不带重复的卷本有200多部，大部分是传统题材。宝卷文化是信仰的产物，信仰是宝卷文化的灵魂。既然"河西宝卷"2006年已经进入国家级非物质文化遗产代表作名录，这一名录是经过专家考察认定，又是国务院颁布的，同时它受到已经公布的国家《中华人民共和国非物质文化遗产法》的保护，所以在入选"大系"时，不应该再过多地人为设置禁区。比如劝善、尽孝一类的宝卷，虽然有"因果报应"等情节，不应该在禁收的范围之内。还有神佛一类的信仰宝卷，如何处理，也值得认真思考。总之，不能一方面拨乱反正，打破禁区，另一方面又在人为设置禁区。

关于宝卷文本的编辑出版遇到的另一个问题是，目前流传在民间的文本，特别是手抄本很不规范，念唱的随意性很大，许多念唱中特定的曲牌、曲调被念唱者忽略，更没有在文本中标明，需要在编辑过程中细加区别，加以标明。因为曲牌、曲调是和宝卷内容紧密相关的，是用来表情达意的。其次，从方言的角度讲，河西宝卷的念唱使用的语言是北方方言。但是不同的地方，不同的传承人念唱，加入当地的土语，这无疑给读者带来极大的阅读不便。所以将来编辑出版时，要对土语加以注释，最好有一个方言土语词典，作为"附录"，供读者检阅参考。其三，宝卷中出现的历史、地方典故，特殊的人名、地名、风物特点、风俗习惯，也应该加以详细注释。《甘肃宝卷》的出版，不仅面向甘肃读者，而且面向全国读者和研究者，注释是不可或缺的。

（陶立璠　中央民族大学教授）

孙宏亮

# 河西宝卷与明清说唱文学关系琐议*
## ——以《薛仁贵征东宝卷》为例

在中国古代说唱文学的发展流变中,宝卷与词话、鼓词属于两个不同的系统。宝卷源于唐代俗讲,宋元之后,随着民间教派的形成和发展,"念卷"成为一种在民间信仰仪式活动中的演唱行为。词话和鼓词起源于"瞽人诵诗"传统,从宋代陶真演变而来,分别流行于元明和清代,通常由盲艺人演唱,是他们"以觅衣食"的手段。清代民间宝卷受到词话、鼓词的影响,开始吸收和改编传统故事书目,出现了大量俗文学宝卷,极大地丰富了宝卷的内容,促进了宝卷艺术形式的发展。

2020年9月23—28日,笔者参加"中国民间文学大系出版工程社会宣传推广活动·河西宝卷田野调查活动",目睹了数十种俗文学宝卷。它们不仅印证了车锡伦先生"北方宝卷从一开始便改编明代的说唱词话、鼓词"的观点,也为探寻宝卷与传统说唱文学的关系提供了资料。缘此,本文以《薛仁贵征东宝卷》为例,进行详细的比较分析。

---

\* 本文转载自《文艺报》2020年11月27日第6版。

## 一

《薛仁贵征东宝卷》，又名《薛礼征东宝卷》。《中国宝卷总目》第 1389 条据方步和、段平著录 3 种，分别为：（1）刘劝善编，甘肃山丹县 1967 年抄本；（2）甘肃张掖 1981 年朱兴荣抄本；（3）新抄本。这 3 种抄本都出自河西，目前在其他地区尚未发现有同题宝卷。本文所引《薛仁贵征东宝卷》，见张旭主编《山丹宝卷》（下册）。

卷本叙唐太宗夜梦贤臣，适东辽建庄王反，遂封尉迟恭为元帅，徐茂公为军师，御驾征辽。绛州龙门县薛仁贵投军，张士贵嫉之，命居火头军。仁贵摆龙门阵、献瞒天过海计，破黑风关、东海岸，思卿（乡）岭收李庆先等四将，三箭定天山，收凤凰城、汗马城，其功皆被张士贵婿何宗贤冒充。太宗欲游凤凰山，马三宝探山遇害，尉迟恭报仇被擒，路遇薛仁贵劫囚车搭救。此后太宗君臣被困凤凰山，盖苏文飞刀斩段知贤、殷开山、刘鸿基三老将及二十七位总兵。驸马薛万闯营搬兵，遭张士贵父子谋害。薛仁贵大战盖苏文，破其飞刀；又得李靖之助，破苏文妻梅月英法宝。尉迟恭赏军，私访白袍，见仁贵月夜表功，乃知实情。卷本至此终，末云"问后事你再听下集分解"。

在文本形式上，《薛仁贵征东宝卷》延续了河西宝卷新抄本的特点，由开场偈和正文两部分构成。开场偈如下：

> 忠孝宝卷才展开，善男信女听心怀。
> 自从盘古开天地，天地生人多不齐。
> 善的善来恶的恶，贤的贤来愚的愚。
> 恶人常把善人害，善人常受恶人灾。
> 善恶到头终有报，只是来迟或来早。
> 善男信女用心听，忠孝仁义记心中。
> 善恶到头有天定，远在儿孙近在身。

正文结构一般为白文散说，五、七言诗赞，七言或"攒十字"唱段。例如：

（1）却说仁贵得了黑风关，张士贵心中大喜，吩咐人马在黑风关宿了一夜。次日天明，又叫仁贵攻打东海岸。仁贵得令，与众兄弟用饭已毕，带兵前行四十里，来到关下讨战。正是诗曰：
（2）黑风关上杀大将，东海岸前显威风。
（3）薛仁贵来到了东海岸前，惊动了守关的弟兄三人。
彭铁儿为主将总管三兵，彭铁豹彭铁彪同守此城。
他三人听的说忙传将令，提兵器跨战马领兵出城。
……

其中，最稳定的是（1）白文散说都由"却说"开始，结尾处用"正是诗曰"引出（2）五、七言诗赞。正文有些部分省略了（2），只保留（1）和（3），二者之间用"正是"简单过渡。例如：

（1）却说敬德进了凤凰城走入御营……太宗听言，龙心大喜，只见三军齐整，众将保着太宗前去游山玩景。正是：
（3）龙心一动玩山景，总兵国公命不存。
自古生死有天定，岂能由人半毫分。
……

这种（1）（2）（3）或（1）（3）的结构，是北方民间宝卷说唱传统的习惯性保留。"在白文散说（1）和十字句或七字句唱词（3）之间加入两句（或四句）五言（或七言）的诗赞，并不会拖延故事情节，相反，用得好了，确实有承上启下、画龙点睛的作用。而且，鼓词中也有类似的（1）（2）（3）的形式。"这也间接说明，《薛仁贵征东宝卷》文本形式受到北方鼓词的影响，很可能是据鼓词改编而来的。

在小曲的使用上,《薛仁贵征东宝卷》显得十分节制,只在马三宝探山,被盖贤谋将四肢砍掉后,插唱【浪淘沙】【哭五更】。此外,唐太宗哭祭三员老将和二十七员总兵的唱段,用【海海落调】,保留了河西宝卷的传统作风。

二

现存最早讲述薛仁贵征东故事的说唱文学作品,是明成化词话《新刊全相唐薛仁贵跨海征辽故事》。从时间上来说,北方民间宝卷与民间文艺形式交互影响,改编词话、鼓词,出现大量讲述英雄传奇故事的宝卷,始于清康熙之后。从地理空间上说,《明成化说唱词话丛刊》(13 种)20 世纪 60 年代末出土于上海嘉定的一处明代墓穴中,墓主宣昶生前做过西安府同知,同时出土的《全相莺哥行孝义传》新加的封面公文纸上盖有三原县官印和"西安府同知""成化贰拾叁年拾月初柒日"等字。由此推断,这些词话作品应为宣昶生前所有,当时已流传陕西。这无疑拉近了"明成化说唱词话"与北方民间说唱文学的距离。

车锡伦先生在论及北方民间宝卷受词话、鼓词的影响时,曾列举《侯美英反朝宝卷》《五女兴唐宝卷》《薛仁贵征东宝卷》等,并指出这一现象在近现代河西民间宝卷中尤其突出。不过,考虑到薛仁贵征东故事具有多种民间艺术表演形式,明代词话之后还有清代鼓词、凉州贤孝、陕北说书等,我们并不能断定《薛仁贵征东宝卷》改编自何种形式,只能通过文本的细读,寻找一些蛛丝马迹。

在形式方面,最能说明《薛仁贵征东宝卷》改编词话、鼓词的是卷本(2)之前标有"诗曰"二字,这并非宝卷原有的,而是词话和鼓词的特点。尚丽新、车锡伦在《北方民间宝卷研究》中谈到,"宝卷的诗赞前是不标'诗曰'的,而鼓词则是标注的"。此外,明成化词话《新刊全相唐薛仁贵跨海征辽故事》中,也有 4 处标有"诗曰",分别出现在"房玄龄、杜如晦谏帝征辽东""段士(志)贤与巴家五将厮杀""薛仁贵淤泥河救驾""薛仁贵与葛苏文交战"的唱段之后,起到很好的渲染作用。

"三三四"结构的十字句是宝卷常用的句式。这种句式始见于元杂剧中的诗赞唱词,例如马致远《岳阳楼》杂剧第三折"正末(扮吕洞宾)愚鼓简子上"的一段唱词,明代杨慎《历代史略十段锦词话》明确地将"三三四"结构的十字句称为"攒十字"。以此推论,宝卷"三三四"结构的十字句很可能是从民间戏曲借鉴而来的。明成化词话《新刊全相唐薛仁贵跨海征辽故事》的十字句唱段前标有"攒十字",结构与宝卷相同。例如"秦王排总管"一段:

> 唐天子,坐金銮,蟠龙交椅;
> 两边排,飞虎将,护国忠臣。
> 头员将,徐茂公,淮阳居住;
> 晓阴阳,知祸福,别辨风云。
> ……

相比较而言,鼓词对宝卷的影响更为显著。《薛仁贵征东宝卷》文辞与《征东全传鼓词》有相似之处,但在改编时也做了较多调整,并非照搬鼓词。

## 三

在故事内容方面,《薛仁贵征东宝卷》与词话、鼓词大致相同,但情节详略各有差异。尤其是明成化词话《新刊全相唐薛仁贵跨海征辽故事》,胡士莹先生在《话本小说概论》中指出:"仁贵随唐太宗征辽和三箭定天山故事被后世小说家津津乐道。元代平话《薛仁贵征辽事略》,基本上根据这些史实来敷演……而这本跨海征东的词话,比较晚出,开端数行文字,几乎和《事略》完全相同,看来它可能是根据《事略》来改编的。"从现存刊本看,《薛仁贵跨海征辽故事》并非完本,而是较接近民间书场的"提纲本"。除开篇外,散文的叙述多不连贯,几乎由特定情节的唱段联缀而成。但从结尾处"薛仁贵告御状"的"攒十字"唱段中,我们仍可窥知这个词话完整的内容。

《薛仁贵征东宝卷》《征东全传鼓词》在词话《薛仁贵跨海征辽故事》的基

础上，都做了较大幅度的增写。在故事情节方面，《薛仁贵征东宝卷》与《征东全传鼓词》基本相同，尤其是"仁贵探地穴""思卿（乡）岭收四将""三箭定天山""破凤凰城""计破汗马城""白袍救尉迟恭""凤凰山救驾"等情节，宝卷与鼓词几乎看不出差异。宝卷"思乡岭"作"思卿岭"、"马三保"作"马三宝"、"盖贤谟"作"盖贤谋"，很可能是抄卷者的笔误，这也正说明宝卷受鼓词影响，据鼓词改编而来。不过，由于受到宝卷"照本宣科"的宣卷方式和信仰教化模式的影响，在一些细节的描写上，宝卷较为简略，较少铺陈渲染。例如"仁贵探地穴"，宝卷中写道：

> 那日，张士贵奉旨向登州而来，一路上千方百计要害薛仁贵。碰见一个地穴，便叫仁贵进去探查。仁贵进了地穴，有九天玄女娘娘赐了震天弓、穿云箭、白虎鞭、无字天书等宝贝。

《征东全传鼓词》则用了较长篇幅叙述薛仁贵私放青龙、得一龙二虎九牛之力、九天玄女娘娘赐宝。此外，词话和鼓词中"唐太宗探病""柳氏嘱咐夫投军"等情节，宝卷中均未出现。究其原因，一方面薛仁贵征东故事广为流传，为群众所熟知；另一方面，作为宗教讲唱文学，宝卷旨在宣扬"忠孝仁义""善恶到头有天定"，并不像鼓词那样一味地追求情节丰富性和生动性，而是更加注重情节的简化和完整性。这一点在宝卷和鼓词等民间艺术形式的交互影响中，是具有一定普遍性的。

（孙宏亮　延安大学文学院教授）

李贵生

# 河西宝卷的分类 *

方步和在《河西宝卷真本校注研究》中根据题材将河西宝卷分为佛教宝卷和非佛教宝卷两大类,又将非佛教宝卷分为神话传说、历史民间故事宝卷和寓言宝卷。单纯根据题材对河西宝卷进行分类不能突出其"劝善"的内容主旨,故我们尝试将题材和思想内容相结合对河西宝卷进行如下分类:首先按照是否宗教题材将河西宝卷分为宗教宝卷和民间宝卷两大类,每一类下再根据其文学特性分为非文学故事宝卷和文学故事宝卷;然后按内容主旨对文学故事宝卷进行详细分类,将宗教宝卷中的文学故事宝卷分为神道故事宝卷和修行故事宝卷,将民间宝卷中的文学故事宝卷分为家庭伦理道德故事宝卷和忠义故事宝卷,家庭伦理道德故事宝卷和忠义故事宝卷还可以分为更小的类别。

## 一、宗教宝卷

宗教宝卷中演释宗教经典和宣讲教义的宝卷属于非文学故事宝卷。这类宝卷在河西走廊留存的有《无生老母临凡普度众生宝卷》《无生老母救世血书宝卷》《达摩宝卷》《还乡宝卷》《十二圆觉》《护国佑民伏魔宝卷》等,数量

---

\* 本文转载自《文艺报》2020年11月27日第6版。

较少。

宗教宝卷中文学故事宝卷比非文学故事宝卷稍多一些，分为神道故事宝卷和修行故事宝卷两类。

**（一）神道故事宝卷**

神道故事宝卷一般讲唱各种神道修炼成佛、成仙、成神的故事或济民解厄、惩恶扬善的故事。河西走廊现存的这类宝卷有讲唱佛菩萨故事的《目连救母幽冥宝卷》《目连三世宝卷》《香山宝卷》；讲唱仙姑在合黎山修行，功德圆满后扶危救困、惩治邪恶故事的《仙姑宝卷》；讲唱八洞神仙修行成仙故事的《洞宾买药宝卷》《湘子宝卷》《何仙姑宝卷》以及写灶君在昆仑山火石上修道成真，玉帝命其执掌人间烟火，稽查各家善恶故事的《灶君宝卷》。

**（二）修行故事宝卷**

神道故事中，《目连宝卷》《香山宝卷》《湘子宝卷》《何仙姑宝卷》中的目连、妙善公主、韩湘子、何仙姑都是经过修行成为某种神道的，也算修行故事。此处所说的修行故事指的是普通人物修行的故事。河西宝卷中普通妇女修行故事宝卷有《黄氏女宝卷》《贫和尚出家宝卷》。此外，《岳山宝卷》是男性修行的故事。

## 二、民间宝卷

河西走廊民间宝卷中的劝世文和"小宝卷"是非文学故事宝卷，这类宝卷比较少，民间宝卷绝大多数是文学故事宝卷。受儒家传统文化和佛教行善积德思想的影响，河西宝卷主要说唱忠孝故事。因此，我们把民间宝卷中的文学故事宝卷分为两大类，即家庭伦理道德故事宝卷和忠义故事宝卷。

**（一）家庭伦理道德故事宝卷**

家庭伦理道德故事宝卷的主题是宣扬家庭和睦、和谐，其核心是"子孝父心宽,妻贤夫祸少"。根据不同的伦理关系,河西宝卷中讲唱家庭伦理道德的故事又可细分为孝道故事、继母狠故事、婶母狠故事、婆母狠故事、夫妻关系故事、兄弟关系故事、爱情婚姻故事和悔婚故事等。

1. 孝道故事宝卷

"万恶淫为首,百行孝为先。一心行孝道,头上有青天。"孝道是河西宝卷宣扬的一个重要主题,凡是关乎父母与子女、儿媳关系的宝卷都离不开一个"孝"字。河西宝卷中集中反映孝道的民间故事宝卷有《张青贵救母》等。

2. 继母狠故事宝卷

继母与前生子没有血缘关系,加之家产继承问题,继母与前生子的关系就成了古代乃至现代一个非常现实的家庭问题。古代在"继母如母"的孝文化背景下,前生子常常遭继母虐待甚至杀害,这种现象在河西宝卷中多有反映。河西宝卷中继母狠故事宝卷有《继母狠宝卷》《白长胜逃难宝卷》《绣红罗宝卷》等。河西宝卷中也有庶母虐待嫡子的故事,跟继母虐待前生子性质相同。此类宝卷有《手巾宝卷》《世登宝卷》等。

3. 婶母狠故事宝卷

河西宝卷中也有婶母虐待、谋害侄子的故事,如《白虎宝卷》等。

4. 兄弟关系故事宝卷

家庭成员中平辈之间最重要的伦理关系莫过于兄弟关系和夫妻关系,河西宝卷中反映兄弟关系的宝卷有《紫荆宝卷》《金龙宝卷》《和家论宝卷》《开宗宝卷》等。兄弟关系宝卷宣扬"家和富自生"的思想,而家和最重要的是"妯娌和好家不分",所以河西宝卷中兄弟关系故事宝卷倡导兄弟不分家。

5. 夫妻关系故事宝卷

河西宝卷提倡夫妻情深,应该不离不弃,白头偕老,做到"贫贱不移,富贵不淫";同时也鞭挞好吃懒做、不为人夫、吃喝嫖赌、抛弃妻子的丈夫。前者如《苦节宝卷》《团圆宝卷》,后者如《白马宝卷》《黑蜜蜂宝卷》《铡美案》。

6. 爱情婚姻故事宝卷

河西宝卷中爱情婚姻故事宝卷有描写唐玄宗与梅妃江采萍爱情故事的

《风雨会宝卷》等。

7. 悔婚故事宝卷

河西宝卷中还有一些反映破坏婚约的宝卷,毁约者往往是女方父亲。这些宝卷中,女方父亲在男方父亲有权有势或家财万贯时自愿与其指腹为婚或订立婚约,后来男方一家遭遇变故,家道衰落,女方父亲为女儿的"幸福"哄骗男方写下退婚文约或设计陷害男方。然而女儿却十分贞节,严守三从四德,"好女不嫁二夫君",撕毁退婚文约且暗中救助男方,经过一番曲折的奋斗,"有约人终成眷属"。

## (二)忠义故事宝卷

河西走廊民间宝卷的另一个主题是宣扬忠义思想。中国封建社会家国同构,在家父慈子孝,在朝则君明臣忠。忠义故事宝卷可以分为明君故事宝卷、精忠报国故事宝卷、铲除奸佞故事宝卷、惩治罪犯故事宝卷和侠义故事宝卷。

1. 明君故事宝卷

河西宝卷中有颂扬康熙、乾隆清代治国明君的宝卷,如《康熙宝卷》《乾隆私访白却寺》等。这些宝卷中的康熙、乾隆皇帝为民做主,私访各地,诛杀反贼,惩治恶霸,救助百姓,是民众心中的好皇帝。

2. 精忠报国故事宝卷

精忠报国故事宝卷主要取材于隋、唐、宋系列英雄传奇章回小说,此类宝卷有《薛仁贵征东宝卷》《薛丁山征西宝卷》等,其故事情节跟它所取材的英雄传奇小说基本相同,但较为简略。

3. 铲除奸佞故事宝卷

铲除奸佞故事宝卷的主要内容是铲除奸贼,保护忠良。此类宝卷有《二度梅宝卷》《侯美英反朝》《丁郎寻父宝卷》等。

4. 惩治罪犯故事宝卷

河西走廊惩治罪犯故事宝卷主要取材于公案故事,如《包公错断颜查散》《六月雪》《蜘蛛宝卷》等。

忠义故事类宝卷中还有一类侠义故事宝卷,改编自《水浒传》故事,如

《武松杀嫂宝卷》《野猪林宝卷》等,数量较少。

河西走廊普通民众的忠君、孝悌思想教育在相当长的历史时期就是由宝卷承担的,因此,按照内容主旨对河西宝卷进行分类是必要的、可行的,对读者了解河西宝卷的思想内容有积极、重要的作用。

(李贵生　河西学院文学院教授)

肖永晖

# "永昌宝卷"语境话题的嵌入与功能*

"河西宝卷"是在唐代敦煌变文、俗讲以及宋代说经的基础上发展而成的一种民间吟唱的俗文学。"永昌宝卷"属河西宝卷的支脉,是甘肃省民间文学的一个重要支派,2011年,"永昌宝卷"被甘肃省人民政府列入省级非物质文化遗产代表性项目名录。它是从敦煌变文演变而来的说唱文学,内容以佛教、历史和民间神话为主,在清代、民国以及20世纪五六十年代,以口头说唱形式广泛流传于永昌城乡大地,群众基础十分深厚。

"永昌宝卷"在"劝善行德"习俗中演变。永昌人民把"永昌宝卷"俗称为"念宝卷"。"念卷"是流传于永昌的古老民间文艺形式之一,属于讲唱文学的一种。卷本大多由民间艺人创作,文体是韵散夹杂,其中讲的部分用散文,唱的部分用韵文,韵文绝大多数为七言句。这种讲唱文学在历史上曾盛行于都市街头巷尾,后来流传到乡下,可说是源远流长了。

"永昌宝卷"在流传过程中因受佛教思想和地域文化的附属,在其内容上局限于"复制",突出表现为劝善、积德、悲剧情结、喜剧结果,这些"地域性"印记,广泛渗透在唱调、曲牌和说唱人的口传心授之中,颇具地方特色,更加贴近听众,彰显了"本质"技艺与地域文化的关联与力量。

"永昌宝卷"的宣教与弘扬作用是一种多样化的"念卷"形式,如永昌

---

\* 本文转载自《文艺报》2020年11月27日第7版。

宝卷省级非遗项目传承人范继忠收藏的宝卷老本来看,《哭五更》《莲花落》《十劝人》等卷以"讲"或"说"的形式来表现,其中的韵文则是为了寄寓善恶褒贬、推动故事情节发展、抒发爱憎情绪、烘托渲染气氛而采用的手法,以"吟"或"唱"的形式来表现。韵文体宝卷融会了各种曲调,亦加进了部分永昌小曲和民歌调,神话色彩浓厚,故事情节动人,听起来委婉有趣,感染力强。

"永昌宝卷"在"故事化"演变中的嵌入。在"永昌宝卷"中,以反映人民群众生活,从事农牧业生产"日出而作,日落而息"的生活规律的社会类基础卷本有《丁郎寻母宝卷》《继母狠宝卷》《遭劫宝卷》等,这些卷本在流传过程中没有过多地改编和加工,同一宝卷在不同地区的手抄本几乎完全一致。第二类是历史类卷本,主要反映历代历史人物和英雄人物,如曲目《昭君宝卷》《孟姜女哭长城宝卷》《康熙宝卷》《包公错断阎叉三宝卷》等。这些卷本说唱时,念卷人临危正气,声大腔满,表达了对英雄的爱戴之情。第三类以民间神话故事类为主,具有娱乐性、互动性。这一类宝卷以民间故事和戏剧故事为主,听起来委婉有趣、感染力强,群众比较喜欢。在"永昌宝卷"中,主要曲目有《兰天宝卷》《梁山伯宝卷》《赵氏贤孝宣判卷》《白蛇宝卷》《吕祖师度何仙姑因果卷》《红灯宝卷》《鹦歌宝卷》《沉香宝卷》《丁郎寻父宝卷》《对指宝卷》《窦娥宝卷》《何仙姑宝卷》《二度梅宝卷》《方四姐宝卷》等。这一类宝卷数量也比较多,仅次于描写社会生活的宝卷数量。第四类主要以教化劝解和启发教育为故事题材的宝卷,内容上主要选取了富有教育意义的寓言、童话故事,善用神奇的幻想、丰富的想象和大胆的夸张渲染,主要曲目有《鸳鸯宝卷》《葵花宝卷》《兰关宝卷》《梁祝宝卷》《狸猫换太子宝卷》《烙碗计宝卷》《刘全进瓜宝卷》《李三娘宝卷》《李都玉参药山经》《卖油郎独占花魁宝卷》《老鼠宝卷》《鹦哥宝卷》等。最后一种是演释经文、宣扬教义、劝人行善的佛经变文类宝卷,这类宝卷在"永昌宝卷"中的代表曲目有《木连救母宝卷》《药师本愿功德宝卷》《香山宝卷》《鱼篮观音宝卷》《刘香女宝卷》《秀女宝卷》《庞公宝卷》《目连三世宝卷》《唐王游地狱宝卷》《劈山救母宝卷》等。

"永昌宝卷"在永昌民间也曾盛极一时。宝卷主要流行于永昌县城及四周农村，红山窑、新城子尤多。据粗略统计，20世纪五六十年代流行于永昌西乡的宝卷有130多种，几乎家家都有宝卷，据说宝卷中有佛经，有镇邪气的作用。可惜当时未作收集，大多数宝卷在"文革"中被当作"四旧"而焚毁，极少数宝卷被悄悄藏觅起来后得以面世。

"永昌宝卷"在"河西宝卷"序列中的联动作用。"河西宝卷"的文本传承还是保存较为完备的，如张掖城南花寨村的代兴位和代继生，因为均为祁连山区农民，生活收入以种植小麦、玉米、土豆为主，周边地理位置的特殊性，使得当地的文化生活比较贫乏，这就推动了念卷活动一直存在，卷本也一直被重新抄写。如地处武威凉州区，祁连山浅水区的莲花山、天梯山、第五山，平均海拔在2000—3200米，武威市凉州区张义镇灯山村的第四代传承人赵旭峰、李卫善（河西宝卷国家级传承人李作柄的两位弟子），他们利用农闲时间抄写了10多本河西宝卷手抄本。作为天梯山石窟文物保护研究所工作人员，赵旭峰还主编了《凉州宝卷》《武威小宝卷》。酒泉市肃州区上坝镇营尔村的"河西宝卷"国家级传承人乔玉安年轻时候，到处借卷、抄卷、念卷，如今能熟练念唱的河西宝卷曲牌有21个，是河西走廊传承人中最多的。还有古浪县王吉孝利用业余时间走乡串户地收集宝卷、民歌，整理了《救劫》《对趾》《白兔》等81部古浪宝卷，300余首民歌老调。民间保存的卷本，仍是历史文化的宝贵遗产，它对研究讲唱文学的历史，以及中原文化沿丝绸之路的传播具有很高价值。但与文本的传承相比，表演的传承似乎更为重要。

"永昌宝卷"省级非遗项目传承人范继忠在《宝卷中的各种曲调》手抄卷中，将永昌地区宝卷曲调进行了整理，具体为绣香旦调、淋淋落调（上坟调）、莲花落调、哭五更调、摆船调、太平歌调、尼姑调、麦犁花调、离情调、织毛巾调、担水调等11种曲调。

但无论什么内容的卷本，在讲唱时，韵白结合，有说有唱，每唱一句，末尾总要颂扬一句韵文，听众齐声和之，气氛庄重肃穆。念卷人正襟危坐在热炕头上，面前置一小桌，不用乐器伴奏，手捧卷本讲唱。

沧海桑田，物换星移，在物质经济高速发展的今天，这些见证了永昌悠久厚重文化积淀的册册宝卷，亟待我们去保护它、传承它，让她在陇原大地上代代传承、生生不息、永放光芒。

（肖永晖　甘肃省金昌市民间文艺家协会主席）

张天佑

## 河西宝卷的念卷传统<sup>*</sup>

宝卷在河西传统文化中，既是历史叙事，又是人情世故；既是教化金箴，又是娱神乐己之法宝，是涂尔干所言的"神圣物"——一种情感符号。如果没有这样的符号，人类所形成的社会思想和情感，就会因为没有附着物而变得虚空，仅存于人类的回忆中，从而被慢慢忘却。由此，我们可以理解河西人对宝卷的珍爱："革命军、起了义、南征北讨。出了个、新圣人、中山先生。除帝制、造民国、劳苦功高。现在的、军和民、把他纪念。把这些、古圣贤、一一体念。古是今、今是古、万古流名。"（《救劫宝卷》）"听完此卷心地开，想听别卷明天来。千古兴亡多少事，宝卷件件有记载。"（《长城宝卷》）在河西宝卷的念卷传统中，或多或少都要强调念唱宝卷时的仪式。宝卷念唱仪式是对佛、道开经仪式的直接继承，虽然没有宗教仪式那样庄重复杂，但也必不可少。念卷时，强调仪式感是为了唤醒人们对宝卷的尊重和对内心的尊重，让民众在仪式中感受、敬畏宝卷文化。

"念卷"是河西宝卷仪式过程的俗称，在具体过程中念、唱结合。"念"是用通俗的语言叙述故事，"唱"则分为两种情况：一是按照宝卷中标明的曲牌，演唱某支曲子以高度概括和总结故事所要表达的精神内涵；二是念卷人根据自己掌握的曲调，套用在宝卷任何一段"五字句""七字句"或"十字句"上，主

---

\* 本文转载自《文艺报》2020年11月27日第7版。

要起强调、重复故事内容的作用。由于念卷人在当地既是文化人，又是贤者，故在宝卷念唱过程中，往往以教化者的身份出现，通常被民众称为"先生"。有些念卷"先生"虽受人尊敬，但由于嗓音条件不好，或者文化程度不高，故在念唱前或念唱结束时，会以谦恭的姿态求得听众的谅解。"今日个，念宝卷，口干舌燥；文化低，识字少，没有念好。请大家，听了卷，不要笑话；快回家，再听卷，明晚再来。"(《绣红罗宝卷》)

在念唱韵文时，需要有人接唱念卷人所唱曲牌或者曲调最后的几个字。这种接唱被民间称为"接卷""接声"，或者"接音子"，也有个别地方称之为"接佛"或"和佛"。接卷方式一般有两种：一种为念唱人唱完曲调的最后一句，根据念唱人的提示，由接卷人接唱某个约定俗成的词和调子，如："念卷人（唱打莲花落调）：手捶胸，脚蹬地，哭得不住。叫一声，我亲娘，好不悲伤（咃南无）……接卷人：阿弥陀哎佛咃。"(《目连三世救母宝卷》)另一种方式是，当念唱人唱完最后一句话的几个字，接卷人按照念唱的调子及内容进行重复，如："念卷人（唱十里亭曲牌）：有女没儿心不安，夫妻二人泪涟涟。为求儿子把香降，娘娘（啊）庙里（哎……）许大愿。接卷人：娘娘（啊）庙里（哎……）许大愿。"(《张浩求子宝卷》)

在河西地区，念卷时并没有固定的接卷人。故念卷开始时，念卷人会要求在场听众一起"接卷"。通过接卷形成的互动场域，一是调动或者说"激发参与者的情感表达，形成共同的情感走向"，而"共有情感反过来会进一步增强集体活动和互为主体性的感受"（兰德尔·科林斯《互动仪式链》）。个体一旦融入群体，会因为主体得到承认，获得自尊、自信，并产生积极的力量和主动精神。二是通过身体的互动和关注，形成参与者的身份认同。科林斯认为，"高度的相互关注，即高度的互为主体性，跟高度的情感连带——通过身体的协调一致，相互激起/唤起参加者的神经系统——结合在一起，从而导致形成了与认知符号相关联的成员身份感"。念卷过程是身体管控的过程，差序形成的过程——身体的端正、规整，注意力的集中，声音的洪亮、整齐，参与者的相互关注，或者说某种意义上的相互监督，使得参与者受到了某种规范的训练，产生了情感的共鸣。

除此之外，河西宝卷的念卷传统还体现在"开卷请神"和"结卷送神"两个阶段。请神和送神的主要功能是：一是以神圣性引起听卷人的关注，由此，念卷人有权力要求听卷过程中听众保持专注和恭敬；二是由于请的是"神"，意味着这一仪式是人与神之间的互动，而不仅仅是听卷人与念卷人之间的互动，"神"也参与其中，使得"念卷"成为神圣的仪式。值得注意的是，念卷人一般会在送神的同时，不忘感谢本家为念卷提供的场所、茶水等，使念卷活动充满人情味："因果宝卷已念完，我劝众人记心间。刘氏夫人太无脸，通奸杀夫坏天良。包公断案察秋毫，无头官司有终了。听卷众人坐一炕，跳烂席子蹬烂毡。多给主人说个谢，倒茶装烟没安闲。听完宝卷回家转，明天早起搞生产。"（《黑骡子告状宝卷》）

宝卷念唱在时间层面上，将"古"和"今"融为一体；在空间层面上，将"神灵世界"和"世俗世界"融为一体。于是，仪式的互动者不仅仅是人，也包括"神"；不仅仅是世俗的世界，也包括神灵的世界。两个世界或者说两个界面，以仪式为平台，形成了"互动仪式链"。其中，相互关注和情感连带的"实体"，将自身与他者（未参加者）相区隔，形成参与者团结和身份的象征符号。此为比喻意义上的想象共同体，即身处其中，神眷念着人，人也祈盼神能够赐予恩惠；念卷者关注听卷人，也祈盼神关注自身的表现；同样，听卷人也在关注念卷者的同时，祈盼神的恩赐。他们之间互相关注，使用同样的身体动作、声音激发并表达共同的情感，"使他们感到有信心、热情和愿望去从事他们认为道德上允许的活动"（兰德尔·科林斯《互动仪式链》）。需要强调的是，神是人的想象性造物，人通过自身的"造物"，缓解对死亡的恐惧，对未知命运的焦虑，更意识到热爱生命、热爱同类的必要。

（张天佑　西北民族大学语言文学部教授）

张　晓　岳永进

# 关于河西宝卷传承和发展的思考*

河西宝卷是河西文化的重要组成部分。调查研究河西宝卷的产生、演变以及发展的轨迹,有助于我们增强文化自信,对优秀传统文化更好地认识把握。

## 一、宝卷的产生

自从汉武帝打开丝绸之路的通道,凉州便成为中西政治、经济、文化等交流的中转站。汉朝虽有佛教文化传入,但彼时中国将其视为神仙方术之类,进不得中国文化的主流。

这种情况到魏晋南北朝时,发生了翻天覆地的变化。因为当时儒家文化的萎靡破碎,战乱中的统治阶级极需要一种新的精神支撑,佛教文化便进入中国文化主流,成为与儒、道并肩的精神引领。

在这一重要历史时期,中转站凉州对佛教文化的输入,起到了首开先河的重要作用。

公元314年,前凉奠基人张轨卒,晋愍帝封他大儿子张寔为凉州刺史、护羌校尉、西平公。张寔以佛教为国教,广招名僧,建寺译经,凉州遂有"世有佛教"的记载。

---

\* 本文转载自《文艺报》2020年11月27日第7版。

凉州出现过许多名僧：如竺法护，原名昙魔罗刹，祖为月氏人，世居敦煌，他译经 159 部之多，并培养造就了一批译经和普佛人才；西域龟兹高僧佛图澄，着力发展佛教，在他的主持下，建造佛寺 893 座之多，他培养的弟子大部分都在凉州传教。

当凉州佛教盛行的春风吹向中原时，前秦王苻坚令骁骑将军吕光率兵出征西域，他大破龟兹后，请来西域高僧鸠摩罗什在凉州讲经说法，大兴佛教。罗什在后凉期间，努力学习汉语言，熟悉东土的风土人情，为他日后的译经奠定了坚实的基础。在移居长安的 12 年中，他共译佛经 35 部、294 卷。

至今矗立在武威市内的鸠摩罗什塔，便是这位佛经大翻译家舍利的安放处。

北凉时期不仅有大量的译经，还有一部长达 10 万偈的梵文本宏篇巨著《大毗婆经》，书成不久，横遭战乱之劫，百卷之数，仅存 60 卷，为后世流传的《贤愚经》。

"五凉"时佛教在河西兴盛不衰，一是译经讲经诵经，二是开窟建寺。前凉张天赐时建清应寺、姑洗塔，而罗什寺的修建也在此基础上。北凉王沮渠蒙逊依山傍水、凿窟塑佛，修建天梯石窟，使"学徒济济、禅业甚盛"。

正是僧侣翻译过来的一部部经卷，正是河西走廊星罗棋布的寺院石窟，正是鸠摩罗什讲求声调格韵入笙弦的颂经，正是 60 卷《贤愚经》的传唱，才催生和助产了敦煌变文，由此开启了宝卷的成长之路。

### 二、宝卷的定义

这种民间说唱文本，之所以能称其为宝卷，是因为它脱胎于佛经，带有浓烈的宗教色彩。从今日念卷人净手焚香请卷的仪式看，初始的变文所讲述的故事都是庄重高雅的，无论散韵文的表述以及念唱的表演，就如在经堂做法事，来不得半点随意和嬉戏，具有极正的佛经宣讲和教化意味。

但曲高和寡，变文终究还是佛经或佛的故事的变文，它还是比较难于走向民间，普及于人民大众，于是通过一代代民众欣赏大熔炉的冶炼合金，它终于走向了民俗，虽然还有虔诚的和佛声与因果报应，但它讲述的故事不再是虚无缥缈的想象，而是人间实实在在的真存。带着熠身的烟火味，它在明清时期达到辉煌。生动形象且风趣的插科打诨之语，也进入到宝卷之中。市井气息把宝卷拉下佛堂，融入民众心里。太多美好的中国故事，在一代代百姓心中接续。

虽然宝卷归类于曲艺，但表演却离不开文本"卷"，这种卷以手抄本最为珍重，抄卷是对文本的尊重，是个人的修行，也方便念卷人翻卷。尤其是说唱宝卷的"和佛"声，我以为这是一种娱神娱人的音乐唱颂，将人引向了庄重的虔诚。满屋子听宝卷的人跟着和佛人和佛，那种净化人们心灵的庄严肃穆，绝非一般曲艺表演所能达到的现场效果。在念听宝卷的过程中，演员是庄重的，听众是庄重的，这种念与听的庄重，才有了宝卷特有的文本意义和说唱意义。

### 三、宝卷的传承

目前，河西宝卷传承人遇到的共同困难在于：一是生居环境的改变，使坐炕念宝卷，围坐听宝卷的习俗逐渐消失，为了清洁空气，家家户户睡床板，那种炊烟袅袅，一到冬日傍晚，满村缭绕烧炕烟味的农家生活，从此一去不复返；二是男女老少皆有的听众群在减少；三是面临传承后继无人的困境。

就宝卷而言，从敦煌变文、宋代的说经再到明清民间故事和现实生活题材的加入，高高在上的经文宝卷融入农家炕头的说唱，其发展本身正是不断适应时代变化的过程。

那么究竟什么才是宝卷的本真呢？我认为它必须具有鲜明的人民性，强烈的时代感和雅俗共赏的文学艺术性。建议鼓励从事宝卷研究的文化人和宝卷传承人紧密结合，在充分掌握了解宝卷说唱功能后，大胆创新，创作出一批引领宝卷继续前行的新宝卷，使河西宝卷这一国家级非遗继续光照山河；同学校加强合作，让宝卷走进校园，激发孩子们演唱宝卷的兴趣，从中发现人才，重点培养宝卷后继人。

（张晓　甘肃省武威市文化馆非遗办主任；

岳永进　甘肃省武威市天马艺术剧院原院长）

任积泉　曹　斌

## 新时代河西宝卷传承发展的探索与实践 *
——以《战瘟神宝卷》创作为例

河西宝卷是由敦煌变文脱胎而来的民间说唱艺术，2008 年被国务院公布为非物质文化遗产保护项目。由于河西宝卷是根植于河西，随这方水土成长起来的民间说唱艺术形式，千百年来在传承发展过程中人们总会跟随时代前进的脚步，不断创作富有时代特点的新宝卷。但近年来河西宝卷在保护传承过程中遇到了"新人念老卷""新时代讲旧故事"这样严重脱离现实生活，念卷人、听卷人逐步减少乃至面临传承"断档"的不利局面。为了解决这一难题，我们组织一些在历史、音乐、文言文、古诗词、散文、绘画等方面有一定造诣且热爱优秀传统文化的有心人，在认真研读以往宝卷文本、听取老艺人念唱、了解宝卷念唱习俗基础上，本着"旧瓶装新酒"的原则，历时 9 个多月，修改 30 余稿，最终创作出了两万余字的《战瘟神宝卷》，旨在为河西宝卷文化的传承发展尽一份绵薄之力。

《战瘟神宝卷》讲述的是援鄂医生高文亮一家五口及其同学彭亮（武汉医生）、同事甘静静（护士）和社区工作者刘海霞等在抗击 2020 年新冠肺炎过程中发生的悲欢离合的故事。故事以高文亮一家欢天喜地准备过大年、"瘟神"突降肆虐人间造成巨大灾难、全国人民团结一心奋起抗疫并最终战胜"瘟神"

---

＊ 本文转载自《文艺报》2020 年 11 月 27 日第 7 版。

为叙事主线。

《战瘟神宝卷》秉承河西宝卷散、韵结合，念、唱结合的说唱艺术传统，用通俗易懂的语言、生动感人的故事情节、寓教于乐的方式，并依据故事情节进展和人物性格特点，恰如其分地使用曲牌以强化故事效果。如在第一品人们准备欢欢喜喜过大年时使用欢快的"拔胡麻"；第二品中面对突降灾难，普通家庭妇女一时手足无措时使用"十炉香"；第四品张掖医生离开时与武汉人民依依惜别的"十里亭"等。

为了解决传统宝卷文本中没有曲牌曲谱，一般念卷人由于掌握的曲牌曲调少，导致念卷单调乏味，缺乏吸引力，《战瘟神宝卷》在创作时进行了大胆创新：为宝卷中9支曲牌插入了相应的曲谱；为了解决不少念卷人不识谱的难题，创作过程中又采取弹唱录音、录像以及在录音基础上再根据曲牌内容，选择与内容相符的、最具有本土文化特点的外景（如大佛寺、西来寺、乡村田野风光、钟鼓楼、木塔、张掖国家湿地公园等）拍成视频后上网转变为二维码嵌入到曲谱中，这样，任何人念唱时只要用智能手机扫描二维码既可以跟随视频学唱曲牌，又能看到赏心悦目的地方自然人文景观。

为了便于人们理解《战瘟神宝卷》的内容，创作人员继承河西宝卷文化中的插图传统，由专业画家依据宝卷内容，创作了六幅美术作品。这几幅作品经精心装裱后既可以作为独立的艺术品供人们欣赏，也可以作为宝卷中的插图，方便人们在阅读宝卷过程中得到美学艺术视觉享受，起到进一步增强宝卷内容印象和吸引力之作用。

河西宝卷是一门集散文、诗词、音乐和美术为一体的综合性艺术，初看似乎有些简单甚至有点粗糙，但真正的宝卷精品如《敕封平天仙姑宝卷》《方四姐宝卷》《老鼠宝卷》等不仅故事情节曲折感人，文笔流畅，而且寓意深刻，充满了千古不变的劝善尽孝、因果报应的普世价值观，加之与代代相传的经典曲牌曲调的配合，使得河西宝卷念唱时充满生活情趣。

新宝卷创作既是为了保护传承发展好这一具有河西乃至中华根脉性质的文化，又是一次在新时代的大胆探索。国际亚细亚民俗学会会长、民俗学家、中央民族大学教授陶立璠先生给予了积极的鼓励和肯定，他评价道：河西宝卷系国家级非物质文化遗产，传承这一遗产，是河西人的责任。宝卷是从敦煌变文演变而来的民间说唱艺术，河西宝卷就是这种艺术的具体表现形式，是我国重要的非物质文化遗产项目之一。但在近几十年经济快速发展大潮中，这一文化瑰宝正面临着消失的危险。如何保护这一文化瑰宝，关键是须在保有宝卷文化精髓的前提下，在传承中创新，使其具备现代文化的特色。可喜的是张掖的一些有识之士，怀着对保护传承发展河西宝卷的责任感使命感，刻苦钻研，精心选题，数十次易稿，终于创作出了一部《战瘟神宝卷》。此卷具有结构严谨、故事情节感人、曲牌运用准确新颖、文笔流畅的特点。可以说是一部内容充实、既富有时代感又具有浓郁地方特色、传承与创新关系处理恰当的好宝卷！中国民协副主席、中国艺术研究院研究员苑利谈到，宝卷是中国传统文化中的瑰宝，它是讲好中国故事，宣扬中华传统美德，践行社会主义核心价值观的很好方式。《战瘟神宝卷》在传承中创新，选取抗疫这一重大主题，以文化人的情怀和担当精神进行创作，既让宝卷文化得到了很好的传承，又展现了宝卷文化传承发展的前景和希望，更将河西宝卷传承创新推向了一个新的高度。特别是这部卷写得很及时，民间曲艺发挥了轻骑兵的作用，这一点值得肯定。国家非物质文化遗产工作保护专家委员会委员常祥霖认为：形式、曲牌、语言、语调是宝卷的基本特色，不必大改，文本是需要不断发展补充的，突如其来的新冠肺炎疫情应该是宝卷需要添加融入的内容。用宝卷讴歌医务工作者、英雄模范，其实也是宝卷的传统，可以从中摸索、提炼总结更多保护传承的方式方法。

（任积泉　甘肃省张掖市委党校研究员；

曹斌　河西学院副研究员）

# 稿　约

《曲艺学》是中国艺术研究院曲艺研究所和中国说唱文艺学会联合创办的专门汇集刊载曲艺研究学术文章的不定期出版物。设有"曲种研究""历史考察""理论探索""创演评论""文献考述""美学鉴赏""文化探究""名家谈艺""学术演讲""口述访谈""人物述林""资料钩沉""序跋书评""传承传播""域外曲艺""商榷争鸣""学科建设""专题辑览""调研报告""文摘转载"等栏目，全面刊载曲艺研究各种范式的学术成果。每篇字数一般不超过50000字，欢迎投稿。

一、来稿要求

（1）文稿内容除标题外，应包括三个部分，即提要、关键词、正文。
（2）注释格式采用页下注，全文统一编码。
（3）文献引用按如下格式：
　　①侯宝林、汪景寿、薛宝琨：《曲艺概论》，北京大学出版社1980年版，第50页。
　　②车文明：《诸宫调创始人孔三传新解》，《文艺研究》2014年第2期，第83页。
　　③刘漫：《唱曲舞蹈考略》，博士学位论文，中国艺术研究院，2012

年，第 36 页。

④（宋）孟元老等：《东京梦华录》（外四种），上海古典文学出版社 1957 年版，第 68 页。

二、作者介绍

姓名，性别，民族，出生年月，籍贯，学位。现任职单位和职称。联系电话及电子邮箱。

三、收稿邮箱

13601160923@139.com

四、联系电话

010-64952414（办）

五、通联地址

北京市朝阳区惠新北里甲 1 号中国艺术研究院曲艺研究所（100029）